国家社会科学基金青年项目（11CJL014）最终研究成果

提高我国居民消费能力长效机制研究

吴振球◎著

中国社会科学出版社

图书在版编目（CIP）数据

提高我国居民消费能力长效机制研究/吴振球著 . —北京：
中国社会科学出版社，2017. 2
ISBN 978 - 7 - 5161 - 9936 - 7

Ⅰ . ①提… Ⅱ . ①吴… Ⅲ . ①居民消费—消费力—增长—
研究—中国 Ⅳ . ①F126. 1

中国版本图书馆 CIP 数据核字（2017）第 042058 号

出 版 人	赵剑英	
责任编辑	卢小生	
特约编辑	林 木	
责任校对	周晓东	
责任印制	王 超	

出 版	中国社会科学出版社	
社 址	北京鼓楼西大街甲 158 号	
邮 编	100720	
网 址	http：//www. csspw. cn	
发 行 部	010 - 84083685	
门 市 部	010 - 84029450	
经 销	新华书店及其他书店	

印 刷	北京明恒达印务有限公司	
装 订	廊坊市广阳区广增装订厂	
版 次	2017 年 2 月第 1 版	
印 次	2017 年 2 月第 1 次印刷	

开 本	710×1000 1/16	
印 张	15.5	
插 页	2	
字 数	258 千字	
定 价	66.00 元	

摘　要

　　1978—2011 年，中国经济增长速度之快，持续时间之长，可谓世间独有。2012 年，中国经济增长出现拐点，开始进入中高速增长时期。2014 年《政府工作报告》提出，我国国内生产总值增长的目标为 7.5% 左右。就在我国经济高速增长即将进入尾声之时，由 2007 年下半年美国次贷危机引发的美国金融与经济危机逐步蔓延到全球，引发了世界范围的金融与经济危机，我国也在所难免。这场危机在由发源地向周边扩散的过程中逐渐波及我国，对我国国民经济造成严重的负面冲击。我国 2008 年进出口总额为 179921.5 亿元，占当年 GDP 的 57.3%，同比下降 5.4 个百分点。从 2008 年年末的情况来判断，我国 2009 年的货物进出口形势会更加严峻。消费、投资与出口是拉动国民经济增长的"三驾马车"，在出口严重下滑的趋势下，为实现我国国民经济的持续增长，我国只有转向主要依靠消费与投资等扩大内需的举措。2009 年，我国内需虽然有所扩大，但是我国的需求结构存在严重的问题，即投资率偏高、消费率与居民消费率偏低。2010 年 10 月召开的党的十七届五中全会综合考虑我国国民经济和社会发展存在的问题、条件与未来趋势，提出要坚持扩大内需战略，保持经济平稳较快发展，建立扩大消费需求的长效机制，加快形成消费、投资、出口协调拉动经济增长新局面。各级政府虽然采取了许多政策措施落实十七届五中全会精神，但离"形成消费、投资、出口协调拉动经济增长新局面"这一目标还有很大差距。2014 年的世界经济复苏存在不稳定性、不确定性，全球经济格局深度调整，国际竞争更加激烈。我国经济发展处于结构调整"阵痛期"、增长速度"换挡期"，经济下行压力依然较大。2013 年，我国人均国内生产总值约为 6767 美元。按照发展经济学关于发展阶段的有关理论，人均 GDP 超过 3000 美元后，由于消费快速扩张，服务业迅速崛起，"消费主导—服务业推动"的组合逐渐成为新的增长动力，第三产业比重将超过 50% 而成为主导产业。2012 年我国的投资率仍高达 47.8%，我国仍然是投资主导型的国家，居民消费需求十分薄弱，亟待提高。从以上分析可以看出，当前与未来一段时间我国国民经济正处于投资拉动型向消费主导型转型的关键时期。在这一关键时期，构建提高我国居民消费能力的长效机制，大力提高我国居民消费率，从而提高我国消费率，对于改善我国需求结构，实现我国国民经济可持续健康科学发展，意义重大。如在这一关键时期转型不成功，我国很有可能陷入所谓的"中等收入陷阱"而不能自拔。2014 年 7 月 30 日，中央政治局会议部署下半年经济工作，提出要努力扩大消费需求，发挥好消费的基础作用，顺应居民消费结构升级趋势，完善消费政策，改善消费环境，不断释放消费潜力。因此，当前一段时间构建中国特色的消费理论，研究我国扩大居民消费目标，构建提高居民消费能力的长效机制，无疑具有重大的理论意义与实践价值。

　　本书运用数理经济模型方法、计量经济模型方法、文献调查与比较分析相结合和规范研究与实证研究相结合的方法，在构建适合中国国情的"需求侧—供给侧消费理论模型"基础上，结合我国居民消费特点与存在的问题，借鉴美国、日本保持较高居民消费率的经验，从长效机制层面提出提高我国居民消费能力的对策建议。本书遵循"消费率标准研究—消费问题提出—核心概念界定与理论分析—消费理论模型构建—计量检验—外国经验借鉴—若干机制专题研究—长效机制构建"的基本思路展开。本书致力于构建提高我国居民消费能力的长效机制。

　　首先，本书借鉴钱纳里关于消费率的分析方法，利用 PWT 7.1 提供的 32 个 OECD 国家和 13 个亚洲国家或地区 1951—2010 年 PPP（购买力平价）下的相关数据，运用非平衡面板数据及相关模型，研究世界各国居民消费率、政府消费率的影响因素。本书指出，我国 1981—2010 年的 5 个时间段的平均消费率、平均居民消费率同相应时间段的合意值相比大部分时间段是偏低的。当前，我国国民经济正处于由投资拉动型经济向消费主导型经济转型的关键时期，这种深刻的经济转型迫切要求建立提高居民消费能力的长效机制。其前提是对改革开放以来我国居民的消费特点与存在的问题进行研究。我国居民消费率长期偏低，存在的问题主要有：全国城乡居民人均收入占人均国内生产总值比偏低，城乡人均收入差距呈现扩大趋势；我国居民消费占比在小幅波动中缓慢下降，政府消费占比逐渐提升；全国居民人均消费支出年均增长低于国内生产总值年均增长与人均国内生产总值年均增长,但略高于全国居民人均收入年均增长;农村居民消费支出与城镇居民消费支出差距扩大,农村消费支出年均增长率与城镇居民持平等。

其次,对本书的核心概念"居民消费能力""长效机制"进行界定,并从一般性理论分析角度将经济体内居民消费能力的机制分为推动机制、拉动机制、制约机制和调节机制四个机制。机制如要长效,需要制度予以保障并监督制度的运行。立足于我国消费实际,归纳了我国居民消费的若干特点,这些特点是构建我国居民消费函数的前提。以选择理论为基础,沿着从微观消费函数到宏观消费函数的构建思路,借鉴余永定、李军构建中国消费函数的做法,构建了我国居民的微观消费函数与宏观消费函数。本书构建的我国微观、宏观消费函数从消费需求侧与供给侧相结合的角度来阐释消费问题,并且考虑企业生产率对居民消费的作用,引入异质性工人,考察收入分配状况对居民消费的影响,因而更加深入、更加全面。这种区别并不是增加或减少几个参数的简单问题,而是表明构建理念的不同,用一种全新的思想来理解与解释驱动居民消费的因素,因而这是较为重大的差异。从一定意义上说,本书构建的我国"需求侧—供给侧消费理论模型"对于充实我国的消费理论具有较为重要的意义。接着,我们对该宏观消费函数进行实证研究,结果较为符合我们的预期,这也从一个侧面说明了我们构建的理论模型的正确性。当期劳动收入份额、当期相对全要素生产率、当期居民消费价格指数、下期居民消费价格指数、当期拉动因子对当期居民消费是正向影响,当期基尼系数、当期居民储蓄存款利率、当期融资约束对当期居民消费是负向影响等。

再次,对美国1929—2010年、日本"经济高速增长时期"(1956—1973年)保持较高居民消费率经验进行了分析与归纳。发现美国、日本保持较高消费能力的机制为:现代化的消费理念、国民经济较快增长、完善的社会保障体系、收入分配较为平均、居民收入稳定增长、充足的消费信贷、较为发达的服务业等。

最后,对如何提高我国的劳动收入份额、如何提高我国的全要素生产率、如何调控我国居民消费价格指数进行了专题研究。本书根据居民消费能力长效机制的理论分析,依据构建的"需求侧—供给侧消费理论模型"以及在我国的实证检验结果,结合我国的消费实际与美国、日本扩大居民消费的经验,认为当前构建的提高我国居民消费能力的长效机制应包括:

一是改善居民获取收入的主观条件；二是增强推动机制；三是加强拉动机制；四是减弱制约机制；五是正向利用调节机制；六是强化制度保障与监督制度运行等。

关键词：居民消费　消费理论　消费能力　长效机制

Abstract

From the period of year 1978 to 2011, it is extraordinary that the Chinese economy has grown so rapidly and last for such a long time. The Chinese economy has welcomed its inflection point and turned into a period of a relatively high growth speed in 2012. The Government Work Report in 2014 puts forward that the growth target of Gross Domestic Product will be approximately 7.5% in 2014. At the end of the extremely high growth period, the global contagion of American Finance and economic crisis because of the American subprime mortgage crisis in the second half of the 2007 has triggered the worldwide spread of financial crisis, so did China. This crisis has influenced our country gradually through its spreading from seminary to ambitus and had a severe negative impact on our national economy. The total export – import volume in our country is 179921.5 a hundred million yuan in 2008, which accounted 57.3% of the GDP at that very year and declined 5.4% compared with the last year. Judging from the situation of our country at the fourth quarter of 2008, the import and export situation of our country in 2009 will be more serious. Consumption, investment and exports are "three carriages" which drive the growth of the national economy. In order to achieve the sustained growth of our national economy under the trend of a severe decline in exports, our country has to rely only mainly on measures of consumption and investment to expand domestic demand. In 2009, while domestic demand has expanded in our country, the demand structure of our country still exist serious problems, that is, the investment rate is high and the consumption rate and the household consumption are low. In October 2010, the seventeen session of the Fifth Plenary Session held by the party comprehensively considered the existence of China's national economic and social development problems, conditions and future trends, proposed to adhere to the strategy of expanding domestic demand, to maintain stable and rapid economic development, to establish a long – term mechanism to expand consumer demand, to accelerate the new formation of economic growth situation through consumption, investment and exports. Governments of all levels have adopted a lot of policies and measures to implement the spirit of the seventeen plenary session, but there is still a considerable gap from the goal of "the new formation of economic growth situation through consumption, investment, exports". The 2014 world economic recovery is unstable and uncertain. Under the profound adjustment of the global economic pattern, the international competition is more intense. The economic development of China is under the painful period of structural adjustment and also the growth rate of the shifting period, and the economic downward pressure is still larger. In 2013, China's per capita GDP is about 6767 dollars. In accordance with the relevant theory about the developing stages of development economics, such as the development theory of Clark, Chenery, Kuznets, it showed that if GDP per capita exceeds 3000 dollars due to the rapid expansion of consumption and the rapid increase of the service sector, "the consumers dominate – services trigger" will gradually become a new growth engine and the proportion of the third industry will be more than 50%, becoming the leading industry. In 2012, China's investment rate is still as high as 47.8% which reveals that our country is still a investment dominant country. Consumers demand is very weak and need to be improved urgently. It can be seen from the above analysis that China's national economy is in a critical period of transformation from investment – leading to consumption – leading from now in the future. During this critical period, in order to improve our country's demand structure and achieve the sustainable and healthy development of our national economy, it is significant to construct long – term mechanism for increasing our country resident 's consumption abilities, vigorously improve the consumption rate in China, thus improving our country's demand structure. If the transition is not successful in this crucial period, China is very likely to fall into the so – called "middle income trap" and inextricably bogged down in. In July 30, 2014, the Political Bureau of the central economic work conference which was held to deploy the work of the second half of the year, put forward that we need to make efforts to expand consumption demand, exert the basic role of consumption, conform to the escalation of consumption structure, complete the consumption policy and improve the consumption environment, thus releasing the consumption potential constantly. Therefore, the research of the construction of Chinese characteristics consumption theory, the goal of expanding consumption and the impact on macroeconomic stability are undoubtedly of great theoretical significance and practical value.

This study use the methods of mathematical economic model, econometric model, literature survey and comparative analysis and combination of the normative research and empirical research. In the construction of national conditions which are suitable for Chinese " Demand – Side—Supply – Side Consumption Theory Model" basis, this study combines the characteristics and problems of the Chinese residents' consumption and makes a reference on the experiences of the maintaining of a high rate of residents' consumption of America and Japan. What's more, it put forward some proposals and suggestions to expand the consumption of our country from the mechanism and path level based on the conclusions of the expanding residents' consumption research on relevant paths. Finally, simulations were carried out to study the effect of expansion of Chinese residents' consumption on macroeconomic stability. This study is well developed followed the "consumption rate standard research – put forward consumption problems – core concepts definition and theoretical analysis – construct consumption theory model – the economic test – draw lessons from foreign experience – some mechanism special research – put forward long – term mechanism" basic way of thinking. The study is devoted to research the mechanism and path to expand China's household consumption and explore the influences of expanding consumption on macroeconomic stability.

First of all, based on the analysis about the consumption rate of Chenery, relying on related data which come from PWT 7. 1 and include 32 countries of OECD and 13 Asian countries and regions, ranging from 1951 – 2010 under PPP (Purchasing power parity), using the unbalanced panel data and relevant model, study the influence factors of residents' consumption and government consumption around the world. The thesis pointed out that in the 5 period from

1981 - 2010, our country's average consumption rate and average resident consumption rate is a little low than acceptable value in most time. At present, our country is in the key period of transition from investment - led economy to consumption - led economy, this profound economic transformation urgently required to establish a long - term mechanism to improve residents' consumption ability. Its premise is to analysis the resident consumption characteristics and existing problems since the Reform and Opening up. Our country's consumption rate is low in a long - term and exsits problems: The national per capita income of urban and rural residents' proportion in GDP is low, the per capita income gap between urban and rural areas showed a trend of expansion; Residents' consumption proportion is slowly declining and government's consumption is rising; The national per capita annual consumer spending growth is lower than the average annual GDP growth and annual per capita gross domestic product (GDP) growth, but higher than the national average annual growth of per capita income; The gap between rural residents' consumption expenditure and urban residents consumption expenditure is large, average annual rural consumer spending growth rate is equal to urban.

Secondly, the core concepts of this topic such as "resident's consumption ability", "long - term mechanism" are defined, and from the perspective of general theoretical analysis, the mechanism of resident's consumption ability is divided into four mechanism, such as pushing mechanism, pulling mechanism, restriction mechanism and adjustment mechanism. If mechanism will be long - term mechanism, it need institution's security and need to supervise institution's operation. based on the actual consumption in our country, the study sums up several characteristics of resident's consumption in our country, these characteristics are the premise that we build the consumption function. Based on the option theory, along path from micro consumption function to the macro consumption function, We borrow from China's consumption function buildly Yu Yongding and Li jun and try to construct our country resident's micro consumption function and macro consumption function. We build the micro and macro consumption function in our country which interprets consumption from the aspects of the combination of consumption demand - side and supply - side, and we take into account the consumption effect of enterprise's productivity, introduce the heterogeneity of workers, to consider the effect of income distribution on consumption, thus our function is deeper and more comprehensive. The distinction is not just a simple problems to increase or decrease some parameters, but shows the different ideas of building, and use a new idea to understand and explain the driving factors of resident's consumption, so this is the significant difference. In some sense, Chinese "Demand – Side— Supply – Side Consumption Theory" built by us is significant to enrich our country's consumption theory. Then, we testify the macro consumption function, the result is fit for our expectations, it also shows the correctness of the theoretical model constructed by us. The current labor income share, the relative total factor productivity of the current period, the current consumer price index, the next stage consumer price index and the pulling factor are all positive influence, and the Gini coefficient of the current period, the current residents savings deposit rate, the current financial constraints are negative impact on the current resident's consumption. Again, we analyze and summary the 1929 – 2010 period of United States and Japanese "high economic growth period" (1956 – 1973) maintaining high consumption experience. Finding the mechanism for maintaining high consumption ability of United States and Japan is: Modern consumption concept, the national economy fast growth, perfect social security system, relatively average income distribution and income growth stability, plenty of consumer credit, more developed services and so on.

Moreover, we have a special research on how to improve our country's labor income share, how to improve our country's total factor productivity and how to adjust the consumer price index. according to theoretical analysis of resident's consumption ability's long – term mechanism, the "Demand – Side—Supply – Side Consumption Theory Model" constructed by us and empirical results, combined with our country's consumption actual situation and the United States, Japan's experiences to expand consumption, we believe that constructing the long – term mechanism to expand our country's consumption abilities should include: First, improve the subjective conditions of resident's acquiring income; Second, enhance the pushing mechanism; Third, enlarge the pulling mechanism; Fourth, reduce the restriction mechanism; Fifth, positively take advantage of adjustment mechanism; Sixth, strengthen institution protection and supervise institution operation, and so on.

Key Words: Residents' consumption   Consumption theory   Consumption ability   Long – term mechanism

目　录

第一章 导论

第一节 研究背景与研究意义

一 研究背景

1978—2011 年，我国实际国内生产总值、实际人均国内生产总值分别以 9.9%、8.8% 的速度高速增长 33 年，这种举世瞩目的经济发展成就被世界誉为"中国奇迹"。33 年来，中国经济增长速度之快，持续时间之长，可谓世间独有。2012 年，中国经济增长出现拐点，开始进入中高速增长时期，2012 年、2013 年我国国内生产总值分别同比增长 7.8%、7.7%，2014 年《政府工作报告》提出，我国国内生产总值增长的目标为 7.5% 左右。就在我国经济高速增长即将进入尾声之时，由 2007 年下半年美国次贷危机引发的美国金融与经济危机逐步蔓延到全球，引发了世界范围的金融与经济危机，我国也在所难免。这场危机在由发源地向周边扩散的过程中逐渐波及我国，对我国国民经济造成严重的负面影响。我国 2007 年货物进出口总额 166740.2 亿元，占当年 GDP 的 62.7%；然而，2008 年货物进出口总额为 179921.5 亿元，占当年 GDP 的 57.3%，同比下降 5.4 个百分点。由 2008 年第四季度情况判断，我国 2009 年的货物进出口形势会更加严峻。消费、投资与出口是拉动国民经济增长的"三驾马车"，在出口严重下滑的趋势下，为实现我国国民经济的持续增长，我国只有转向主要依靠消费与投资等扩大内需的举措。然而，从 2008 年开始我国固定资产投资处于本轮固定资产投资短周期的下行区间，扩大消费成为保持国民经济快速增长的主要依靠。当然，这并不排除政府在非常时期采取非常措施大规模增加政府投资。在扩大消费方面，我国 2008 年 12 月宣布实施刺激农村居民消费、促进农村居民消费结构升级的"家电下乡"财政补贴政策。在扩大投资方面，从 2009 年开始，我国政府实施两年新增 4 万亿元的公共投资计划。我国扩大内需的政策取得了一定的效果。2008 年，我国消费率为 48.6%，居民消费率为 35.4%，投资率为 43.8%，2009 年消费率为 48.5%，居民消费率仍为 35.4%，但投资率上涨为 47.2%。2009 年，我国货物进出口总额占 GDP 的比重陡降为 44.2%，内需虽然有所扩大，但是，我国的需求结构存在较为严重的问题，即投资率偏高、消费率与居民消费率偏低。在需求结构中，消费需求才是最终需求，具有决定性作用。与世界上处于同一发展阶段的国家相比，我国投资率也处于极高的水平。投资率偏高、消费率偏低极易造成需求结构不合理、产能过剩、经济波动与衰退等严重问题。

2010 年 10 月召开的党的十七届五中全会综合考虑我国国民经济和社会发展存在的问题、条件与未来趋势，提出要坚持扩大内需战略、保持经济平稳较快发展，建立扩大消费需求的长效机制，加快形成消费、投资、出口协调拉动经济增长新局面。各级政府虽然采取了许多政策措施落实十七届五中全会精神，但离"形成消费、投资、出口协调拉动经济增长新局面"这一目标还有很大差距：2010—2013 年，我国货物进出口总额占 GDP 的比重分别为 50.2%、50.0%、47.0%、45.4%，加速下降；同期，我国的消费率分别为 48.2%、49.1%、49.5%、49.8%，居民消费率分别为 34.9%、35.7%、36.0%、36.2%，缓慢上升且趋缓；我国投资率分别为 48.1%、48.3%、47.7%、47.8%，反复波动但高位运行。

2014 年的世界经济复苏存在不稳定性、不确定性，全球经济格局深度调整，国际竞争更加激烈。我国经济发展处于结构调整"阵痛期"、增长速度"换挡期"，经济下行压力依然较大。2013 年，我国人均国内生产总值约为 6767 美元。按照发展经济学关于发展阶段的有关理论，如克拉克、钱纳里、库兹涅茨等的发展理论表明，人均 GDP 在达到 3000 美元以前，经济发达国家基本处于工业化时期，"投资主导—工业推动"的组合是其经济增长的主要动力。人均 GDP 超过 3000 美元后，由于消费快速扩张，服务业迅速崛起，"消费主导—服务业推动"的组合逐渐成为新的增长动力，第三产业比重将超过 50% 而成为主导产业。2013 年，我国的投资率仍高达 47.8%，仍然是投资主导型的国家，居民消费需求十分薄弱，亟待提高。从以上分析可以看出，当前与未来一段时间，我国国民经济正处于投资拉动型向消费主导型转型的关键时期。在这一关键时期，构建提高我国居民消费能力的长效机制，大力提高我国居民消费率，从而提高我国消费率，对于改善我国最终需求结构，增强经济增长动力，跨越"中等收入陷阱"，促进产业结构优化升级，实现我国国民经济可持续健康发展，意义重大。如在这一关键时期转型不成功，我国很有可能陷入所谓的"中等收入陷阱"而不能自拔。2014 年 7 月 30 日，中央政治局召开会议部署下半年经济工作，提出要努力扩大消费需求，发挥好消费的基础作用，顺应居民消费结构升级趋势，完善消费政策，改善消费环境，不断释放消费潜力。因此，当前一段时间构建"中国特色"的消费理论，研究我国扩大居民消费目标，构建提高我国居民消费能力的长效机制，具有重大的理论意义与实践价值。

二　研究意义

（一）理论意义

2010 年 10 月党的十七届五中全会提出要加快形成消费、投资、出口协调拉动经济增长新局面。后国际金融危机时代，我国经济内生增长机制已经形成，市场型需求已经启动，收入—消费台阶效应正在释放。同时，我国国民经济正处于由投资主导型经济向消费主导型经济转型的关键时期，消费结构必须升级，以与生产结构相对平衡，甚至适度引领生产结构，这是我国经济可持续发展的必由之路。这种深刻的经济转型迫切要求构建提高我国居民消费能力的长效机制。本书以改革开放以来我国国民消费行为为研究对象，植根于中华民族的消费理念、消费传统、消费心理、消费逻辑，同时借鉴西方最新消费理论，探索并构建具有中国特色的、符合中国国情的、能指导和调节我国居民消费的消费理论，对于补充和完善社会主义经济理论，具有重要理论意义。

（二）实践意义

其一，构建提高我国居民消费能力的长效机制，扩大居民消费，能够优化我国消费投资出口结构，改善经济发展拉动力量，提高经济发展的协调性和可持续性，符合经济发展"新常态"内在要求，实现国民经济有质量、有效益、可持续的发展。

其二，构建提高我国居民消费能力、优化消费结构的长效机制，有利于经济结构战略性调整取得重大进展，从而有利于经济发展方式的转变，有利于从投资主导型经济转型为消费主导型经济。

其三，构建提高我国居民消费能力的长效机制，让广大人民群众愿意消费、能够消费、敢于消费、善于消费，能够改善民生，释放消费潜力，推进社会主义和谐社会建设，从而激发人民群众进行社会主义建设的汹涌激情和强大动力，彰显社会主义制度的优越性。

第二节　文献综述

一　国外文献综述

西方经济学对消费的研究源远流长。自凯恩斯 1936 年提出消费函数概念后，西方经济学家对收入决定消费这一基础命题的研究逐渐深化，收入的内涵和外延在不断变化。最为经典的消费函数假说有凯恩斯（Keynes，1936）的绝对收入假说、杜森贝里（Duesenberry，1949）的相对收入假说、莫迪利亚尼（Modigliani，1954）的生命周期假说和弗里德曼（Friedman，1957）的持久收入假说。

绝对收入假说认为，当前消费依赖当前的绝对收入。第二次世界大战后的经验数据表明，这一理论在说明消费与储蓄、收入方面存在着矛盾，因为从长期来看，平均消费倾向一直是比较稳定的。为了克服这一局限，美国经济学家杜森贝里提出了相对收入假说。他认为，消费者会根据自己过去的消费习惯和周围人消费水平的影响来确定自己的消费水平，即人们的当期消费是相对决定的。该假说认为，消费与个人可支配收入在长时期内会维持一个相对固定的比率。消费固然会随收入的增加而增加，但不易随收入的减少而减少。相对收入假说提出的"棘轮效应"解释了消费的稳定性，但是，该假说同样缺乏充分而有力的经验证据。

与绝对收入假说、相对收入假说不同，弗里德曼的持久收入假说和莫迪利亚尼的生命周期假说认为，消费不只是与现期收入水平相联系，而且是以消费者一生的或持久的收入水平作为其消费决策的依据。

弗里德曼的持久收入假说认为，消费者的消费支出主要不是由他的现期收入水平决定的，而是由其持久收入水平决定的，即由消费者可以预期到的长期收入决定。因为人们在暂时性收入变动时，往往通过储蓄和借贷来稳定消费。按照这种消费理论，当经济衰退时，人们的消费倾向会趋向于长期的平均消费倾向。相反，当经济繁荣时，人们的消费倾向仍然会趋向于其长期平均消费倾向。

　　莫迪利亚尼的生命周期假说认为，人们在特定时期的消费不仅仅与他们在该时期的可支配收入相联系，而且会在更长的时间内计划他们的消费支出，以达到他们在整个生命周期内消费的最佳配置。生命周期假说与持久收入假说既有联系也有区别。其区别在于：前者侧重于对储蓄动机的分析，从而提出以财富作为影响消费函数的变量的重要理由；后者则偏重于个人如何预测自己未来的收入问题。生命周期假说和持久收入假说的最大缺陷在于：不能合理地解释未来的不确定性因素对人们消费—储蓄行为的影响。绝对收入假说、相对收入假说、持久收入假说和生命周期假说是经典的消费理论，但都没有真正考虑"不确定性"。

　　1978年，霍尔（Hall）将不确定性和理性预期的方法应用到消费者行为理论，融合持久收入假说、生命周期假说和理性预期，提出了具有创新意义的理性预期生命周期模型，即随机游走假说。该假说认为，各期消费应为一个马鞍形，消费与滞后的收入无关。此后，西方经济学家在对随机游走假说进行实证检验的研究发现，消费与劳动收入的变化呈显著的正相关性，进而提出了消费对劳动收入具有的"过度敏感性"与实际消费变化小于理论估计值的所谓的消费"过度平滑性"。

　　为了弥补随机游走假说的缺陷，西方经济学家又提出了预防性储蓄假说（Leland，1968）、流动性约束假说（Zeldes，1989；Deaton，1991）、缓冲储蓄假说（Carroll and Kimball，2001）和λ假说（Campell and Mankiw，1991），这些是较为前沿的消费理论。

　　预防性储蓄假说可以解释许多无法被随机游走假说解释的现象，该假说认为，与确定性情况相比，在不确定性情况下，消费者会谨慎地进行消费行为；未来的风险越大，消费者预期未来消费的边际效用越大，越愿意进行储蓄，把财富转移到未来进行消费。该假说可以同时解释"过度平滑性"与"过度敏感性"。但是，预防性储蓄假说无法解释在美国有相当数量的消费者只拥有很少的财富，也无法解释预防性储蓄假说估计的财富积累总量远高于实际值。于是很多经济学家认为，消费出现"过度敏感性"是由于流动性约束的存在。流动性约束一般是指消费者不能利用消费信贷进行负债消费。流动性约束假说认为，相比于不受流动性约束，流动性约束下的消费较低；消费者一旦预期到未来可能面临流动性约束，当期消费就会下降。缓冲储蓄假说建立在预防性储蓄假说和流动性约束假说之上。该假说认为，由于流动性约束的存在，消费者的当期最优消费由当期收入决定。由于预防性储蓄动机的作用，消费者的最优选择是进行数量较少的储蓄，即"缓冲储蓄"，而不是用掉所有的当期收入。这就解释了为什么一部分消费者的财富很少。

坎贝尔和曼昆（Campell and Mankiw，1991）从构建总和消费函数入手，认为将集中存在着两类消费者：第一类是消费由当期收入决定的消费者，第二类是消费由持久收入决定的消费者，经济学界将其称为 λ 假说。该假说可以解释"过度敏感性"和"过度平滑性"，认为当期消费与当期收入正相关。如果当期收入与滞后收入相关，那么，当期消费还将与滞后的收入相关。根据 λ 假说，一个必然的推论是一国消费者面临的流动性约束越强，λ 值就越大，但实际情况并非这样。

以上假说将影响消费的因素延伸到收入之外。行为经济学研究消费独辟蹊径，以心理特征（非理性）为基础来阐释消费，提出了行为生命周期模型（Thaler and Benartzi，2004；Shlomo Benartzi and Richard Thaler，2007）、双曲贴现消费模型（Laibson，1996；1997）和估测偏见的习惯消费模型（Loewenstein，O'Donoghue and Rabin，2002）。行为生命周期模型假设心理记账系统将财富分为当期可支出收入、当期资产和未来收入三部分。不同类型财富的边际消费倾向大小排序为当期可支出收入、当期资产和未来收入。双曲贴现消费模型和估测偏见的习惯消费模型都对储蓄率偏低给出了行为经济学解释，但与我国储蓄率偏高明显不符。在以上消费理论主线之外，西方经济学家提出了其他消费假说。詹姆斯·摩尔根提出了消费决策影响收入假说。他认为，一个人或一个家庭的收入（包括现期收入和未来收入）包含有不确定成分，消费者在做出消费决策后，通过一定的努力，可以使收入中的不确定性部分转变为确定性部分，从而使收入增加。因为经济发展可以给人们提供更多的获取收入的机会，消费信贷的大力发展也为收入中的不确定性部分转化为确定性部分创造了必要条件。霍塔克和泰勒提出了非流动资产假说，即消费品存量调整假定，其核心内容是现期消费依赖现期收入、消费品价格和消费品存量。哈维·莱宾斯坦全面地分析了消费者在消费过程中的外部效应问题，外部消费行为引起外部消费即跟潮效应、逆潮效应和凡勃伦效应。

综上所述，西方消费理论的发展遵循了这样一个发展逻辑：由当期消费扩展到跨期消费，由确定性条件扩展到不确定性条件，由预算较宽松约束扩展到预算较严格约束（韩丽娜，2008）。虽然西方消费理论还未达到完善的地步，但在逐步走向成熟。

西方消费理论都是从消费的需求侧来研究居民消费问题，涉及消费者的收入、消费习惯、预期、收入获得约束、消费品价格、消费品存量等，有的消费理论还从需求侧的消费者之间的相互影响角度来研究消费，而没有从供给侧来探讨居民消费的。这可能与西方经济学研究消费的传统不无关系，即与轻视流通高度相关。西方消费理论源于西方经济理论和政策研究的需要，它立足的土壤是西方资本主义市场经济，对西方国家的消费现象，特别是近年来西方国家的高消费率有一定的解释力和预测力。然而，我国消费领域的主要矛盾是居民消费率持续偏低，与西方国家明显不同。我国居民的消费习惯、行为及其收入特点与西方国家的不同主要表现在以下几个方面：其一，我国居民不是以一生为时间跨度来追求效用最大化，而是以某一特定消费阶段为时间跨度追求效用最大化。其二，我国居民在每一特定的消费阶段，几乎都有一个消费"高峰"，在"高峰"时段，消费支出都是刚性的（尉高师、雷明国，2003）。其三，我国居民不论是收入较高的中老年人，还是收入较低的年轻人，都有较高的储蓄倾向。这不同于西方国家年轻人借债消费，中老年人有较高的储蓄。我国的高储蓄倾向与我国消费信贷市场、社会保障制度和教育制度的不完善有关。其四，我国居民都偏向于买房，短期租房过日子可以，基本不能接受租房过一辈子，而且希望有大笔财产遗赠与下一代。其五，我国代表性居民的月收入不由劳动力市场决定，而由国家工资收入制度决定，等等。在存在这么多重大差异的情况下，我国照搬西方消费理论来解决消费率偏低的问题就不可避免地带有片面性和局限性。

二 国内文献综述

我国学者近十几年来对消费问题的研究表现在理论和实证研究两个方面。理论研究主要是从马克思主义经济理论中深入挖掘马克思主义消费理论（邢玉升，2010），研究西方马克思主义消费异化理论（蔡陈聪，2009），新马克思主义理论对消费异化理论的克服与启示（周琳，2010），研究消费社会理论和西方生态马克思主义消费理论（蒋南平，2007），研究可持续消费（刘宇伟，2010）等，引进介绍西方消费理论并加以中国化，形成适合中国国情的新消费理论假说（余永定、李军，2000；郭庆旺，2013）等。

借鉴西方消费理论，构建"中国特色"消费理论模型最为成功的当属余永定、李军（2000）。他们从西方选择理论出发，结合我国居民消费习惯、行为特点与收入等特点，构建了我国消费理论模型，较好地阐明了影响我国居民消费的因素。但是，他们的消费理论模型没有考虑消费供给侧对居民消费的作用，没有考虑企业生产效率和居民收入分配状况对居民消费的影响。这不能不说是他们的消费理论模型的缺憾。

郭庆旺（2013）提出的消费函数的收入阶层假说认为，不同收入类型对不同收入阶层的消费水平的决定作用不同，不同收入阶层的消费行为对不同的政策会有不同的反应。对中低收入阶层主要用低税政策，对中高收入阶层主要用消费信贷政策，对最高收入阶层主要用特殊商品如飞行器等的放松管制政策，等等。但是，各收入阶层的消费行为到底取决于哪一收入类型尚不清楚。

实证研究主要基于我国消费实际，积极借鉴马克思主义、西方消费理论或其他理论与实证研究的优秀成果，对我国扩大消费问题进行了深入的实证研究，取得了丰硕的成果。这些研究分为如下几类：

一是用我国的数据验证西方的消费理论。如王军（2001）建立了基于西方消费函数理论的三个中国消费函数模型，但是，通过实证研究后，发现模型与现实存在矛盾，微观消费函数与宏观消费函数存在矛盾。

二是应用西方消费理论来研究扩大我国消费问题。如方福前（2009）使用1995—2005年中国省级面板数据，运用随机效应模型，发现中国居民人均可支配收入与人均消费支出高度相关，且研究时间段内城乡居民消费函数相对稳定。

三是利用消费理论或其他理论构建数理经济模型来研究扩大我国的消费问题。如臧旭恒、贺洋（2015）基于 Bhaduri – Marglin 模型构建了一个研究中国初次分配格局调整与消费潜力释放的理论模型，并利用宏观数据进行了检验。再如雷潇雨、龚六堂（2014）通过建立一个包含多种类型消费者和地方政府的理论框架，分析了城镇化对于我国居民消费率的影响。实证研究发现，城镇化水平能够推动城市消费率的增长，但城镇化过快则会阻碍消费率增长。

四是数据导向型的研究扩大我国消费问题等。如方臻旻、徐冰清（2014）使用基尼系数、边际消费倾向和平均消费倾向三个指标，运用线性回归模型分析收入分配与居民消费之间的关系，发现收入分配差距扩大、降低居民平均消费倾向和边际消费倾向等问题。

从国内的研究现状来看，理论界已经取得了一批较高质量的研究成果，特别是国内学者在结合马克思主义消费理论、西方消费理论研究如何扩大我国消费，以及可持续消费研究方面，取得了实质性进展，为今后研究扩大我国居民消费提供了较好的思路。国内已有的研究在一定程度上解释了我国"居民消费率偏低之谜"，阐明了我国居民的消费逻辑和决定性因素，为政府制定扩大消费的政策提供了可资借鉴的理论依据和实证支撑。但是，国内学者研究我国消费问题，未能最大限度地以我国居民消费制度背景和消费心理及特征为理论生成的基础，建立适合我国居民消费特点的消费理论模型，因而不能在一个统一的分析框架下，全面地、充分地解释各经济变量与居民消费之间的关系及其作用机理。有些数量导向型的扩大居民消费的研究，如果经济中还存在一些被其遗漏的经济变量的话，这些经济变量可能会对方程已通过的解释变量产生作用，从而可能会导致已通过的解释变量对居民消费的作用变得没有方程所显示的那么明显、那么大，甚至变得没有作用。借鉴西方消费理论研究我国消费问题所运用的消费理论模型，并不一定适合我国国情，得出的结论与政策建议未免出现偏差。这可能是导致我国居民消费率即使在政府采取了很多政策措施后依然难以较大幅度提高的根本原因。

第三节　研究思路与主要内容

一　研究思路

本书研究遵循"消费率标准研究—消费问题提出—核心概念界定与理论分析—消费理论模型构建—计量检验—外国经验借鉴—若干机制专题研究—长效机制构建"的基本思路。

本书研究的逻辑起点是以世界各国的居民消费率、政府消费率为研究对象，运用非平衡面板数据及其模型，从中"提取"影响世界各国居民消费率、政府消费率的共性因素与个性因素，确定世界各国居民消费率、政府消费率的回归方程，从而确定1980—2010年我国各个时间段的合意居民消费率、合意消费率，作为各个时间段我国居民消费率、消费率的标准值。对改革开放以来我国居民消费的特点、存在的问题进行全面而深入的分析，以明确本书所要研究的问题和问题的症结所在。本书认为，我国居民消费率长期偏低有消费观念、心理、习惯的原因，更重要的原因则在于提高居民消费能力的长效机制尚未建立。

其次，提出解决我国消费问题的方法和手段，并进行研究。一是对核心概念进行界定并进行理论分析；二是构建适合我国消费特点的消费理论模型；三是借鉴西方发达国家的先进经验；四是对若干提高我国居民消费能力的机制进行专题研究。建立消费理论模型，必须植根于我国背景和国情，同时借鉴西方消费理论中的合理成分，作为新消费理论模型的基本元素。为此，必须分析我国居民消费的制度背景、消费传统、消费心理与特征，鉴别与借鉴西方消费理论。

影响居民消费的因素，既有需求侧的因素，又有供给侧的拉动因素。西方消费理论主要聚焦的是需求侧的因素，这有失偏颇。本书构建的消费理论模型，既注重提高居民消费的需求侧的因素，又关注提高居民消费的供给侧的拉动因素，暂且可称为"需求侧—供给侧消费理论模型"。消费理论模型构建遵循从我国实际出发，从单因素到多因素、从静态到动态、从确定性因素到非确定性因素、从需求侧因素到供给侧因素的原则，逐步递进和深入。在理论上弄清各因素与消费的联系和作用机理，构建起具有逻辑起点、中介与终点，逻辑严密、层次分明，具有微观经济基础的消费理论模型，并用数理经济模型加以表述和推导。

将"需求侧—供给侧消费理论模型"中的数理经济模型，转化为计量经济模型，根据研究需要和数据可获得性，利用我国数据进行实证检验。结合我国实际，说明各解释变量对居民消费是如何作用的。

本书拟研究美国、日本等发达国家居民消费现状、消费特点和高消费率背后起支配作用的机制，这些机制包括完善的社会保障体系、收入分配制度、居民收入稳定增长机制、消费信贷机制等。

在若干机制专题研究方面，我们对如何提高我国的劳动收入份额、如何提高我国的全要素生产率、如何调控我国居民消费价格指数进行了专题研究。

最后，从长效机制层面，提出提高我国居民消费能力的对策建议。

二　研究主要内容

本书主要包括以下内容：

第一部分：改革开放以来，我国居民消费率及消费率标准、消费特点以及存在的问题研究。本书借鉴钱纳里关于消费率的分析方法，利用

PWT 7.1 提供的 32 个 OECD 国家和 13 个亚洲国家或地区 1951—2010 年购买力平价（PPP）下的相关数据，运用非平衡面板数据及相关模型，研究世界各国居民消费率、政府消费率的影响因素，并计算出我国 1980—2010 年各个时间段居民消费率、消费率的标准值。当前，我国国民经济正处于由投资拉动型经济向消费主导型经济转型的关键时期。这种深刻的经济转型迫切要求建立提高居民消费能力的长效机制，其前提是对改革开放以来我国居民的消费特点与存在问题进行研究。我国居民消费存在的问题主要有：全国城乡居民人均收入占人均国内生产总值比偏低，城乡人均收入差距呈现扩大趋势；我国居民消费占比在小幅波动中缓慢下降，政府消费占比逐渐提升；全国居民人均消费支出年均增长低于国内生产总值年均增长与人均国内生产总值年均增长，但略高于全国居民人均收入年均增长；农村居民人均消费支出与城镇居民人均消费支出差距扩大，农村居民人均消费支出年均增长率与城镇居民持平等。这是构建提高我国居民消费能力长效机制的逻辑起点。

第二部分：构建用以研究提高居民消费能力长效机制的"需求侧—供给侧消费理论模型"。

第一，对核心概念进行界定和对居民消费能力的机制进行理论分析。对本书的核心概念"居民消费能力""长效机制"进行了界定，并从一般性理论分析的角度将居民消费能力的机制分为推动机制、拉动机制、制约机制与调节机制四个机制。机制如要长效，需要制度予以保障并监督制度的运行。

第二，以理论研究为基础构建"需求侧—供给侧消费理论模型"。构建提高我国居民消费能力的长效机制，需要以符合中国国情的消费理论为基础。本书以"需求侧—供给侧消费理论模型"作为提高我国居民消费能力长效机制的理论基础。需求侧着重研究推动居民消费的内在因素，也即从需求角度入手研究居民消费，供给侧着重研究拉动居民消费的推动机制、约束机制与调节机制。为此，本部分重点研究"需求侧—供给侧消费理论模型"的几个重要构件：其一，借助文献调研，对经典消费函数理论进行梳理，重点研究凯恩斯的绝对收入假说、杜森贝里的相对收入假说。其二，为了研究不确定性和理性预期对我国居民消费能力的影响，本部分将重点研究预防性储蓄假说与流动性约束假说。预防性储蓄与流动性约束对我国居民消费影响很大。其三，为了从拉动角度研究我国居民消费，本部分重点研究贸易经济与市场营销中有关商品及其营销吸引消费者的理论等。其四，在理论分析与鉴别、结合现实国情基础上，归纳我国居民微观消费行为特点，以选择性理论为基础，借鉴余永定、李军的做法，构建"需求侧—供给侧消费理论模型"，提取影响居民消费能力的重要因素，探索并解释各重要因素影响居民消费的作用机理。并且提出与之相匹配、具有微观经济基础的数理经济模型。我们认为，建立"需求侧—供给侧消费理论模型"，才能使研究建立在系统、可靠的理论基础之上，这是提高我国居民消费能力长效机制研究的理论基础。

第三，运用计量经济模型与方法，确定各变量的参数。为了进行计量经济模型检验，必须将数理经济模型转换为计量经济模型。计量经济模型的设计以"需求侧—供给侧消费理论模型"为理论基础，符合总体回归模型设定要求和我国经济运行及居民消费实际。被解释变量选择为我国居民消费名义消费额，解释变量为当期劳动收入份额、当期相对 TFP、当期基尼系数、上期实际居民储蓄存款余额、当期居民消费价格指数、下期居民消费价格数、当期利率、当期储蓄目标（用融资约束变量代理）、当期拉动因子（用城镇化率变量代理）。利用我国 1978—2012 年有关变量的时间序列数据，首先进行单位根检验，检验是否为平稳变量或单整序列，确定各变量参数，进行协整检验，以检验回归关系是否为伪回归关系。

第四，对计量经济模型结果进行解释和说明。本部分对计量经济模型所得计量结果，结合我国经济运行和居民消费实际，进行解释和说明。对于不能通过计量检验的变量进行令人信服的说明。

第三部分：西方发达国家提高居民消费长效机制借鉴。西方发达国家如美国、日本等市场经济相对成熟，投资消费出口比例较为协调，居民消费率大多数年份在 65% 以上。西方发达国家如美国、日本等国的消费率较高和消费模式相对优化。究其深层次原因，发现是其提高居民消费能力的机制在起作用。这些机制的内核包括完善的社会保障体系、收入分配制度、居民收入稳定增长机制、消费信贷机制等。

第四部分：提出提高我国居民消费能力的长效机制。提高我国居民消费能力的长效机制是本书研究的又一着力点。我们根据居民消费能力长效机制的理论分析，依据构建的"需求侧—供给侧消费理论模型"以及在我国的实证检验结果，结合我国的消费实际与美国、日本扩大居民消费的经验，认为当前构建的提高我国居民消费能力的长效机制应包括：一是改善居民获取收入的主观条件；二是增强推动机制；三是加强拉动机制；四是减弱制约机制；五是正向利用调节机制；六是强化制度保障与监督制度运行等。其中，增强推动机制包括提高劳动收入份额、降低收入分配差距、提高全要素生产率、适度提高当期居民消费价格。加强拉动机制包括增加商品及其促销的吸引力。减弱制约机制包括健全社会保障体系、完善公共资源均衡分配与保障。正向利用调节机制包括形成居民收入增长预期、形成居民消费价格适度增长预期、降低当期居民存款利率、减少融资约束等。对于如何提高劳动收入份额、如何提高全要素生产率、如何调节居民消费价格指数等，进行了专题研究。因此可以说，本书最终给出的提高我国居民消费能力长效机制的对策建议是有依据的、全面的、可行性的。

第四节　研究方法

根据上述研究内容，本书主要研究方法如下：

一　文献调查与比较分析相结合

将通过更为广泛的文献纵览与梳理，在理论比较与鉴别的基础上，构建起符合我国现实国情的"需求侧—供给侧消费理论模型"，以此理论模型为基础，用来研究构建提高我国居民消费能力的长效机制。在借鉴西方发达国家消费经验时，要运用比较分析法。

二　数理经济模型方法

构建"需求侧—供给侧消费理论模型"。中国居民不是以一生为时间跨度来寻求效用最大化，而是寻求某一阶段效用最大化，因而在不同生命阶段都存在一个特定的消费高峰，以及为实现这个消费高峰确定一个短期储蓄目标。据此可构建中国消费者一个两期的"中视"消费模型。再如，我们利用 CES 生产函数研究偏向性技术进步对劳动收入份额影响时发现，资本—劳动收入比例分别受人均资本拥有量与资本效率参数—劳动效率参数比值影响，通过数学推导，可以得出若干关于资本—劳动收入比例受参数变化的影响如何变化的命题。

三　计量经济模型方法

本书在研究我国当期居民消费额与当期劳动收入份额、当期相对

TFP、当期基尼系数、上期实际居民储蓄存款余额、当期居民消费价格指数、下期居民消费价格数、当期利率、当期储蓄目标（用融资约束变量代理）、当期拉动因子（用城镇化率变量代理）的关系时要用到回归模型。回归模型预设要符合总体回归模型设定要求。

四 规范研究与实证研究相结合

根据构建的"需求侧—供给侧消费理论模型"以及在我国的实证检验结果，结合我国的消费实际与美国、日本扩大居民消费的经验，提出了提高我国居民消费能力的长效机制的政策建议。这些政策建议将推动我国国民经济有质量有效益可持续地发展。

第五节　研究重点与难点

一　研究重点

立足我国国情，把握我国居民消费观念、消费心理与消费特点，充分借鉴凯恩斯的绝对收入假说、杜森贝里的相对收入假说、莫迪里亚尼的生命周期假说、弗里德曼的持久收入假说、预防性储蓄假说、流动性约束假说中的合理成分，构建"需求侧—供给侧消费理论模型"。构建"需求侧—供给侧消费理论模型"能够很好地解释改革开放以来我国居民消费率不高的经济现象，为构建提高我国居民消费能力的长效机制提供理论基础。

二　研究难点

第一，本书拟建立的"需求侧—供给侧消费理论模型"，准备运用形式化的数理经济模型来表述和推导。"需求侧—供给侧消费理论模型"与凯恩斯主义宏观经济理论中的消费理论不同，具有微观经济基础。如何将单个居民或家庭的消费行为整合成全社会总消费行为，是本书面临的一大难题。可以认为，现有的消费理论大都继承了"代表性消费者"与"加总"的分析方法。当然，在把微观变量加总为宏观变量时，会遇到"分配效应"问题。较为理想的替代方法是对收入水平不同的消费者设定不同的消费函数，然后加总。但是，如果考虑不同消费者存在的异质性与相互影响、不同消费者面临的不确定性和流动性约束的差异、消费的时间不可分性等问题，那么微观消费模型会变得极其复杂难解，加总也会碰到更多的问题。本书仍然沿用"代表性消费者"和"加总"分析方法。在目标函数和约束条件中，引入拉动因子，可以对居民消费的"拉动力"进行分析。引入储蓄目标，可以采用储蓄目标的代理变量如融资约束等对社会保障体系、流动性约束进行分析。在宏观消费函数中引入异质性消费者，可以对收入分配不平等进行分析等。

第二，本书利用克兰普等提出的标准化的要素增强型技术进步的 CES 生产函数，运用非线性三阶段最小二乘法对其进行联合估计。非线性三阶段最小二乘法的估计难度很大，因为一般统计软件、计算软件上没有现成程序，需要自己编程运算。

第六节　可能的创新之处

归纳起来，本书可能的创新之处有以下两点：

第一，本书尝试提出具有一定创新意义的"需求侧—供给侧消费价格模型"。本书立足我国经济现实，在充分批判借鉴西方消费理论合理成分、克服西方消费理论若干缺陷前提下，将影响居民消费的因素从需求侧因素扩展到供给侧拉动因素，将静态分析动态化，短期分析长期化，将不确定性和理性预期方法引入消费者行为理论，充分融合凯恩斯的绝对收入假说、莫迪里亚尼的生命周期假说、弗里德曼的持久收入假说、预防性储蓄假说、流动性约束假说，提出了具有一定理论创新意义的"需求侧—供给侧消费价格模型"。该理论较为符合我国现实国情，能对我国居民消费率偏低作出合理性解释，可以作为构建提高我国居民消费能力长效机制的理论基础。

本书运用现有消费理论常用的"代表性消费者"和"加总"分析方法，在目标函数和约束条件中，引入拉动因子，可以对消费的"拉动"因素进行分析。引入储蓄目标，可以采用储蓄目标的代理变量如融资约束等对社会保障体系、流动性约束进行分析。更进一步说，这个模型也架起了宏观经济学与贸易经济学、市场营销学沟通交流的桥梁。这是本书与那些扩大居民消费数量导向型研究课题根本不同的地方。在企业的生产函数中引入生产率系数，可以对全要素生产率进行分析。在宏观消费函数中引入异质性消费者，可以对收入分配不平等进行分析等。

　　第二，一般形式的生产函数对初始值设定十分敏感，稍有差异就会导致结果有很大的差异，而不同学者初始值的设定往往差异很大。为克服这一问题，克兰普等证明，要素增强型技术进步的一般形式的 CES 生产函数经过标准化处理后，参数估计结果稳健，经济含义明显。本书利用克兰普等提出的标准化的要素增强型技术进步的 CES 生产函数，运用非线性三阶段最小二乘法对其进行估计。采取该法进行联合估计，才可能使一个方程的回归参数与系统内其他方程的回归参数相关或相同，而且，该法估计考虑了各方程残差之间的相关性，提高了所估计方程的有效性。

第二章　我国经济发展中合意消费率与合意居民消费率确定及预测[①]

　　1978—2012 年，我国实际 GDP 年均增长 9.8%，实际人均 GDP 年均增长 8.7%，35 年间中国经济发展取得举世瞩目的成绩。2000 年，我国消费率、居民消费率分别为 62.3%、46.4%；2012 年，我国消费率、居民消费率分别为 49.5%、36.0%，下降率分别为 20.5%、22.4%。有学者认为，对于我国当前一段时间的消费率、居民消费率是否偏低，学术界曾经有过争论（桁林，2008）。少数学者如郭兴方（2007）认为，仅仅依据国际比较来判定我国消费率偏低是不科学的，判定消费率高低只能依靠我国宏微观经济运行状况来判定。表面上看，我国消费率同其他国家相比偏低，但它是均衡的。不过，从已有文献可以看出，大多数学者认为 1993 年以来我国消费率、居民消费率偏低，这似乎已达成共识（钱龙、周绍东和胡成恩，2008）。这些学者作出这种判断，有的是基于改进的钱纳里模型（晁钢令、王丽娟，2009），有的是基于国际比较（雷辉，2009），有的是基于纵向比较（汪海波，2006）。我国投资率偏高，消费率特别是居民消费率偏低的投资消费结构，在外需旺盛条件下是可行的。如王德文、蔡昉和张学辉（2004）认为，我国在高增长拉动高投资，高投资进而推动高增长的经济背景下，整体消费率偏低，甚至某些年份出现一定程度的下降是非常正常的，不会影响经济的正常运行。这种观点实际上隐含着外需旺盛这个非常重要的前提。但当前一段时间世界经济不景气，世界市场对中国产品与服务的需求萎缩，在此环境下若一定要维持投资偏高、消费偏低的畸形投资消费结构，那是断然不可行的。因为在外需不足的条件下，如果我国投资消费严重失衡的状况得不到根本性扭转，最

---

　　① 参见吴振球、王芳、周昱《我国经济发展中合意消费率与合意居民消费率确定与预测研究》，《中央财经大学学报》2014 年第 11 期。

终的结果将是经济体内的大规模产能过剩，从而使国民经济不能正常运行。近几年来我国电解铝、钢铁制造、太阳能、风电、硅钢等行业产能过剩日益严重就是明证。根据宏观经济学以及发展经济学有关消费的基本理论，本章拟利用 PWT 7.1（Pennsylvania World Table 7.1，宾夕法尼亚大学世界数据库7.1版本）提供的 45 个国家或地区 1951—2010 年的相关数据，运用非平衡面板数据及相关模型，来探讨居民消费率、政府消费率受什么因素影响以及影响程度，并将回归方程作为计算合意居民消费率、合意政府消费率的标准方程。本章研究我国改革开放以来的合意消费率、合意居民消费率，并对未来若干年进行预测，且以此合意值为标准建议政府采取经济与社会政策对我国消费率、居民消费率进行调整，这对改善我国最终需求结构，增强经济增长动力，实现科学发展具有重大的现实意义。

第一节　文献述评

多数学者在论述消费率问题时，将"合意""合理"当作同义语使用，并未进行严格区分。对于合意消费率定义，还没有形成统一看法。学者们的观点分为三种：第一种把合意消费率定义为使经济实现帕累托最优的消费率。第二种认为，帕累托最优是可遇而不可求的经济发展状态，且难以用合适的指标来衡量经济是否实现帕累托最优，所以应该把合意消费率定义为由经济自身的发展决定的、能实现总量平衡和结构平衡的消费率（赵永刚，2002）。该种学者一般通过基于内生增长理论的生产函数来推导出合意消费率。第三种认为，符合居民消费规律的消费率就是合意消费率。为了论述得更清晰，后文将严格区分"合意"与"合理"，如果基于第二种观点，将统称为"合理消费率""合理居民消费率""合理政府消费率"等；如果基于第三种观点，将统称为"合意消费率""合意居民消费率""合意政府消费率"等。

本书认为，利用世界各国相关数据，构建的以居民消费率、政府消费率为被解释变量的回归方程，就是符合居民消费、政府消费规律的方程，依据该方程计算出的居民消费率、政府消费率就是合意居民消费率、合意政府消费率。将合意居民消费率与合意政府消费率加总就得到合意消费率。

宁军明、涂大坤（2010）借助钱纳里的一般工业化分析范式，通过国际比较后认为，虽然同组别国家的投资率、消费率表现出相似的变动趋势，但这种变动并没有趋于一个稳定的值。他们对定量探讨合意消费率是根本否定的。虽然对于定量探索我国改革开放以来合理（或合意）消费率、合理（或合意）居民消费率有一种根本否定性意见，但是，许多学者仍进行了大量的、值得肯定的定量研究。归纳起来，这些探索大致分为以下几类：

第一类是通过数理经济模型计算合理的消费率。荆林波、王雪峰（2011）运用柯布—道格拉斯方程推导出消费率决定理论模型，应用该模型测算了 1991—2008 年中国理论消费率及消费率合理区间，并指出我国 2010 年理论消费率在开放条件下为 53.56%，在封闭条件下为 56.87%。谭小芳、王迪明和邹存慧（2006）从索洛模型中的生产函数和拉娜齐的无限期家庭效用最大化模型中得出了单位有效劳动的平均资本 k 和平均消费 c 的动态模型。在对比分析我国投资和消费结构的历史数据和国际数据的基础上，提出我国目前合理的投资区间为 31.0%—32.9%，合理的消费区间为 66.2%—67.4%。乔为国、潘必胜（2005）通过建立一个确定实现充分就业目标的合理投资率模型，估算我国合理的投资率及相应消费率。更高效率的个体、外资等经济成分在国民经济中比重提高，会内在要求投资率下降，收敛于 18%—25% 的区间内。在当前我国所有制结构下，合理投资率不应超过 32.4%，消费率不应低于 67.6%。这些数理经济模型表面上看起来很科学，但其基本方程往往需要借助若干难以实现的假设，因而在现实性上大打折扣。

第二类是利用经典的计量经济模型来计算合意的居民消费率、合意的政府消费率，从而计算出合意的消费率。晁钢令、王利娟（2009）在钱纳里模型基础上，分别调整人口变量、净资源流入变量和剔除通货膨胀因素后，对钱纳里消费率标准值进行了相关修正，分别得出了 2000 年、2004 年、2007 年我国私人消费率、政府消费率的标准值。但是，该文认为，影响私人消费率和政府消费率的因素均为人均国民生产总值、人口数、净资源流入、时间及通货膨胀，是欠妥当的。因为私人消费与政府消费主体分别为私人与政府，两者消费目的与动机不同，影响两者消费因素当然不同。

第三类是运用面板数据模型来计算合意的消费率、合意的居民消费率。蔡跃洲、王玉霞（2010）基于跨国面板数据分析的基本思路是：就经济发展阶段、城市化水平、外向型程度、上期消费率等因素对消费率的影响进行实证检验。并用我国的数据进行了验证。他们最后认为，我国合意的投资率区间为 40%—45%，相应的消费率为 55%—60%。他们未将消费率分解为居民消费率与政府消费率两部分，而直接将消费率当作一个整体来研究。我们认为，这样做同将其首先分解为两部分然后加总起来计算相比，后者更准确一些。因为后者通过分解，弄清了消费率两个来源部分的具体影响因素并依此进行计算。袁志刚（2011）利用 PWT 6.3 的数据（该数据库数据时间截止于 2007 年），以居民消费率为被解释变量。选用两组解释变量：第一组是 4 个宏观经济变量，分别是各时段平均的名义人均 GDP 增速、平均通胀率、各时段名义人均 GDP 增速的标准差和通胀率的标准差。第二组是 2 个国家或地区虚拟变量，分别代表 30 个 OECD 国家和 8 个东亚国家或地区。具体的解释变量包括 4 个宏观经济变量及其与 2 个国家或地区虚拟变量的交互项，因此共有 12 个解释变量。其结论为：第一，改革开放前我国居民消费率是"偏高"的。第二，改革开放后的 20 年间，我国的平均居民消费率比较"适中"。第三，1998—2007 年，我国的平均居民消费率为 43.9%，与同等情况下国际平均水平 51.1% 相比，低了 7.2%。该文仅仅根据其名义人均 GDP 的年均增长率及其标准差得出一个平均居民消费率的回归方程，然后依据回归方程来估算我国合理的居民消费率，这不太符合宏观经济学的消费理论。因为宏观经济学中研究居民消费或消费的方程如果涉及人均 GDP 或 GDP 的年增长率或年均增长率，绝大多数采用实际值。

　　第四类是半定量地进行国际比较与投资效果分析来估算合理投资率，从而计算出合理消费。贺铿（2006）认为，判断一个国家投资率与消费率是否合理的基本标准有两条：一是经济增长速度比较高，供需总量和供需结构均衡。二是居民收入与经济同步增长，不断促进居民消费增长。依据这两条标准，参照历史比较、国际比较和投资效率分析结果，他认为，我国应该将投资率控制在 30%—35%，消费率控制在 60%—65%，在较长时间内我国 GDP 有可能保持 8.5% 左右的增速。该文将处于同一时间段，但处于不同发展阶段的国家或地区的消费水平进行横向比较并作为我国的消费率基准，其结论显然缺乏足够的说服力。

　　发展经济学家钱纳里关于不同经济发展阶段国家消费率的分析模型与标准值的解释意义，在我国学者中褒贬不一。罗云毅（2000）认为这是一个没有经过严格理论论证和实践检验的标准的优化消费率。我们认为，虽然钱纳里的分析模型不一定十分科学，但其毕竟是通过对 100 多个不同样本国的上万个数据进行分析和研究的结果，不能轻易否定，特别是其分析方法。

从理论上分析，影响不同国家消费率、居民消费率、政府消费率的因素既有共性因素，也有个性因素，即不同国家特定的制度、文化、历史、习惯等因素会对其合意值产生影响。这会带来一个问题：以多个国家为样本构建的回归方程，能反映共性因素影响，不一定能反映个性因素影响。即回归方程对某一特定国家不一定适用。我们应用面板数据模型，可以有效解决个性因素对合意值的影响。因为：第一，我们在面板数据模型中引入国家或地区文化差异虚拟变量，可以测定国家或地区文化差异对居民消费、政府消费的影响。第二，对于各个国家或地区影响居民消费、政府消费的制度、习惯、心理等不可观测因素，如果确实存在这些因素的影响，通过不变参数模型、变截距模型、变系数模型的参数检验就能识别出来，选择变截距模型来解决这个问题。关键是借鉴钱纳里的分析方法。

本章可能的创新之处在于将消费率分解成居民消费率与政府消费率，在世界范围内运用非平衡面板数据模型，依据宏观经济学与发展经济学有关消费的理论，分别定量研究居民消费率与政府消费率影响因素及其影响程度，将回归方程视为计算合意居民消费率、合意政府消费率的标准方程，依此计算出我国改革开放以来各个时间段的合意居民消费率与合意政府消费率，然后将这两者加总合成合意消费率，并以此为标准判断各个阶段我国实际居民消费率、实际消费率与合意值的偏差，并预测未来几年（2011—2022 年）我国居民消费率与消费率的合意值，与 2012 年的实际消费率、实际居民消费率进行比较，为政策制定者调整我国消费率与居民消费率提供决策参考。结果发现，影响居民消费率的因素与影响政府消费率的因素不同，这与钱纳里分析模型认为居民消费率、政府消费率受相同因素影响完全不同。

第二节　各国居民与政府消费率影响因素理论与经验分析

由于消费在宏观经济分析中的重要地位，西方经济学家提出了许多消费理论，较有影响的有凯恩斯的绝对收入假说、杜森贝里的相对收入假说、布朗的广义相对收入假说、弗里德曼的持久收入假说、莫迪利亚尼的生命周期假说、生命周期—持久收入假说、摩尔根的消费决策影响收入假说、霍塔克的非流动资产假说、霍尔的随机游走假说、里兰德的预防性储蓄假说、萨勒和谢弗的行为生命周期假说、扎德斯的流动性约束假说、卡罗尔和肯波尔的缓冲储蓄假说、利本斯坦的消费外部效应理论和坎贝尔和曼昆的 λ 假说等。

实际上，除宏观经济学研究消费理论外，还有一些其他学科如发展经济学等也在研究经济开放等因素对一国消费的影响。本书构建的各国居民与政府消费率分析框架，既吸收了宏观经济学消费理论成果，又借鉴了发展经济学关于消费影响因素的有关成果，还参考了一些实际消费经验数据。

从绝对收入假说和发展经济学有关分析出发，认为经济发展水平是影响消费的重要因素；从相对收入假说出发，认为上期消费与地域文化差异是影响消费的重要因素；从预防性储蓄假说出发，认为经济波动是影响消费的重要因素；从发展经济学有关分析出发，认为经济开放是影响消费的重要因素等。具体分析如下：

（1）经济发展水平。绝对收入假说认为，当前消费依赖当前绝对收入。蔡跃洲、王玉霞（2010）认为，在经济发展水平处于低级阶段时，全社会新创造的价值除去基本消费外，剩余很少，因而消费率高，投资率低。当经济发展水平跨过低收入阶段时，全社会新创造的价值除去基本消费外，剩余较多，加上强烈的增长欲望，经济资源将更多地用于投资，因而消费率降低，投资率升高。当经济发展水平进入较高阶段后，由于消费需求结构不断升级和技术进步，消费率会有所提高，投资会有所下降，整个投资消费结构将趋于稳定。

（2）上期消费。1949 年，美国经济学家詹姆士·杜森贝里提出相对收入假说。该假说（Duesenberry，1949）提出了消费的两大效应：示范效应和棘轮效应。在短期内观察，发现在经济波动过程中，随着收入增加，低水平收入者的消费会向高水平收入者的消费水平看齐，这就是"示范效应"，即消费者的消费行为会受到周围人们消费水平的影响，消费行为并不是独立的（Duesenberry，1949）。然而，当收入减少时，消费者由于消费习惯的影响，或会顾及他们在社会上的相对地位，有"爱面子"的考虑，导致消费水平不会降低或降低比较有限，即消费的不可逆性，被称为"棘轮效应"（Duesenberry, 1949）。因此，短期消费函数与长期消费函数不同，当期消费决定于当期收入及过去消费水平。

（3）地域文化差异。相对收入假说（Duesenberry, 1949）认为，消费者会根据过去的消费习惯来确定其消费水平。而地域文化对消费习惯有着重要影响。从经验数据可以看出，地域文化是影响投资消费结构的重要因素。在西方七国集团中，经济发展阶段大体相同，但是，美、英两国的消费率高于其他五国 5 个百分点左右，投资率明显低于其他五国 5 个百分点左右。将处于相同经济发展阶段的亚洲国家与欧洲国家、美洲国家相比，亚洲国家的消费率比欧洲国家、美洲国家明显低 10 个百分点左右，投资率则明显高 7 个百分点左右。

（4）经济波动。预防性储蓄理论强调了不确定性对居民储蓄和消费行为的影响。Caballero（1990）提出，假设劳动收入的变化与未来劳动收入的风险呈正相关关系，当期劳动收入的变化意味着未来具有不确定性，从而未来风险增加，消费者会进行更多的预防性储蓄，以致导致消费的"过度平滑性"。也就是说，消费者在面对经济波动从而造成其劳动收入波动时，在消费上会作出预防性反应。

（5）经济开放度。蔡跃洲、王玉霞（2010）认为，投资消费结构与经济开放度密切相关。经济体开放度较高，消费率往往较低，投资率往往较高。因为，在国际贸易基本平衡的情况下，经济开放度较高，意味着进口与出口均较高，而大量的出口需要有足够的产能和投资，在大量进口中，消费品的比重往往较低，投资品的比重往往较高。

仅仅从理论上分析，居民消费主体是居民，政府消费主体是政府，两个主体消费的目的与动机不同，所以影响居民消费率与影响政府消费率的因素不完全相同。具体来说，经济发展水平、上期消费、地域文化、经济开放度对居民消费影响较大；经济发展水平、上期消费、经济波动对政府消费影响较大。当然，这种理论分析有待于实证检验。

第三节　变量说明与模型设定

本节主要对变量进行说明，并根据检验结果设定计量经济模型。

一　变量说明

根据研究需要，本书在 PWT 7.1 中选择一国的时间序列数据不可行，因为无法"提取"多国影响居民消费、政府消费的因素，只能选择截面数据与面板数据。但选择截面数据，因为各国的数据只有一年，无法构造一国经济波动的代理变量，于是参考复旦大学袁志刚的做法，构造一个面板数据来研究各国居民消费率、政府消费率与消费率，从而研究我国的合意居民消费率与合意消费率。由于面板数据要求短时间段、多决策单元，所以我们将 1951—2010 年长达 60 年的数据，以 6 年为一个时间段，分成 10 个时间段，这样就可以构造一个短时间段、45 个国家或地区的面板数据。以下 7 个变量数据均源于 PWT 7.1。特别需要说明的是，从已有的实证研究成果来看，影响居民消费率、政府消费率的因素不止以下 5 个，但 PWT 7.1 提供的数据有限，利用其他数据库统计口径又不同，故不能对其他因素进行探讨。而且，由于被解释变量、解释变量除实际人均 GDP 年增速标准差与国家或地区虚拟变量外，采用的都是某一时间段的平均值，所以我们确定 1951—2010 年以及预测 2011—2016 年、2017—2022 年合意居民消费率和合意政府消费率的值，都是该时间段的平均值。

被解释变量：（1）当期居民消费率。当年居民消费率等于一个国家或地区当年居民消费额除以 GDP。一个国家或地区某一时间段当期居民消费率等于该时间段各年居民消费率的简单算术平均值。（2）当期政府消费率。当年政府消费率等于一个国家或地区当年政府消费额除以 GDP。一个国家或地区某一时间段当期政府消费率等于该时间段各年政府消费率的简单算术平均值。

解释变量：（1）当期实际人均 GDP。表示一个国家或地区在当期（相应的某一时间段）的经济发展水平。PPP 下的 45 个国家或地区某一时间段的人均 GDP，取该时间段各年人均 GDP 的简单算术平均值，每一年的人均 GDP 以 2005 年不变价美元表示，各个时间段的人均 GDP 也以 2005 年不变价美元表示。（2）上期消费率。表示上期消费状况，包括上期居民消费率与上期政府消费率。计算方法同当期居民消费率与当期政府消费率，不同的是，是上一期的居民消费率与政府消费率。（3）实际人均 GDP 年增速标准差。表示一个国家或地区经济波动状况。PPP 下的 45 个国家或地区某一时间段实际人均 GDP 年增速标准差，用 6 年的实际 GDP 年增速来计算。（4）开放度。表示一个国家或地区对外开放的程度，用来衡量对外开放对一个国家或地区消费率的影响，用进出口总额除以 GDP 来衡量。PPP 下的 45 个国家或地区某一时间段的开放度，用 6 年的开放度简单算术平均值来计算。（5）国家或地区虚拟变量。表示亚洲文化对消费率的影响。亚洲国家或地区取 1，非亚洲国家或地区取 0。

二　模型设定

对面板数据估计前，为保证模型设定的准确性和提高参数估计有效性，我们应首先检验哪种面板数据模型更可靠。面板数据模型中最常见的有三种，即不变参数模型、变截距模型和变系数模型。对于以居民消费率为被解释变量的模型，经检验得：在 $\alpha = 5\%$ 的显著水平下 $F_{\alpha}(264, 180) = 1.256273 > F_2$，接受不变参数假设，因而对于该模型而言，最合适的模型为不变参数模型。同样对于以政府消费率为被解释变量的模型，经检验得：$F_{\alpha}(264, 180) = 1.256273 < F_2$，$F_{\alpha}(220, 180) = 1.266108 > F_1$，拒绝不变系数假设并接受变截距模型假设。可见，无论是随机效应模型还是固定效应模型，对于以居民消费率为被解释变量的模型而言，不变参数模型是最可靠的模型；对于以政府消费率为被解释变量的模型而言，变截距模型是最可靠的模型。

在此基础上，我们可以进一步判断采用混合效应模型、固定效应模型还是随机效应模型。由于本书选择的样本数只有 45 个国家或地区，只占世界国家或地区总个数的少部分，所以选择随机效应模型较合适。另外，本书假定下列因素将不随时间改变，而且在多数情况下都是无法直接观测或难以量化的，如个人消费习惯、国家社会制度等，我们将这些因素看作是随机扰动项的一部分，因而随机效应模型相对恰当。为对此进行验证，本书利用 StataSE/12 进行估计并将该面板数据的混合效应模型、固定效应模型及随机效应模型的估计结果置于表 2 - 1。

表 2 - 1　1951—2010 年世界 45 国（地区）居民消费率和政府消费率的
混合效应模型、固定效应模型与随机效应模型估计结果

基本模型	混合效应模型		固定效应模型		随机效应模型	
估计方法	混合效应 ML 回归法		固定效应回归法		随机效应回归法	
Rgdp	- 0.0000174	- 0.0000162	- 0.0000285	- 0.0000118	- 0.0000174	- 0.0000162
	(0.343)	(0.014) **	(0.324)	(0.284)	(0.347)	(0.015) **

基本模型	混合效应模型		固定效应模型		随机效应模型	
估计方法	混合效应 ML 回归法		固定效应回归法		随机效应回归法	
Rgdpincrsde	− 11. 42532	2. 46337	− 9. 648836	− 7. 335622	− 11. 42532	2. 46337
	(0. 1679)	(0. 426)	(0. 292)	(0. 132)	(0. 173)	(0. 429)
Open	− 0. 0577677	− 0. 0000603	− 0. 0110352	0. 0006736	− 0. 083025	− 0. 0000603
	(0. 007864) ***	(0. 961)	(0. 000) ***	(0. 863)	(0. 018) **	(0. 961)
Dummy	− 1. 762303	− 0. 136321			− 1. 762303	− 0. 0136321
	(0. 000) ***	(0. 933)			(0. 000) ***	(0. 934)
LAG_ KC/ LAG_ KG	0. 8951384	0. 881186864	0. 695185		0. 8951384	0. 8811864
	(0. 000) ***	(0. 000) ***	(0. 000) ***		(0. 000) ***	(0. 000) ***
C	7. 923539	1. 07711	20. 99731	9. 380119	7. 923539	1. 017711
	(0. 000) ***	(0. 000) ***	(0. 000) ***	(0. 000) ***	(0. 000) ***	(0. 000) ***
F 检验			$F_{(4, 314)}$ = 123. 92	$F_{(4, 314)}$ = 133. 31		
Prob > F			0. 000 ***			
（F 检验）			$F_{(44, 357)}$ = 22. 44	$F_{(44, 357)}$ = 31. 25		
（Prob > F）			0. 0001 ***	0. 0009 ***		
Wald χ^2 （5）	3343. 43	3443. 82			3288. 16	3386. 90
Prob > χ^2	0. 000 ***		0. 000 ***		0. 000 ***	
Hausman					44. 150158	45. 34
					(0. 000) ***	(0. 000) ***

说明：表中第 3 行到第 8 行表示变量系数和常数项的估计值，其中括号内为 t 值的伴随概率值；C 表示常数项；*** 表示 1% 的显著水平，** 表示 5% 的显著水平，* 表示 10% 的显著水平；非括号中的 F 检验为参数联合检验，而括号中的 F 检验用于检验个体效应的显著性；表中模型的左栏和右栏分别表示以居民消费率为被解释变量、以政府消费率为被解释变量的模型估计结果。

　　从表 2 - 1 中检验个体效应是否显著的括号中的 F 统计量和 P 值可得出拒绝 F 检验的零假设，即个体效应不显著，从而固定效应模型与随机效应模型要优于混合效应模型。然后经过豪斯曼检验，得出采用随机效应模型比较合适。从上述可知，以居民消费率为被解释变量的模型，不变参数随机效应模型（2 - 1）是最理想的静态面板数据模型；以政府消费率为被解释变量的模型，变截距随机效应模型（2 - 2）是最理想的静态面板数据模型。分别设定如下：

$$KC_{it} = \lambda_{i1} + \beta_{11} Rgdp_{it} + \beta_{21} Rgdpincrsde_{it} + \beta_{31} Open_{it} + \beta_{41} Dummy_{it} + \beta_{51}$$
$$KC_{i,t-1} + \varepsilon_{it1} \qquad\qquad\qquad (2-1)$$

$$KG_{it} = \lambda_{i2} + \beta_{12} Rgdp_{it} + \beta_{22} Rgdpincrsde_{it} + \beta_{32} Open_{it} + \beta_{42} Dummy_{it} + \beta_{52}$$
$$KG_{i,t-1} + \varepsilon_{it2} \qquad\qquad\qquad (2-2)$$

式（2-1）和式（2-2）中，i 表示国家和地区，t 表示时间段，KC 表示居民消费率，$Rgdp$ 表示实际人均国内生产总值，$Rgdpincrsde$ 表示实际人均国内生产总值年增速标准差，$Open$ 表示国家开放度，$Dummy$ 表示虚拟变量，若为亚洲国家或地区，则为"1"，否则为"0"，ε_{it} 为独立同分布的随机误差项，λ_i 为地区不可观测效应。特别需要说明的是，由于按照每 6 年为一个时间段，将 60 年划分成 10 个时间段，将每个时间段 6 年的均值作为相应变量的值，在计量分析上，将 60 年的分析"浓缩"成对 10 年的分析，相当于只对 10 年进行分析。这样，研究总体就不会偏移，时间维度的结构变化就不明显，在计量分析中时间维度的结构变化就不显著。因此，没有对方程进行结构变化检验。

第四节　回归结果分析与我国 1951—2010 年合意值的确定

本书利用 StataSE/12 和 Eviews 6.0 对式（2-1）和式（2-2）进行估计，回归结果置于表 2-2。从表 2-2 中的模型 1 可以看出，如果居民消费率以人均实际 GDP、人均实际 GDP 年增速标准差、开放度、国家或地区虚拟变量与居民消费率滞后一期为解释变量，那么人均实际 GDP 和人均实际 GDP 年增速标准差系数不能通过检验。本书在此仅剔除人均实际 GDP 年增速标准差变量，对其他四个解释变量进行估计，结果见模型 2，模型 2 人均实际 GDP 的系数未能通过检验。于是继续剔除该解释变量并对其他三个变量进行估计，估计结果见模型 3，该模型常数项与各系数及方程都能通过检验，DW 值为 1.745291，大于 $du_{0.05}(45,3) = 1.666$，也大于 $du_{0.01}(45,3) = 1.474$，说明残差序列不存在自相关性。因此，以居民消费率为被解释变量的模型，模型 3 是最优的。

从表 2-2 中的模型 4 可以看出，政府消费率以人均实际 GDP、人均实际 GDP 年增速标准差、开放度、国家或地区虚拟变量和政府消费率滞后一期为解释变量，那么人均实际 GDP 年增速标准差、开放度、国家或地区虚拟变量的系数都不能通过检验。本书剔除开放度、国家或地区虚拟变量这两个变量，并对其他三个变量进行回归估计，结果见模型 5，仅有人均实际 GDP 年增速标准差未通过检验。于是剔除该变量继续回归，模型 6 的常数项与其他变量系数与方程都能通过检验，DW 值为 1.724254，大于 $du_{0.05}(45, 2) = 1.615$，也大于 $du_{0.01}(45, 2) = 1.423$，说明残差系列不存在自相关性。因此，以政府消费率为被解释变量的模型，模型 6 是最优的。另外，由于以政府消费率为被解释变量的面板数据模型属于变截距随机效应模型，将 45 个国家或地区的不同截距置于表 2-3。

表 2-2　　　世界 45 国（地区）1951—2010 年居民消费率、
政府消费率各模型回归结果

	模型 1	模型 2	模型 3	模型 4	模型 5	模型 6
C	7.923538 (0.0000)***	7.364125 (0.0000)***	6.900398 (0.0000)***	1.041941 (0.0003)***	1.032163 (0.0003)***	1.514121 (0.0000)***
Rgdp	−0.0000174 (0.3239)	−0.0000123 (0.4785)		−0.0000162 (0.0145)**	−0.0000163 (0.0003)***	−0.0000173 (0.0001)***
Rgdpincrsde	−11.42532 (0.1530)			2.329783 (0.5805)	2.274373 (0.5777)	
Open	−0.008303 (0.0133)**	−0.009013 (0.0067)***	−0.010037 (0.0008)***	−0.000114 (0.9357)		
Dummy	−1.76233 (0.0001)***	−1.778369 (0.0001)***	−1.580655 (0.0000)***	−0.0006199 (0.9749)		
LAG_KC/ LAG_KG	0.895138 (0.0000)***	0.897501 (0.0000)***	0.901391 (0.0000)***	0.878999 (0.0000)***	0.879473 (0.0000)***	0.875673 (0.0000)***
R^2	0.902062	0.901553	0.900604	0.900670	0.901873	0.895482
F-st	657.6329	819.6146	1094.33	647.4164	1099.863	1542.198
Prob (F-st)	0.0000***	0.0000***	0.0000***	0.0000***	0.0000***	0.0000***
DW	1.754405	1.739105	1.745291	1.709291	1.70669	1.724254

　　说明：括号里的值为 t 值的伴随概率值，即 P 值，*** 表示 1% 的显著水平，** 表示 5% 的显著水平，* 表示 10% 的显著水平。模型 1、模型 2、模型 3 的被解释变量为居民消费率，模型 4、模型 5、模型 6 的被解释变量为政府消费率。

表 2-3　世界 45 国（地区）政府消费率模型中 45 个国家（地区）的截距

国家/地区	截距	国家/地区	截距	国家/地区	截距	国家/地区	截距
澳大利亚	-0.00851	奥地利	-0.4278	比利时	0.01770	加拿大	0.00449
智利	-0.06982	法国	-0.01943	希腊	0.00555	冰岛	0.04983
爱尔兰	-0.03529	以色列	0.07574	意大利	-0.01983	日本	-0.06074
韩国	-0.10958	卢森堡	-0.01771	荷兰	0.02844	新西兰	0.01306
挪威	-0.02301	葡萄牙	-0.02844	西班牙	0.00672	瑞典	0.03736
瑞士	-0.01271	土耳其	-0.03595	英国	-0.01710	美国	-0.03518
中国	0.151115	丹麦	0.00952	芬兰	0.01593	印度	0.11694
马来西亚	-0.04827	墨西哥	-0.06200	菲律宾	-0.07960	中国台湾	-0.08197
泰国	-0.03233	捷克	-0.00279	爱沙尼亚	0.05206	德国	-0.01290
匈牙利	0.02713	波兰	-0.00329	斯洛伐克	0.05136	斯洛文尼亚	-0.00371
中国香港	-0.02074	印尼	-0.00693	澳门	0.03705	蒙古	0.05925
新加坡	0.08520						

　　模型 3 表明，世界各国或地区的居民消费率与国家或地区虚拟变量、开放度呈负相关关系，与各国或地区居民消费率滞后一期呈正相关关系。当为亚洲国家或地区时，居民消费率下降 1.580655 个百分点。这与叶德珠、连玉君、黄有光和李东辉（2012）的发现不谋而合。他们认为，消费文化是解释消费率国别差异的主要因素，儒家文化影响力越强，消费率越低。当国家或地区开放度增加 1 个百分点时，居民消费率下降 0.010037 个百分点。这与理论分析得出的结论一致，即外向程度较高的经济体应该有较低的居民消费率和较高的投资率。而当居民消费率滞后一期增加 1 个百分点时，居民消费率上升 0.901391 个百分点。这说明居民消费的确存在"棘轮效应"。与其他的研究结论不同，本书中人均 GDP 对居民消费率的影响并不显著，但这恰恰说明人均 GDP 对居民消费率的影响呈 U 形结构可能是正确的。如有学者（蔡跃洲、王玉霞，2010）认为，人均 GDP 对居民消费率的影响呈现 U 形规律。

　　模型 6 表明，世界各国的政府消费率与 PPP 下的实际人均 GDP 呈负相关关系，并与政府消费率滞后一期呈正相关关系。当 PPP 下的实际人均 GDP 增加 1 美元，政府消费率下降 0.0000173 个百分点。这说明一个国家经济发展水平越高，国民受教育程度与素质越高，民主程度也越高，参政议政能力、对政府的监督能力也越强，越要求国家建立一个精简、高效、透明、清廉的政府，对国家进行有效的管理。政府消费率滞后一期增加1个百分点时，政府消费率上升0.875673个百分点。这说明世界各国政府消费也存在明显的"棘轮效应"。

我们将由模型3、模型6计算出的居民消费率、政府消费率作为我国相同时间段平均居民消费率、平均政府消费率合意值。由模型3，根据国家或地区居民消费率滞后一期、开放度、国家或地区虚拟变量，可以计算出1951—2010年这十个时间段我国的居民消费率合意值。由模型6，根据人均实际GDP、政府消费率滞后一期，可以计算出政府消费率合意值。将居民消费率合意值与政府消费率合意值相加，可以得出消费率合意值，计算结果置于表2－4，并可将1981—2010年我国五个时间段的平均实际居民消费率值、平均实际政府消费率值、平均实际消费率值同合意值进行比较。

从表2－4可以看出，1981—1986年、1987—1992年、1993—1998年、1999—2004年、2005—2010年这五个时间段，居民消费率合意值分别为44.91%、48.22%、48.86%、45.07%、42.39%。相同时间段居民消费率实际值的平均值分别为51.55%、49.25%、44.87%、44.08%、35.95%，同居民消费率合意值相比，分别偏差6.64%、1.03%、－3.99%、－0.99%、－6.44%，偏差率分别为14.79%、2.14%、－8.17%、－2.20%、－15.19%。可见，1981年以来，在五个时间段内，实际居民消费率先是偏高，后来偏低，并且偏低的偏差率总体呈现增加态势，特别是最后一个时间段，增加幅度很大，达到12.99个百分点。

从表2－4还可以看出，1981—1986年、1987—1992年、1993—1998年、1999—2004年、2005—2010年这五个时间段，消费率合意值分别为58.96%、64.69%、65.96%、62.25%、59.93%。相同时间段消费率实际值的平均值分别为66.12%、63.22%、58.90%、59.28%、49.52%，同消费率合意值相比，分别偏差7.16%、－1.47%、－7.06%、－2.97%、－10.41%，偏差率分别为12.14%、－2.27%、－10.70%、－4.77%、－17.37%。可见，1981年以来，在五个时间段，实际消费率先是偏高的，后来才偏低，并且偏低的偏差率总体呈现增加趋势，特别是最后一个时间段，增加幅度很大，达到12.60个百分点。

表2-4　我国1951—2010年10个时间段居民消费率合意值、政府消费率合意值、消费率合意值与偏差　单位：%

时间段	1951—1956年	1957—1962年	1963—1968年	1969—1974年	1975—1980年	1981—1986年	1987—1992年	1993—1998年	1999—2004年	2005—2010年
居民消费率合意值	—	59.08	51.94	55.17	48.87	44.91	48.22	48.86	45.07	42.39
实际值	—	—	—	—	—	51.55	49.25	44.87	44.08	35.95
偏差	—	—	—	—	—	6.64	1.03	-3.99	-0.99	-6.44
偏差率	—	—	—	—	—	14.79	2.14	-8.17	-2.20	-15.19
政府消费率合意值	—	13.63	12.28	12.86	12.87	14.05	16.47	17.10	17.18	17.54
实际值	—	—	—	—	—	14.55	13.97	14.03	15.20	13.57
偏差	—	—	—	—	—	0.50	-2.5	-3.07	-1.98	-3.97
偏差率	—	—	—	—	—	3.56	-15.18	-17.95	-11.53	-22.63
消费率合意值	—	72.81	64.22	68.03	61.74	58.96	64.69	65.96	62.25	59.93
实际值	—	—	—	—	—	66.12	63.22	58.90	59.28	49.52
偏差	—	—	—	—	—	7.16	-1.47	-7.06	-2.97	-10.41
偏差率	—	—	—	—	—	12.14	-2.27	-10.70	-4.77	-17.37

资料来源：https：//pwt.sas.upenn.edu/php_site/pwt71/pwt71_form.php，根据模型3、模型6和2011年《中国统计年鉴》计算而得。偏差率为正，表示实际值与合意值相比偏高；偏差率为负，表示实际值与合意值相比偏低。

第五节　我国 2011—2016 年和 2017—2022 年 两个时间段合意值的预测

本节的目的不仅仅在于考察过去，更在于启示未来，为判断我国当前一段时间消费率、居民消费率是否偏低，从而为我国调控消费率、居民消费率提供政策依据。本节将利用时间序列趋势法补充相关年份缺失值，对我国 2011—2016 年和 2017—2022 年这两个时间段的居民消费率、消费率合意值进行预测，并与我国 2012 年实际居民消费率、实际消费率值进行比较，得出结论。

根据 PWT 7.1 提供的数据，1951—1956 年，我国 PPP 下的实际人均 GDP 为 238.92 美元（2005 年美元，下同），开放度为 7.20%，2005—2010 年 PPP 下的实际人均 GDP 为 5727.60 美元，开放度为 67.78%，十个时间段实际人均 GDP、开放度的平均增长率为 42.3%、28.3%。2005—2010 年我国 PPP 下的实际人均 GDP 平均值为 5727.60 美元，开放度为 67.78%，以此为基准，可以推算出 2011—2016 年、2017—2022 年我国人均 GDP 值平均值分别为 8152.20 美元、11603.18 美元，开放度平均值分别为 86.96%、111.56%。由于居民消费率、政府消费率合意值的计算涉及滞后一期居民消费率、政府消费率，又因为目前可查的《中国统计年鉴》（2013）提供的居民消费率、政府消费率只到 2012 年止，所以必须对 2013—2016 年我国居民消费率、政府消费率值运用时间序列趋势法进行估计。为了估计这些值，我们根据《中国统计年鉴》（2013）计算出我国 2008—2012 年，居民消费率值分别为 35.34%、35.43%、34.94%、35.75%、35.98%，政府消费率值分别为 13.21%、13.10%、13.25%、13.36%、13.49%，均呈现出递增趋势。我们用下列公式对 2013—2016 年的居民消费率、政府消费率进行推导：

$$a_m = a_{m-1} + \frac{1}{2}(a_{m-1} - a_{m-2}) + \frac{1}{3}(a_{m-2} - a_{m-3}) + \frac{1}{6}(a_{m-3} - a_{m-4}),$$
$$m \geq 5 \tag{2-3}$$

其中，a 表示居民消费率、政府消费率，m 表示时间下标。依据上述公式推导出 2013—2016 年的居民消费率分别为 36.28%、36.64%、36.96%、37.29%。依据上述公式推导出 2013—2016 年政府消费率值分别为 13.62%、13.75%、13.88%、14.01%。根据上述相关年份实际值和短期推导值，可以计算出 2011—2016 年这个时间段居民消费率平均值为 36.48%，政府消费率平均值为 13.69%。随后，依据模型 3、模型 6 可以计算出 2011—2016 年和 2017—2022 年两个时间段的合意居民消费率值、合意政府消费率值以及合意消费率值，预测结果置于表 2-5。

表 2-5　　我国 2011—2022 年居民消费率合意值、政府消费率合意值、消费率合意值预测值　　　　　　单位:%

时间	居民消费率合意值	政府消费率合意值	消费率合意值
2011—2016 年	36.85	13.41	50.26
2017—2022 年	37.08	13.45	50.53

资料来源:根据相关年份实际值、短期推导值和模型 3、模型 6 计算而得。

第六节　本章主要结论与政策含义

从上述实证研究结果可以得出如下基本结论及政策含义。

第一，世界各国的居民消费率与国家或地区虚拟变量、开放度呈负相关关系，与各国或地区居民消费率滞后一期呈正相关关系，政府消费率与 PPP 下的实际人均 GDP 呈负相关关系，与政府消费率滞后一期呈正相关关系。居民消费率、政府消费率，不仅与滞后一期居民消费率、滞后一期政府消费率相关，而且相关系数接近 0.9，这表明不论是居民消费率，还是政府消费率，都具有极强的消费惯性。

第二，1981—2010 年，这 30 年间的五个时间段，除第一个、第二个时间段，我国居民消费率比合意值偏高外，其他三个时间段居民消费率比合意值偏低。消费率除第一个时间段偏高外，其他四个时间段均比合意值偏低，而且偏低的幅度有增加趋势。2005—2010 年，居民消费率比合意值偏低 15.19%，消费率比合意值偏低 17.37%。这充分说明我国当前一段时间提出的扩大居民消费的政策是有科学依据的，是完全正确的。与一般人直觉相反的是，政府消费率除第一个时间段偏高外，其他四个时间段也是偏低的。2005—2010 年，政府消费率比合意值偏低 22.63%。这充分说明，2010 年以前我国政府在由"经济建设型"政府向"公共服务型"政府转型的过程中，许多应由政府支出的项目，如住房、教育、医疗保险、社会保障等消费性支出，政府却是"缺位"的。因此，当前一段时间，在保持政府消费率基本稳定的前提下，调整政府消费结构，使其向民生保障方面倾斜从而更加优化，不仅必要，而且是符合世界潮流与经济发展规律的。

特别需要说明的是，本章研究政府消费率表面上看起来似乎与提高居民消费能力没有关系，实则不然。因为后面的对策建议中提出通过健全社会保障、完善公共资源分配与保障来提高居民消费能力，与政府消费率是有关联的。如果政府消费率本来就偏高，那么提出这样的对策建议就不合适，因为会使政府消费率偏高的问题更加严重。

第三，从我国 2011—2016 年和 2017—2022 年两个时间段的合意预测值来看，2012 年我国居民消费率值比这两个时间段的合意值分别少 0.86 个、1.26 个百分点，2012 年的消费率值比这两个时间段的合意值分别少 0.79 个、1.14 个百分点，表明我国在未来提高居民消费率、消费率还有一定空间。

第三章　改革开放以来我国居民消费的特点及存在问题

1992 年开始建立社会主义市场经济体制以来，我国出现了消费占比降低、居民消费占比降低的"双降"现象，少数年份"两个占比"有所微升。2001 年加入 WTO 以来，我国外贸顺差连年扩大，净出口已经成为拉动中国经济增长的重要力量，但国内居民消费却一直低迷。2008 年爆发国际金融危机，受其影响我国净出口 2009 年下降，出口受阻。从 2012 年的国际经济形势来看，国际金融危机还未结束，欧洲主权债务危机持续发酵，西方主要经济体失业率居高不下，世界经济增长动力减弱，风险因素增多，外需不足可能是一个长期趋势。为保持我国经济平稳较快发展，需要发挥内需，特别是居民消费需求对经济增长的拉动作用。

第一节　改革开放以来我国居民消费的特点

在计划经济体制下，我国居民具有很高的消费倾向。在计划经济向市场经济转型的过程中，居民的消费倾向出现了较大幅度的下降。1978—2012 年的 35 年间，我国的消费与居民消费特点可以归纳如下：

一　我国最终消费率在大幅波动中较快下降，"十一五"期间跌破 49%

1978—2012 年，从总体趋势上看，我国最终消费率是在大幅波动中下降较快的，35 年的平均最终消费率为 59.3%，平均资本形成率为 38.8%，平均最终消费率是平均资本形成率的 1.53 倍。最终消费率最高值为 1981 年的 67.1%，最低值为 2010 年的 48.2%，两者的差值为 18.9%。1978—1992 年，最终消费率都在 60% 以上；1993—2006 年，最终消费率都在 50% 以上，少数年份如 1999 年、2000 年、2001 年在 60%

以上；2007—2012 年，最终消费率降至 50% 以下，但都在 48% 以上。
2010 年，资本形成率几乎与最终消费率持平，前者比后者少 0.1，这在
35 年中是罕见的（见表 3-1）。1978—2012 年，造成我国最终消费率在
波动中下降的原因，有些年份是由于投资占比偏高，有些年份是由于净出
口占比偏高，有些年份则是由于投资与净出口占比"双偏高"。

表 3-1   我国 1978—2012 年支出法国内生产总值中各支出占比

单位:%

年份	最终消费率	资本形成率	净出口率	年份	最终消费率	资本形成率	净出口率
1978	62.1	38.2	-0.3	1996	59.2	38.8	2.0
1979	64.4	36.1	-0.5	1997	59.0	36.7	4.3
1980	65.5	34.8	-0.3	1998	59.6	36.2	4.2
1981	67.1	32.5	0.4	1999	61.1	36.2	2.7
1982	66.5	31.9	1.6	2000	62.3	35.3	2.4
1983	66.4	32.8	0.8	2001	61.4	36.5	2.1
1984	65.8	34.2	0.0	2002	59.6	37.8	2.6
1985	66.0	38.1	-4.1	2003	56.9	41.0	2.1
1986	64.9	37.5	-2.4	2004	54.4	43.0	2.6
1987	63.6	36.3	0.1	2005	53.0	41.5	5.5
1988	63.9	37.0	-0.9	2006	50.8	41.7	7.5
1989	64.5	36.6	-1.1	2007	49.6	41.6	8.8
1990	62.5	34.9	2.6	2008	48.6	43.8	7.6
1991	62.4	34.8	2.8	2009	48.5	47.2	4.3
1992	62.4	36.6	1.0	2010	48.2	48.1	3.7
1993	59.3	42.6	-1.9	2011	49.1	48.3	2.6
1994	58.2	40.5	1.3	2012	49.5	47.8	2.7
1995	58.1	40.3	1.6	平均	59.3	38.8	1.9

资料来源:《中国统计年鉴》(2013)。

**二　我国居民消费率在大幅波动中迅速下降，"十一五"期间最低达
到 34.9%**

1978—2012 年，从总体上看，居民消费率在大幅波动中迅速下降。
35 年的平均居民消费率是 45.0%，平均政府消费率是 14.2%，平均居民
消费率是平均政府消费率的 3.17 倍。居民消费率的最高值为 1981 年的
52.5%，最低值为 2010 年的 34.9%，两者相差 17.6%。1978—2012 年，

我国居民消费率明显地分为三个阶段：1978—1992 年，平均居民消费率为 50.2%，平均政府消费率为 14.3%；1993—2001 年，平均居民消费率为 45.2%，平均政府消费率为 14.6%；2002—2012 年，平均居民消费率为 37.8%，平均政府消费率为 13.8%。特别值得一提的是，"十一五"期间，我国居民消费率最低值低至 34.9%（见表 3 - 2）。导致我国居民消费率下降的原因，最主要的是资本形成率的提高和政府消费率的偏高。

表 3 - 2　　　　　我国 1978—2012 年居民消费率、政府消费率

单位:%

年份	居民消费率	政府消费率	年份	居民消费率	政府消费率
1978	48.8	13.3	1996	45.8	13.4
1979	49.2	15.2	1997	45.3	13.7
1980	50.7	14.7	1998	45.3	14.3
1981	52.5	14.6	1999	46.0	15.1
1982	51.9	14.6	2000	46.4	15.9
1983	52.0	14.4	2001	45.3	16.0
1984	50.8	15.0	2002	44.0	15.6
1985	51.7	14.3	2003	42.2	14.7
1986	50.4	14.5	2004	40.5	13.9
1987	49.9	13.7	2005	38.9	14.1
1988	51.1	12.8	2006	37.1	13.7
1989	50.9	13.6	2007	36.1	13.5
1990	48.9	13.6	2008	35.3	13.2
1991	47.5	14.9	2009	35.4	13.1
1992	47.2	15.2	2010	34.9	13.2
1993	44.4	14.9	2011	35.7	13.4
1994	43.5	14.7	2012	36.0	13.5
1995	44.9	13.2	平均	45.0	14.2

资料来源：根据 2013 年《中国统计年鉴》计算而得。

三　我国居民消费支出贡献率在大起大落、剧烈波动中下降，"十一五"期间均值低至 31.6%

1978—2012 年，我国居民消费支出贡献率最大特点是大起大落、波

动剧烈。1978—2012 年，最终消费支出平均贡献率为 54.9%，资本形成总额平均贡献率为 39.4%，居民消费支出平均贡献率为 41.7%。居民消费支出贡献率最大的年份为 1981 年的 73.0%，最小的年份为 1994 年的22.6%，两者相差 50.4%。1978—1992 年，居民消费支出平均贡献率为49.5%；1993—2001 年，居民消费支出平均贡献率为 40.2%；2002—2012 年，居民消费支出平均贡献率32.4%；"十一五"期间，居民消费支出平均贡献率为 31.6%，最低值为 28.8%（见表 3-3）。

表 3-3　　　　我国 1978—2012 年最终消费支出、资本
形成总额、居民消费支出贡献率　　　　单位:%

年份	最终消费支出贡献率	资本形成总额贡献率	居民消费支出贡献率	年份	最终消费支出贡献率	资本形成总额贡献率	居民消费支出贡献率
1978	39.4	66.0	31.0	1996	60.1	34.3	46.5
1979	87.3	15.4	66.7	1997	37.0	18.6	28.4
1980	71.8	26.4	55.6	1998	57.1	26.4	43.4
1981	93.4	-4.3	73.0	1999	74.7	23.7	56.2
1982	64.7	23.8	50.5	2000	65.1	22.4	48.5
1983	74.1	40.4	58.0	2001	50.2	49.9	37.1
1984	69.3	40.5	53.5	2002	43.9	48.5	32.4
1985	85.5	80.9	66.9	2003	35.8	63.3	26.6
1986	45.0	23.2	35.0	2004	39.0	54.0	29.1
1987	50.3	23.5	39.5	2005	39.0	38.8	28.6
1988	49.6	39.4	39.7	2006	40.3	43.6	29.4
1989	39.6	16.4	31.2	2007	39.6	42.4	28.8
1990	47.8	1.8	37.4	2008	44.2	47.0	32.2
1991	65.1	24.3	49.5	2009	49.8	87.6	36.4
1992	72.5	34.2	54.8	2010	43.1	52.9	31.3
1993	59.5	78.6	44.6	2011	56.5	47.7	41.1
1994	30.2	43.8	22.6	2012	55.0	47.1	40.0
1995	44.7	55.0	34.5	平均	54.9	39.4	41.7

资料来源:《中国统计年鉴》(2007)、《中国统计年鉴》(2011)、《中国统计年鉴》(2013)，2007 年、2011 年数据不一致的以后者的数据为准，2011 年、2013 年数据不一致的以后者的数据为准，并经过计算而得。本表按不变价格计算。

四　城镇居民平均消费倾向略低于农村居民平均消费倾向，城镇居民平均消费倾向逐步微量递减，农村居民平均消费倾向先增后减总体大体持平

2000—2012 年，城镇居民平均消费倾向基本呈现逐步小量递减趋势，农村居民平均消费倾向呈现先递增后递减趋势。2000—2004 年，城镇居民平均消费倾向大于相应年份农村的平均消费倾向。但是，2005—2012 年，城镇居民的平均消费倾向却小于农村的平均消费倾向。从 2000—2012 年的平均值来看，城镇居民平均的平均消费倾向略低于农村平均的平均消费倾向 1.1 个百分点。全国居民平均的平均消费倾向介于城镇平均的平均消费倾向与农村平均的平均消费倾向之间，但三者之间的差别很小。2001—2012 年，全国居民平均消费倾向年均增长率为 - 0.40%，总体呈现微量递减趋势（见表 3 - 4 和表 3 - 5）。

表 3 - 4　　我国 2000—2012 年全国居民平均消费倾向及其增长率

年份	农村居民与城镇居民人口之比	全国居民平均消费倾向	全国居民平均消费倾向增长率（%）
2000	1.76	0.705	—
2001	1.66	0.750	6.33
2002	1.56	0.757	0.95
2003	1.47	0.752	- 0.67
2004	1.39	0.752	- 0.00
2005	1.33	0.773	2.85
2006	1.26	0.767	- 0.73
2007	1.18	0.754	- 1.71
2008	1.13	0.742	- 1.59
2009	1.07	0.746	0.44
2010	1.00	0.723	- 3.09
2011	0.95	0.722	- 0.14
2012	0.91	0.714	- 1.11
平均	1.28	0.742	- 0.11

资料来源：根据《中国统计年鉴》（2013）相关数据整理、计算而得。

表 3 - 5　　我国 2000—2012 年全国城镇居民平均消费倾向、农村居民平均消费倾向及其增长率

年份	城镇居民人均消费性支出（元）	城镇居民人均可支配收入（元）	城镇居民平均消费倾向	城镇平均消费倾向增长率（%）	农村居民人均生活消费支出（元）	农村居民人均纯收入（元）	农村居民平均消费倾向	农村平均消费倾向增长率（%）
2000	4998	6280.0	0.796	—	1670	2253.4	0.654	—
2001	5309	6859.6	0.774	-2.8	1741	2366.4	0.736	12.5
2002	6030	7702.8	0.783	1.2	1834	2475.6	0.741	0.8
2003	6511	8472.2	0.769	-1.8	1943	2622.2	0.741	0
2004	7182	9421.6	0.762	-0.9	2185	2936.4	0.744	0.4
2005	7943	10493.0	0.757	-0.7	2555	3254.9	0.785	5.5
2006	8697	11759.5	0.740	-2.2	2829	3587.0	0.789	0.5
2007	9997	13785.8	0.725	-2.0	3224	4140.4	0.779	-1.3
2008	11243	15780.8	0.712	-1.8	3661	4760.6	0.769	-1.3
2009	12265	17174.7	0.714	0.3	3993	5153.2	0.775	0.8
2010	13471	19109.4	0.705	-1.3	4382	5919.0	0.740	-4.5
2011	15161	21810.0	0.695	-1.4	5221	6977.0	0.748	1.1
2012	16674	24565.0	0.676	-2.7	5908	7917.0	0.746	-0.3
平均			0.739	-1.4			0.750	0.06

资料来源：根据《中国统计年鉴》（2001—2013）相关数据整理、计算而得。自 2011 年起，城镇居民人均消费性支出改为城镇居民人均现金消费支出，农村居民人均生活消费支出改为农村居民人均消费支出。

第二节 我国居民消费存在的问题

从第二章的研究可以看出，1993—2010 年的三个时间段，我国居民消费率比合意值偏低，而且偏低率呈现增加趋势。特别是 2005—2010 年这一时间段，比合意值偏低 15.19%。2011—2013 年居民消费率的平均值为 35.97%，比 2011—2016 年这一时间段的预测合意值低 0.88 个百分点。由此可见，当前一段时间我国的居民消费率确实存在偏低问题。除此之外，我国居民消费还存在着如下几个方面的问题。

一 全国城乡居民人均收入占人均国内生产总值比偏低，城乡人均收入差距呈现扩大趋势

2000—2012 年，全国城乡居民人均收入占人均国内生产总值比例偏低，平均占比仅为 41.4%，而且十三年间呈现逐步递减趋势，"十一五"期间平均占比更是低至 40.0%。城乡人均收入差距很大，出现先扩大后缩小态势。2000—2012 年，城镇居民人均可支配收入的平均值是农村居民人均纯收入平均值的 3.17 倍。"十五"期间，城镇居民人均可支配收入平均是农村居民人均纯收入的 3.13 倍。"十一五"期间，城镇居民人均可支配收入平均是农村居民人均纯收入的 3.30 倍。"十一五"期间同"十五"期间相比，城镇、农村居民人均收入差距扩大了 5.4%（见表 3-6）。

表 3-6 我国 2000—2012 年全国城镇居民可支配收入、农村居民人均纯收入、全国城乡居民人均收入占人均 GDP 比例

年份	城镇居民人均可支配收入（元）	农村居民人均纯收入（元）	城乡人均收入对比（农村 = 1）	农村人数与城镇人数之比	全国居民人均收入（元）	人均国内生产总值（元）	全国居民人均收入占人均 GDP 比例
2000	6280.0	2253.4	2.79	1.76	3340.29	7858	0.425
2001	6859.6	2366.4	2.90	1.66	3665.29	8622	0.425
2002	7702.8	2475.6	3.11	1.56	4126.50	9398	0.439
2003	8472.2	2622.2	3.23	1.47	4586.40	10542	0.435
2004	9421.6	2936.4	3.21	1.39	5212.87	12336	0.423

年份	城镇居民人均可支配收入（元）	农村居民人均纯收入（元）	城乡人均收入对比（农村＝1）	农村人数与城镇人数之比	全国居民人均收入（元）	人均国内生产总值（元）	全国居民人均收入占人均GDP比例
2005	10493.0	3254.9	3.22	1.33	5961.87	14185	0.420
2006	11759.5	3587.0	3.28	1.26	6780.55	16500	0.411
2007	13785.8	4140.4	3.33	1.18	8068.86	20169	0.400
2008	15780.8	4760.6	3.31	1.13	9351.05	23708	0.394
2009	17174.7	5153.2	3.33	1.07	10360.97	25608	0.405
2010	19109.4	5919.0	3.23	1.00	11745.70	30015	0.391
2011	21810.0	6977.0	3.13	0.95	14203.33	35198	0.404
2012	24565.0	7917.0	3.10	0.91	15848.77	38420	0.413
平均	—	—	3.17	1.28	—	—	0.414

资料来源：根据《中国统计年鉴》（2001、2003、2005、2007、2009、2011、2013）相关数据整理、计算而得。本表按当年价格计算。

二 我国居民消费占比在小幅波动中缓慢下降，政府消费占比逐渐提升

1978—2012 年，从总体趋势看，我国居民消费比重在 1978—1987 年基本持平，但从 1988 年开始在小幅波动中缓慢下降，35 年的平均居民消费比重是 75.8%，平均政府消费比重为 24.2%，平均居民消费比重是平均政府消费比重的 3.13 倍。居民消费比重最高值为 1988 年的 80.0%，最低值为 2010 年的 72.5%，两者相差 7.5%。1978—1999 年，居民消费比重除 1993 年、1994 年外，都在 75% 以上。2000—2012 年，居民消费占比都在 75% 以下。"十一五"期间，居民消费比重均值低至 72.8%（见表 3 - 7）。居民消费支出比重下降的主要原因，是政府消费支出比重的提高。

表 3 - 7   我国 1978—2010 年我国最终消费支出中居民消费
比重和政府消费比重   单位：%

年份	居民消费比重	政府消费比重	年份	居民消费比重	政府消费比重
1978	78.6	21.4	1996	77.3	22.7
1979	76.4	23.6	1997	76.7	23.3
1980	77.5	22.5	1998	76.0	24.0
1981	78.2	21.8	1999	75.3	24.7

年份	居民消费比重	政府消费比重	年份	居民消费比重	政府消费比重
1982	78.1	21.9	2000	74.5	25.5
1983	78.3	21.7	2001	73.9	26.1
1984	77.2	22.8	2002	73.9	26.1
1985	78.3	21.7	2003	74.2	25.8
1986	77.7	22.3	2004	74.5	25.5
1987	78.5	21.5	2005	73.4	26.6
1988	80.0	20.0	2006	73.0	27.0
1989	78.9	21.1	2007	72.9	27.1
1990	78.2	21.8	2008	72.8	27.2
1991	76.1	23.9	2009	73.0	27.0
1992	75.6	24.4	2010	72.5	27.5
1993	74.9	25.1	2011	72.8	27.2
1994	74.7	25.3	2012	72.7	27.3
1995	77.2	22.8	平均	75.8	24.2

资料来源：2013 年《中国统计年鉴》。

三　全国居民人均消费支出年均增长低于人均国内生产总值年均增长，但略高于全国居民人均收入年均增长

1978—2012 年的 35 年间，全国人均居民消费增长率，除 1980 年、1981 年、1985 年、2000 年、2009 年、2011 年、2012 年外，都低于国内生产总值增长率。1980 年、1981 年、2000 年、2009 年、2011 年、2012 年居民消费增长率分别高于国内生产总值增长率1.2 个、3.1 个、0.2 个、1.2 个、1.0 个、1.7 个百分点，1985 年居民消费增长率等于国内生产总值增长率。国内生产总值增长率与人均居民消费增长率最大差值发生在 1994 年，前者比后者高8.5 个百分点。从总体上看，35 年间人均居民消费年均增长率为 8.0%，国内生产总值年均增长率为 9.8%，人均居民消费年均增长率低于国内生产总值年均增长率1.8 个百分点。分时间段来看，1978—1991 年，人均居民消费年均增长 7.3%，国内生产总值年均增长9.0%，后者高于前者1.7%。1991—2001 年，人均居民消费年均增长7.7%，国内生产总值年均增长10.3%，后者高于前者2.6%。2001—2012 年，人均居民消费年均增长8.9%，国内生产总值年均增长10.3%，后者高

于前者 1.4%（见表 3-8）。在三个时间段，国内生产总值年均增长率高于居民人均消费年均增长率且偏高幅度呈现出先增加后减少的趋势。

表 3-8　　　　　我国 1978—2012 年全国人均居民消费增长率、
　　　　　　　国内生产总值增长率　　　　　　　　单位：%

年份	人均居民消费增长率	国内生产总值增长率	年份	人均居民消费增长率	国内生产总值增长率
1978	4.1	11.7	1996	9.4	10.0
1979	6.9	7.6	1997	4.5	9.3
1980	9.0	7.8	1998	5.9	7.8
1981	8.3	5.2	1999	8.3	7.6
1982	6.8	9.1	2000	8.6	8.4
1983	8.1	10.9	2001	6.1	8.3
1984	12.0	15.2	2002	7.0	9.1
1985	13.5	13.5	2003	7.1	10.0
1986	4.7	8.8	2004	8.1	10.1
1987	6.0	11.6	2005	8.2	11.3
1988	7.8	11.3	2006	9.8	12.7
1989	-0.2	4.1	2007	10.9	14.2
1990	3.7	3.8	2008	9.0	9.6
1991	8.6	9.2	2009	10.3	9.2
1992	13.3	14.2	2010	8.2	10.4
1993	8.4	14.0	2011	10.3	9.3
1994	4.6	13.1	2012	9.4	7.7
1995	7.8	10.9	平均	8.0	9.8

资料来源：《中国统计年鉴》（2013）。人均居民消费增长、国内生产总值增长是按不变价格计算的。平均值为平均年递增值。

1978—2012 年，人均居民消费年均增长率为 8.0%，全国居民人均收入年均增长率为 7.8%，人均国内生产总值年均增长率为 8.7%，这说明人均居民消费年均增长率快于全国居民人均收入年均增长率，慢于人均国内生产总值年均增长率。2001—2012 年，人均居民消费年均增长率为 8.9%，全国居民人均收入年均增长率为 8.7%，人均居民消费年均增长率高于全国居民人均收入年均增长率 0.2 个百分点，说明两者之间差距越来越大，出现了人均居民消费加快增长的势头（见表 3-9）。

表 3 - 9　　　　我国 1978—2012 年全国人均可支配收入增长率

年份	农村居民家庭人均纯收入指数（1978年=100）	农村居民家庭人均纯收入增长率（%）	城镇居民家庭人均可支配收入指数（1978年=100）	城镇居民家庭人均可支配收入增长率（%）	农村人数与城镇人数之比	全国人均收入增长率（%）	人均国内生产总值增长率（%）
1978	100	—	100	—	4.58	—	10.2
1979	119.2	19.2	112.7	12.7	4.27	18.0	6.1
1980	139.0	16.6	127.0	12.7	4.16	15.8	6.5
1981	160.4	15.4	127.6	0.5	3.96	12.4	3.9
1982	192.3	19.9	133.9	4.9	3.73	16.7	7.5
1983	219.6	14.2	140.6	5.0	3.62	12.2	9.3
1984	249.5	13.6	158.1	12.4	3.35	13.3	13.7
1985	268.9	7.8	160.4	1.5	3.22	6.3	11.9
1986	277.6	3.2	182.5	13.8	3.08	5.8	7.2
1987	292.0	5.2	186.9	2.4	2.95	4.5	9.8
1988	310.7	6.4	182.5	-2.4	2.87	4.1	9.5
1989	305.7	1.6	182.8	0.2	2.82	1.2	2.5
1990	311.2	1.8	198.1	8.4	2.79	3.5	2.3
1991	317.4	2.0	212.4	7.2	2.71	3.4	7.7
1992	336.2	5.9	232.9	9.7	2.64	6.9	12.8
1993	346.9	3.2	255.1	9.5	2.57	5.0	12.7
1994	364.3	5.0	276.8	8.5	2.51	6.0	11.8
1995	383.6	5.3	290.3	4.9	2.44	5.2	9.7
1996	418.1	9.0	301.6	3.9	2.28	7.4	8.9
1997	437.3	4.6	311.9	3.4	2.13	4.2	8.2
1998	456.1	4.3	329.9	5.8	2.00	4.8	6.8
1999	473.5	3.8	360.6	9.3	1.88	5.7	6.7
2000	483.4	2.1	383.7	6.4	1.76	3.7	7.6
2001	503.7	4.2	416.3	8.5	1.66	5.8	7.5
2002	527.9	4.8	472.1	13.4	1.56	8.2	8.4
2003	550.6	4.3	514.6	9.0	1.47	6.2	9.3
2004	588.0	6.8	554.2	7.7	1.39	7.2	9.4
2005	624.5	6.2	607.4	9.6	1.33	7.7	10.7
2006	670.7	7.4	670.7	10.4	1.26	8.7	12.0
2007	734.4	9.5	752.5	12.2	1.18	10.7	13.6

续表

年份	农村居民家庭人均纯收入指数（1978年=100）	农村居民家庭人均纯收入增长率（%）	城镇居民家庭人均可支配收入指数（1978年=100）	城镇居民家庭人均可支配收入增长率（%）	农村人数与城镇人数之比	全国人均收入增长率（%）	人均国内生产总值增长率（%）
2008	793.2	8.0	815.7	8.4	1.13	8.2	9.1
2009	860.6	8.5	895.4	9.8	1.07	9.1	8.7
2010	954.4	10.9	965.2	7.8	1.00	9.4	9.9
2011	1063.2	11.4	1046.3	8.4	0.95	9.9	8.8
2012	1176.9	10.7	1146.7	9.6	0.91	10.1	7.1
平均	—	7.5	—	7.4	2.4	7.8	8.7

资料来源：《中国统计年鉴》（2013），并根据相关数据计算整理而得。农村居民家庭人均纯收入增长率、城镇居民家庭人均可支配收入增长率、全国人均收入增长率都是按不变价格计算的。

四 全国居民消费支出年均增长低于国内生产总值年均增长，但居民消费支出年均增长率与国内生产总值年均增长率差距变小

1978—2012年，我国居民消费年均增长率为8.8%，国内生产总值年均增长率为9.8%，前者比后者低1.0个百分点，表明我国居民消费支出占国内生产总值的比例呈现出下降趋势。"十五"期间，我国居民消费支出年均增长8.3%，国内生产总值年均增长9.8%，前者比后者低1.5个百分点。"十一五"期间，我国居民消费支出年均增长10.8%，国内生产总值年均增长11.2%，前者比后者低0.4个百分点。从"十五"、"十一五"时期的对比可以看出，我国居民消费支出年均增长率提高2.5个百分点，国内生产总值年均增长率提高1.4个百分点，但居民消费支出年均增长率增长幅度更大，所以居民消费支出年均增长率与国内生产总值年均增长率的差距变小（见表3-10）。

表3-10　我国1978—2012年全国居民消费支出增长与国内生产总值增长

年份	居民消费支出（亿元）	居民消费价格指数（上年=1）	居民消费年增长率	国内生产总值增长率（%）
1978	1759.1	—	—	11.7
1979	2011.5	—	—	7.6

续表

年份	居民消费支出 （亿元）	居民消费价格指数 （上年＝1）	居民消费年 增长率	国内生产总值 增长率（％）
1980	2331.2	—	—	7.8
1981	2627.9	—	—	5.2
1982	2902.9	—	—	9.1
1983	3231.1	—	—	10.9
1984	3742.0	—	—	15.2
1985	4687.4	1.093	14.6	13.5
1986	5302.1	1.065	6.2	8.8
1987	6126.1	1.073	7.7	11.6
1988	7868.1	1.188	8.1	11.3
1989	8812.6	1.180	−5.1	4.1
1990	9450.9	1.031	4.0	3.8
1991	10730.6	1.034	9.8	9.2
1992	13000.1	1.064	13.9	14.2
1993	16412.1	1.147	10.1	14.0
1994	21844.2	1.241	7.3	13.1
1995	28369.7	1.171	10.9	10.9
1996	33955.9	1.083	10.5	10.0
1997	36921.5	1.028	5.8	9.3
1998	39229.3	0.992	7.1	7.8
1999	41920.4	0.986	8.4	7.6
2000	45854.6	1.004	8.9	8.4
2001	49435.9	1.007	7.1	8.3
2002	53056.6	0.992	8.2	9.1
2003	57649.8	1.012	7.4	10.0
2004	65218.5	1.039	8.9	10.1
2005	72958.7	1.018	9.9	11.3
2006	82575.5	1.015	11.5	12.7
2007	96332.5	1.048	11.3	14.2
2008	111670.4	1.059	9.5	9.6
2009	123584.6	0.993	11.4	9.2
2010	140758.6	1.033	10.3	10.4
2011	168956.6	1.054	13.9	9.3

续表

年份	居民消费支出（亿元）	居民消费价格指数（上年＝1）	居民消费年增长率	国内生产总值增长率（％）
2012	190423.8	1.026	9.8	7.7
平均			8.8	9.8

资料来源：《中国统计年鉴》（1996、2013），并根据相关数据计算整理而得。本表绝对数按当年价格计算，增长率按照不变价格计算，年均增长率为年递增率。

五　农村居民人均消费支出与城镇居民人均消费支出差距扩大，农村居民人均消费支出年均增长率与城镇居民人均消费支出年均增长率持平

1978 年，城镇居民人均消费支出是农村居民人均消费支出的 2.9 倍。2012 年，这一比例扩大到 3.2 倍。两者差距呈扩大态势。1978—2012 年，城镇居民人均消费支出平均是农村居民人均消费支出的 3.2 倍。1978—2012 年，农村居民人均消费支出年均增长率为 6.5％，城镇居民人均消费支出年均增长率为 6.5％，两者相等。"十五"期间，农村居民人均消费支出年均增长率为 5.5％，城镇居民人均消费支出年均增长率为 5.8％，前者比后者低 0.3％。"十一五"期间，农村居民人均消费支出年均增长率为 8.5％，城镇居民人均消费支出年均增长率为 8.5％（见表 3－11）。从"十五"、"十一五"期间情况可以发现，农村居民人均消费支出年均增长率有提高趋势，城镇居民人均消费支出年均增长率也有提高趋势。并且，农村居民人均消费支出年均增长率与城镇居民人均消费支出年均增长率持平，这可能与这一期间我国实施的"家电下乡"补贴刺激政策有关。

表 3－11　　我国 1978—2012 年城镇人均消费支出与农村
人均消费支出之比以及两者增长率

年份	全体居民人均消费支出（元）	农村居民人均消费支出（元）	城镇居民人均消费支出（元）	城乡居民消费对比（农村＝1）	农村居民人均消费支出增长率	城镇居民人均消费支出增长率
1978	184	138	405	2.9	4.3	3.3
1979	208	159	425	2.7	6.5	2.8
1980	238	178	489	2.7	8.4	7.2
1981	264	201	521	2.6	9.8	4.0
1982	288	223	536	2.4	9.1	0.7
1983	316	250	558	2.2	10.6	2.1

续表

年份	全体居民人均消费支出（元）	农村居民人均消费支出（元）	城镇居民人均消费支出（元）	城乡居民消费对比（农村＝1）	农村居民人均消费支出增长率	城镇居民人均消费支出增长率
1984	361	287	618	2.2	12.9	7.9
1985	446	349	765	2.2	13.3	11.1
1986	497	378	872	2.3	2.3	6.7
1987	565	421	998	2.4	4.9	5.6
1988	714	509	1311	2.6	5.2	9.7
1989	788	549	1466	2.7	−9.6	−3.8
1990	833	560	1596	2.9	−2.4	7.5
1991	932	602	1840	3.1	5.1	9.7
1992	1116	688	2262	3.3	9.2	13.2
1993	1393	805	2924	3.6	2.9	11.3
1994	1833	1038	3852	3.7	4.5	5.4
1995	2355	1313	4931	3.8	7.7	9.6
1996	2789	1626	5532	3.4	14.8	3.1
1997	3002	1722	5823	3.4	3.3	2.1
1998	3159	1730	6109	3.5	1.5	5.5
1999	3346	1766	6405	3.6	3.6	6.2
2000	3632	1860	6850	3.7	5.4	6.1
2001	3887	1969	7161	3.6	5.0	3.8
2002	4144	2062	7486	3.6	5.1	5.6
2003	4475	2103	8060	3.8	0.4	6.7
2004	5032	2319	8912	3.8	5.2	7.0
2005	5596	2657	9593	3.6	12.1	5.9
2006	6299	2950	10618	3.6	9.4	9.0
2007	7310	3347	12130	3.6	7.6	9.3
2008	8430	3901	13653	3.5	9.4	6.6
2009	9283	4163	14904	3.6	7.0	10.2
2010	10522	4700	16546	3.5	9.0	7.6
2011	12570	5870	19108	3.3	18.0	9.7
2012	14098	6515	21120	3.2	8.3	7.6
平均	—	—	—	3.2	6.5	6.5

　　资料来源：《中国统计年鉴》（2013）。本表绝对数按当年价格计算，增长率按不变价格计算，年均增长率为年递增率。

第四章　相关概念界定与居民消费能力长效机制理论分析

本章的核心是构建提高我国居民消费能力的长效机制，因此，有必要对其中的相关概念进行界定，并对居民消费能力的长效机制进行分析。这也是与类似课题研究对象、研究目标、研究问题与对策建议相区别的前提。

第一节　相关概念界定

一　机制与长效机制

（一）机制

"机制"是当代自然科学与人文社会科学研究中出现的高频术语。"机制"一词最早源于希腊文，原指机器的构造和工作原理。具体而言，一方面指机器由哪些部分组成和为何由这些部分组成；另一方面指机器怎样工作和为何这样工作。由于这一术语在科学研究工作中的广泛适用性，因而被移植、借鉴到很多其他学科，由此引申出机制的其他含义，产生不同的机制。如移植到生物领域，产生生物机制；移植到经济领域，产生经济机制等。

生物机制，是指生物机体结构组成部分的相互关系，以及其间发生的各种变化过程的物理、化学性质和相互关系。经济机制，是指在一定经济机体内，各构成要素之间相互联系和作用的关系及其功能。本书研究的居民消费能力机制，即属于经济机制范畴。

（二）长效机制

所谓长效，是指长期发挥作用。所谓长效机制，是指能长期发挥作用的机制。要保证经济体内各构成要素之间的相互联系与相互作用长期运行，必然离不开相应的制度体系。因此，长效机制具备两个基本条件：一是有比较规范、稳定、配套的制度体系；二是有推动制度运行的动力源，即要有出于自身利益而积极推动和监督制度运行的组织及个体。长效机制是相对的，而不是绝对的，从更为久远的时间维度来看，它不是固定不变的，而是随着时间、条件的变化而不断发展和完善的。

二　能力与居民消费能力

（一）能力

能力是生命体对自然探索、认知和改造水平的度量，是顺利完成某一活动所需的主观条件，是直接影响活动效率并使活动顺利完成的个性心理特征。能力是内在的、隐性的，因而度量一个人的能力离不开实践，能力必须同一个人完成一定的实践活动联系在一起。离开了实践活动，一个人的能力无法表现出来，始终处于内隐状态，而且也得不到相应的发展与提升。

（二）居民消费能力

居民消费，是指一定时期内，一个国家或地区内所有居民对最终商品和服务的全部消费性支出。居民消费能力，是指居民顺利完成消费活动所需的主观条件。居民顺利完成消费活动需要哪些主观条件呢？第一，居民要有消费欲望。这种欲望可以是身体内在缺乏的需要激起的，也可以是在外在商品和服务的刺激下而引发的。第二，居民要有得到收入的能力。收入的来源可以是借入，也可以是受赠或接受转移支付，还可以是自己挣得（也称获取）。对绝大多数居民来说，从收入最终来源来看，自己挣得是最主要的收入来源。一个居民要挣得收入，必须要具备相应的知识与能力，并且付出劳动。第三，居民要愿意消费。居民有消费欲望，而且拥有收入后，未必就愿意消费。因为可能受到预防性储蓄动机、未来确定性大额刚性支出、储存一段时间再消费更有利等因素的制约，而不愿现在消费。在这三个条件中，第二个条件，即"居民要有得到收入的能力"，是最核心的条件。但是，如果仅仅将"居民要有得到收入的能力"作为居民顺利完成消费活动所需的主观条件，那么本书的研究对象就会十分狭窄。将"居民要有消费欲望、居民要有得到收入的能力、居民要愿意消费"作为居民顺利完成消费活动所需的主观条件，这是一种较为广义的界定，从而带来本书研究对象与内容的适度拓展，也许可以接受。

居民一旦决定消费，他必须考虑以前的收入、当前的收入，甚至将来的收入，以及如何在当前与未来的消费中分配这些收入，以获得消费效用最大化。在一个经济体内，居民消费能力是内隐的，而非外显的。要测度这个能力，必须用居民在一定时期内实际完成消费的绝对值或相对值来表示。在宏观经济学中，一般用居民消费率或居民消费额来测度居民消费能力。居民消费率，是指一个国家或地区在一定时期内用于居民个人消费和社会消费的总额占当年国民支出总额或国民收入使用额的比率。简单地说，是指一个国家或地区在一定时期内居民消费额占国内生产总值的比重。

在这里有必要对本书中使用的"居民消费需求""居民消费行为"等进行界定，以明确它们与"居民消费""居民消费能力"之间的区别。居民消费需求，是指居民日常生活中对各种消费品和生活服务的需求，即在一定的时期，在一给定的价格水平下，居民在日常生活中对各种消费品和生活服务愿意而且能够购买的数量。居民消费行为，是指居民作为消费者为获得所用的消费品和服务而从事的计划、寻找、选择、决策、购买和使用等一系列活动的总称。

（三）居民消费能力长效机制

所谓居民消费能力长效机制，就是将居民消费能力与机制、长效三者有机地结合起来。如果说居民消费能力突出的是居民消费的主观条件，那么机制突出的则是经济体内各因素对居民消费能力的作用及其功能，长效突出的则是与居民消费能力相依存、相关联的经济制度和经济条件。三者紧密结合，构成一个逻辑整体。

一个经济体内居民的消费能力，首先取决于居民获取收入的主观条件。但主观条件只是决定收入获取的部分因素，还必须让这种主观条件作用于客观经济世界，即付出劳动，然后获得收入。收入获取离不开具体的经济制度，受经济制度的激励和约束。居民获取收入的能力，并不仅仅取决于居民劳动能力的大小、劳动效率的高低与付出劳动的多少，还与收入分配制度有关。

居民获取一定收入后，可以将收入储存起来，可以赠与别人等，当然也可以购买物质商品或服务。居民是否购买物质商品或服务，以及购买多少物质商品或服务，与居民消费的能力机制有关，即与一些经济因素对居民消费能力的作用及其功能有关。如一个居民在内在缺乏激起购买欲望的情形下，他所拥有的收入推动着他去购买。但是，如果他有后顾之忧，如没有社会保障，必须买高价住房，这又使他不愿去购买。如果这个居民预期到物质商品或服务的价格将会下跌，他也许不愿现在购买，而是想等到将来再去购买。或者决定减少当期的购买量，不买原计划想买的那么多。

居民愿意购买多少物质商品或服务，不仅与他收入的多少有关，还与他的经济条件有关。所谓经济条件，即经济运行时，某一经济指标达到的水平。居民一定收入购买力的大小，与经济体内的一般物价水平有关。一定货币的购买力，并非固定不变的，而与一般物价水平呈反方向变化。从这个意义上说，居民消费能力与经济体的经济条件密不可分。需要强调指出的是，本书研究的落脚点是长效机制，而不仅仅是机制，因而离不开与居民消费能力相关联的经济制度。经济条件会受到经济制度的制约与调节。如居民消费价格水平，是由市场机制决定的，有其客观性，但也会受到国家物价管理制度的管控。

综上所述，居民消费能力的长效机制，包括三方面内容：一是居民获取收入的主观条件；二是各因素与居民消费能力之间的作用；三是保障居民消费能力的基本条件，既包含与居民消费能力相依存、相关联的经济制度与经济条件，还包含监督这些制度运行等。

第二节　机制理论分析

本节的机制理论分析，主要是对经济体内的各构成要素对居民消费能力的作用进行理论分析。这个分析以经济理论为基础，以我国已有的经济制度、居民消费观念、消费心理与习惯为背景。

一　经济体内的各构成要素

在一个封闭的经济体内，一般包括企业、居民和政府三个经济行为主体。其他构成要素有物质商品或服务、收入、经济制度或经济条件等。

生产经营物质商品的企业可以分为两类：一类是生产企业，另一类是流通企业。生产企业从事生产，投入资本、劳动、技术等生产要素，生产物质商品，供居民和政府购买与消费，获得收入，继续从事生产活动。生产企业的生产函数可以写成：

$$Q = AF(K, L)$$

式中，Q 表示产出，K 表示资本，L 表示劳动，A 表示技术水平。

流通企业从生产企业处购进物质商品，在市场上销售。在有门店销售和无门店销售中，流通企业通过产品广告、陈列、展示或其促销活动等，吸引消费者增加购买。当然，在现实经济生活中，出于经济利益考虑，也可以将生产企业的职能与流通企业的职能合并起来，建立或合成一个大的生产经营型企业。

由于服务的生产与消费的同时性、不可存储性、不可转移性等特殊性，所以，在服务商品的生产与经营过程中，不可能像物质商品那样，分为服务商品的生产企业与流通企业，生产企业与流通企业是合二为一的，即生产者同时也是销售者。服务产品的生产经营企业可以有自己专门从事营销的组织或个人。

居民向企业出售自己的劳动力，获得收入，或者接受赠与，或者接受转移支付，或者获得利息收入等，然后购买物质商品和服务。

政府通过强制力和制度规定获得税收收入及非税收入。当然，政府也可以通过提供服务来获得收入，然后购买物质商品和服务，或进行转移支付。政府还可以根据公共利益或政府管理的需要，或应居民、企业或组织的要求，供给经济制度与经济政策等。这些经济制度或经济政策会对居民消费能力产生作用。除此之外，当一个经济体运行时，会自然而然地形成经济条件，经济条件对居民消费能力也会产生作用。

二　各个构成要素对居民消费能力的机制

各构成要素如收入、企业的生产与销售活动、政府的经济制度和经济体的经济条件对居民消费能力的机制分析如下：

（一）推动机制

经济体内的居民，在自身缺乏的需要激起的欲望下，会产生购买物质商品和服务的冲动。此时，如果居民手中拥有收入，就会推动居民到企业购买物质商品和服务。然而，愿意购买多少物质商品和服务，与全体居民手中拥有收入的多少和收入在居民手中分配的状况有关。而全体居民收入多少与居民收入分配状况，一方面由居民劳动能力与劳动成果决定；另一方面由国家要素收入分配制度与个人收入分配制度决定，还与企业的生产率有关。企业的生产率对居民收入的影响具有"二重性"。一方面，企业的生产率提高，会减少对居民的雇用，从而减少居民收入；另一方面，企业的生产率提高，会增加企业的利润，从而增加居民收入。此外，企业的生产率会影响企业物质商品和服务的价格，从而与居民消费价格有关。

一旦消费者决定购买物质商品和服务，居民手中持有的一定收入的购买力，并非固定不变，而与居民消费价格以及企业的生产率相关。居民消费价格，不仅与企业自身的价格管理政策和研发及生产经营状况有关，而且与政府的物价管理和科技管理制度有关。居民消费价格对居民消费能力的影响也具有"二重性"。一方面，居民消费价格提高，导致居民手中持有货币的购买力降低；另一方面，居民消费价格提高，说明企业物质商品或服务的价格也提高，这会增加企业利润，从而增加居民收入。

（二）拉动机制

经济体内的居民，是有主观能动性的。居民购买物质商品与服务的行为，并非总是基于自身缺乏的需要，有时却是基于物质商品和服务的广告、陈列、展示和促销等而对消费者产生诱惑力，从而刺激起消费者的购买欲望，进而产生购买行为。这在女性消费者的购买行为和即兴购买中表现得特别明显。这种消费现象是不以人的意志为转移的客观存在。如一条好的广告，能诱导消费者的感情与兴趣，激起消费者的购买欲望，进而促进消费者的购买行为。再如，促销是在企业与目标顾客之间进行的一种说服性的沟通活动，试图在目标顾客中唤起促销者预期的意念，目的在于影响目标顾客的购买态度和行为。促销的本质是沟通信息，激发需求，促使其购买。无论是广告，还是促销，比起没有广告和促销时，消费者购买增加了。

（三）制约机制

经济体内的居民在当期的消费要受到一些因素的制约，换言之，这些因素对居民当期消费能力具有制约作用。这些制约因素可以分为两类：一类是不确定性风险的制约，如生病、失业、生育困难、工伤、意外财产损失、经济系统风险等。未来的风险越大，消费者预期未来消费的边际效用越大，就越愿意进行储蓄，把财富转移到未来进行消费。另一类是确定性的大额支出，如购房、买车、结婚、子女教育及结婚、养老等，为满足这些刚性、大额的未来支出，居民愿意减少当期消费而进行储蓄。这些制约居民消费能力因素作用的大小与政府的社会保障制度、公共资源分配制度有关。另外，中国人还有一个难以改变的观念，将给子孙留下一大笔遗产作为人生的奋斗目标或价值实现方式，这种观念会导致年龄较大的居民设定一个较高的储蓄目标，从而愿意减少当期消费。

（四）调节机制

对居民消费能力的调节，可以分为外部调节和内部调节。内部调节基于居民对可支配收入增长和居民消费价格的预期，外部调节则基于居民能否获得消费信贷、居民存款利率的高低等。居民对可支配收入增长的预期、对物质商品和服务价格的预期、能否获得消费信贷与当期居民存款利率的高低，会对居民当期消费意愿产生调节作用。

英国经济学家马歇尔提出的等待就包含预期的思想。预期分为适应性预期和理性预期。理性预期概念的提出及应用对经济理论和政策来说是一场革命。预期对人们的消费行为会产生重要影响。如果居民预期到可支配收入增长前景良好，一般会产生增加当期消费的意愿；反之就会产生减少当期消费的意愿。居民对可支配收入增长的预期，主要取决于收入增长计划制度。如果居民预期到消费价格会上涨，就会产生增加当期购买的意愿；反之就会产生减少当期购买的意愿。居民对消费价格的预期，主要取决于经济运行状况或条件。如果居民能够获得消费信贷，一般不会产生减少当期消费的意愿，也许会产生增加当期消费的意愿。如果居民不能获得消费信贷，在预防性储蓄心理的作用下，一般会产生减少当期消费的意愿。居民能否获得消费信贷，一方面与个人的信用状况有关，更重要的是由国家消费信贷制度决定的。如果银行提供的存款利率大于时间偏好，消费者愿意储蓄，从而产生减少当期消费的意愿。如果银行提供的存款利率小于时间偏好，消费者愿意消费，从而产生增加当期消费的意愿。

综上所述，经济体内的构成要素对居民消费能力的机制有推动机制、拉动机制、制约机制和调节机制四种机制。需要说明的是，以上将经济体内的几个构成要素对居民消费能力的机制进行划分只是一种尝试，便于认识这些构成要素对居民消费能力的作用，只具有相对意义。

第三节　机制长效性分析

经济体内的各构成要素对居民消费能力的机制若要长效，即形成机制的长效性，必须要有经济制度作保障，并要监督这些经济制度的运行。

一　建立健全相关经济制度

制度与经济活动存在着天然的联系。从亚当·斯密开始，一直到今天，西方经济学家对制度的研究就没有停止过，虽然有些西方经济学派把制度排除在研究视野之外。比较系统地研究制度的学派有 19 世纪末 20 世纪初以凡勃仑、康芒斯为代表的老制度学派；20 世纪 50 年代以加尔布雷斯为代表的新制度学派和 20 世纪六七十年代兴起的以科斯为代表的新制度经济学派。

科斯（Coase，1960）认为，所谓制度，就是人或组织之间的行为准则或互动关系。如传统、风俗、习惯、潜规则、人情关系、血缘关系等。制度可以分为正式制度和非正式制度。正式制度是指以某种明确的形式被确定下来，并且由行为人所在的组织进行监督和用强制力保证实施的行为规范，如各种成文的法律、法规、政策、规章、规定、契约等，与国家权力或组织相联系。非正式制度是指对人的行为不成文的限制而形成的强制性较弱的行为规范，包括价值观信念、伦理、道德、风俗习惯和意识形态等。正式制度和非正式制度作为制度的两个不可分割的部分，是对立统一的，在一定的条件下可以相互转化。制度分为政治制度、经济制度、法律制度、教育制度、科技制度、文化制度、军事制度、社会制度等。正式制度一般由国家或正规的组织提供。制度成本的大小，决定了制度变迁的方向。一般而言，制度成本大的制度将被制度成本小的制度所取代。制度变迁的方式有强制性制度变迁和诱致性制度变迁两种。

与居民消费能力长效机制相关联的制度主要是正式制度，而且是经济制度。虽然正式制度中也包含经济政策，但为满足本书研究的需要，在这里有必要指出正式经济制度与经济政策的区别所在。

正式经济制度是指与人们经济活动相关的、经过若干严格规范程序而形成的相对固定、相对难以改变的法律、法规、规章、规定或合约，而不是一些容易因人、因事、因地而改变的经济政策。当然，如果某项经济政策一旦形成，也具有同制度一样的难以改变性，虽然这项经济政策的形成没有经过那些法定程序，也可以等同为正式经济制度。正式经济制度的基本特点是相对稳定性和强制性，经济政策的特点是差异性和易变性。这样会导致经济制度效应与经济政策效应的不同。正式经济制度能够给人们带来确定性程度很大的预期，人们会在确定性预期下决策经济行为。易变的经济政策会给人们的预期带来很大的不确定性，完全随机的不确定性会给人们的经济决策带来紊乱和无所适从。从这个意义上说，正式经济制度的经济效应与易变的经济政策的经济效应有很大的不同。

与居民消费能力长效机制相关的主要正式经济制度有要素收入分配制度、最低工资保障制度、劳资工资谈判制度、个人收入分配制度、物价管理制度、国家科技管理制度与企业研发管理制度、营销制度、社会保障制度、公共资源分配与保障制度、通货膨胀预期管理制度、收入预期管理制度、消费信贷制度、居民存款利率管制制度等。

二　监督制度的运行

在我国，正式经济制度颁布后，在实施过程中，还会受到正式经济制度运行环境是否优化、非正式制度的制约、制度执行者的思想道德素质与业务素质等的影响。这诸多的原因造成我国正式经济制度的执行力不足，从而影响正式经济制度的执行效果，难以达到预期的目标。如我国各省制定的最低工资保障制度，在一些地方并未很好地执行，而是变相地执行。如一些单位给员工足额按时发放了按照最低工资标准应发的工资，但以前给员工缴纳的"五险一金"就停缴了。再如，在我国提出调节过高收入，并未被很好地贯彻落实等。

提高正式经济制度的执行力，使正式经济制度良好、有序地运行，需要利益相关者或第三方来监督经济制度的运行。需要建立投诉机制和投诉处理机制以及权利救济制度，确保与居民消费能力相关的正式经济制度良性运行，长久地、充分地发挥扩大居民消费的作用。

第五章　我国居民消费理论模型
构建与实证研究

　　自 20 世纪 30 年代凯恩斯于《就业、利息和货币通论》中提出绝对收入假说消费理论后消费理论在西方经济学举足轻重，消费理论在西方经济学中获得了长足发展。西方消费理论大致可以分为三个阶段。第一阶段是 20 世纪 30—50 年代，代表人物是凯恩斯和杜森贝里，前者创立了绝对收入假说，后者创立了相对收入假说。绝对收入假说、相对收入假说成为后来经济学家研究消费的理论基础。绝对收入假说、相对收入假说研究消费都基于现期收入与确定性。第二阶段是 20 世纪 50 年代中期到 70 年代中期，代表人物有莫迪利亚尼和弗里德曼等，前者提出生命周期假说，后者提出持久收入假说，两个假说进行综合后形成生命周期—持久收入假说。这些假说研究消费基于现期收入、预期收入与确定性，认为消费者是理性的，具有长远眼光，追求跨时预算约束下效用最大化。通俗地说，就是消费者以某种方式安排自己一生的消费，并且消费完一生所有收入的情况下，使得一生的总效用达到最大化。第三阶段是 20 世纪 70 年代末到现在，代表人物有霍尔、利兰德、扎德斯、达顿和卡罗尔、坎贝尔和曼昆，相应的消费理论有随机游走假说、预防性储蓄理论、流动性约束理论、缓冲存货储蓄假说、λ 假说。第二阶段的假说假定消费者对未来收入有确定性的预期，然而实际生活中，消费者未来的收入总是受到很多不确定性因素影响，因而具有不确定性。第三阶段的消费假说不仅考虑到跨期收入，还考虑到收入的不确定性，所以能够更准确、更全面地解释消费者行为。

第一节　西方消费理论与我国的验证

　　本节主要评价几个提出较早的消费理论，即绝对收入假说、相对收入

假说、生命周期—持久收入假说与随机游走假说，并用我国的数据进行
验证。

一　绝对收入假说

在一个经济体中，居民消费到底由什么决定呢？经济学家认为，影响
居民消费的因素很多：收入水平、收入分配状况、商品价格、利率、家庭
财产状况、消费者偏好、消费心理、消费信贷状况、消费者年龄结构以及
社会制度、文化、风俗、习惯等。凯恩斯认为，在这些因素中，最有决定
意义的是居民收入。凯恩斯认为：第一，当人们收入水平较高时，消费量
也较大；反之则较小。第二，在一般情况下，当人们的收入增加时，他们
的消费也会增加，但消费的增加不会像收入增加得那样多。

凯恩斯的这一思想被后来的经济学家总结成如下形式的消费函数：

$$C = \alpha + \beta Y \quad \alpha > 0 \quad 0 < \beta < 1 \tag{5-1}$$

式（5-1）中，α 表示居民必不可少的自发消费部分，相当于基本生
活消费，其值必须大于 0；β 表示边际消费倾向，βY 表示由收入引起的引
致消费。

凯恩斯提出的消费函数，被称为凯恩斯的绝对收入消费函数理论，也被
称为绝对收入假说的消费函数理论。是宏观经济学消费函数中最简单的情形。
凯恩斯消费函数理论提出之初，基本与许多经验数据相吻合。但其缺陷也是
明显的：第一，该理论仅仅将现期消费与现期收入联系在一起，显然不全面，
而且消费者追求的是现期预算约束下的最大化，与现实不一致。第二，第二
次世界大战后的许多经验数据表明，该理论在说明消费与储蓄、收入关系时，
存在矛盾之处，因为从长期来看，平均消费倾向一直是较为稳定的。

下面验证绝对收入假说是否适合我国改革开放以来的消费情况。我国
改革开放以来的居民消费、收入法 GDP、以 1978 年为基期的居民消费价
格指数见表 5-1。

表 5-1　我国 1978—2012 年居民消费额、收入法 GDP 与定基居民消费价格指数

年份	居民消费额（当年价）	收入法 GDP（当年价）	居民消费价格指数（1978 年 =1）	居民消费额（不变价）	收入法 GDP（不变价）
1978	1759.1	3605.6	1.000	1759.1	3605.6
1979	2011.5	4092.6	1.019	1974.0	4016.3
1980	2331.2	4592.9	1.095	2128.9	4194.4

续表

年份	居民消费额 （当年价）	收入法 GDP （当年价）	居民消费价格 指数（1978 年 = 1）	居民消费额 （不变价）	收入法 GDP （不变价）
1981	2627.9	5008.8	1.123	2340.1	4460.2
1982	2902.9	5590.0	1.145	2535.3	4882.1
1983	3231.1	6216.2	1.168	2766.4	5322.1
1984	3742.0	7362.7	1.200	3118.3	6135.6
1985	4687.4	9076.7	1.311	3575.4	6923.5
1986	5302.1	10508.5	1.397	3795.3	7522.2
1987	6126.1	12277.4	1.498	4089.5	8195.9
1988	7868.1	15388.6	1.780	4420.3	8645.3
1989	8812.6	17311.3	2.101	4194.5	8239.6
1990	9450.9	19347.8	2.166	4363.3	8932.5
1991	10730.6	22577.4	2.239	4792.6	10083.7
1992	13000.1	27565.2	2.383	5455.4	11567.4
1993	16412.1	36938.1	2.733	6005.2	13515.6
1994	21844.2	50217.4	3.392	6439.9	14804.7
1995	28369.7	63216.9	3.972	7142.4	15915.6
1996	33955.9	74163.6	4.301	7894.9	17243.3
1997	36921.5	81658.5	4.422	8349.5	18466.4
1998	39229.3	86531.6	4.386	8944.2	19729.0
1999	41920.4	91125.0	4.325	9692.6	21069.4
2000	45854.6	98749.0	4.342	10560.7	22742.7
2001	49435.9	109028.0	4.373	11304.8	24932.1
2002	53056.6	120475.6	4.338	12230.7	27772.2
2003	57649.8	136613.4	4.390	13132.1	31119.2
2004	65218.5	160956.6	4.561	14299.2	35289.8
2005	72958.7	187423.4	4.643	15713.7	40366.9
2006	82575.5	222712.5	4.713	17520.8	47254.9
2007	96332.5	266599.2	4.939	19504.5	53978.4
2008	111670.4	315974.6	5.230	21351.9	60415.8
2009	123584.6	348775.1	5.193	23798.3	67162.5
2010	140758.6	402816.5	5.365	26236.5	75082.3
2011	168956.6	472619.2	5.655	29877.4	83575.5
2012	190423.8	529238.4	5.802	32820.4	91216.5

资料来源：《中国统计年鉴》（2012）。居民消费价格指数缺失的年份有 1979 年、1981—1984 年，用该年的 GDP 平减指数近似替代。

利用表 5 - 1 中我国 1978—2012 年不变价居民消费额、不变价收入法 GDP 对式（5 - 1）进行估计，结果如下：

$$C = 1467.512 + 0.342Y \qquad\qquad (5-2)$$

S. E. 164.037   0.005

Sig.   0.000   0.000

$R^2 = 0.994$，调整的 $R^2 = 0.994$，DW = 0.138，F = 5341，Sig. = 0.000

从式（5 - 2）可以看出，方程与各系数是通过显著性检验的，但是，从 DW 值可以看出存在正自相关性，因为 dl = 1.402，DW 小于该值。当存在自相关时，OLS 参数估计量虽具有无偏性，但不具有有效性。在关于变量的显著性检验中，检验失去意义。

为了消除自相关性，运用杜宾两步法，首先必须求出残差的自相关系数，将式（5 - 1）写成下式：

$$(C_T - \rho C_{T-2}) = \alpha(1 - \rho) + \beta(Y_t - \rho Y_{t-1}) \qquad\qquad (5-3)$$

然后采用式（5 - 3）用 OLS 法进行估计。

即使式（5 - 3）估计成功，但式（5 - 3）已经与式（5 - 1）有着形式与本质的不同。所以，绝对收入假说不适合 1978—2012 年我国消费情况。

从凯恩斯的绝对收入假说可以推导出消费者的边际消费倾向是递减的，式（5 - 1）设定边际消费倾向是常数，无法检验这一推论。为了检验这一推论，将消费函数设定为下式：

$$C = \alpha(\gamma Y + \delta)Y, \ \gamma < 0, \ \delta > 0 \qquad\qquad (5-4)$$

对式（5 - 4）进行估计，结果如下：

$$C = 897.261 + 0.397Y - 6.6 \times 10^{-7}Y^2 \qquad\qquad (5-5)$$

S. E. 202.563   0.015   0.000

Sig. 0.000   0.000   0.001

$R^2 = 0.996$，调整的 $R^2 = 0.996$，DW 值 = 0.315

F = 3791，Sig. = 0.000

表面上看，式（5 - 5），不管是方程，还是各个系数都通过了显著性检验。然而，仍然存在着正自相关问题。因为 dl = 1.343，DW 值小于该值。

综上所述，可以认为，凯恩斯主义的绝对收入假说不适合于刻画我国消费与国民收入之间的关系。

二　相对收入假说

1949年美国经济学家詹姆士·杜森贝里（James Duesenberry）提出相对收入假说。该假说提出消费的两大效应：示范效应和棘轮效应（Duesenberry，1949）。在短期内观察发现，在经济波动过程中，随着收入增加，低水平收入者的消费会向高水平收入者的消费水平看齐，这是"示范效应"，即消费者的消费行为会受周围人们消费水平的影响，消费行为并不是独立的。然而，当收入减少时，消费者由于消费习惯影响，或会顾及他们在社会上的相对地位，有"爱面子"的考虑，导致消费水平不会降低或降低比较有限，即消费的不可逆性，被称为"棘轮效应"。但是，这种倾向只会维持一个较短的时间。从长期看，如果收入降低较长时间，人们的消费会随着收入的减少而减少。因此，短期消费函数与长期消费函数不同，当期消费决定于当期收入及过去的消费水平（Duesenberry，1949）。杜森贝里（1949）认为，理性的消费主体是"后顾的"和"攀比的"，比绝对收入假说显然前进了一步，但是，其认为消费主体仍然是追求现期收入下的效用最大化，是有局限性的。

为检验在我国"棘轮效应"是否存在，消费函数设定如下：

$$C_t = \alpha Y_t + \beta C_{t-1}, \ \alpha > 0, \ \beta > 0 \tag{5-6}$$

式（5-6）中，C_t 表示当期消费，Y_t 表示当期收入，C_{t-1} 表示上期消费。

利用表5-1数据对式（5-6）进行估计，结果如下：

$$C_t = 166.760 + 0.070Y_t + 0.887C_{t-1} \tag{5-7}$$

S. E.　85.990　　0.014　　0.047

Sig.　0.062　　0.000　　0.000

$R^2 = 1.000$，调整的 $R^2 = 0.999$，DW 值 = 2.326

F = 32750，Sig. = 0.000

由于 dl = 1.333，du = 1.580，4 - du = 2.42，因而式（5-7）的 DW 值处于 du 与 4 - du 之间，所以该式不存在自相关关系。

在我国，虽然"棘轮效应"的方程与系数都通过了显著性检验，方程也不存在自相关，但是其假定消费主体只是追求现期收入约束下的效用最大化，不能描述我国消费者的消费动机和行为。

三　持久收入假说与生命周期假说

与绝对收入假说、相对收入假说不同，弗里德曼的持久收入假说和莫迪利亚尼的生命周期假说认为消费不只是同现期收入水平相联系，而且是以消费者一生或持久收入水平作为其消费决策的依据。

弗里德曼的持久收入假说认为，消费者的消费支出主要不是由他的现期收入水平决定，而是由其持久收入水平决定，即由消费者可以预期到的长期收入决定。因为人们在暂时性收入变动时，往往通过储蓄和借贷来稳定消费（Friedman，1957）。按照这种消费理论，经济衰退时，人们的消费倾向会趋向于长期的平均消费倾向。相反，经济繁荣时，人们的消费倾向仍然会趋向于其长期平均消费倾向。

莫迪利亚尼的生命周期假说认为，人们在特定时期的消费不仅仅与他们在该时期的可支配收入相联系，而且会在更长时间范围内计划他们的消费支出，以达到他们在整个生命周期内消费的最佳配置（Modigliani，1954）。生命周期假说和持久收入假说既有联系，也有区别。区别在于前者侧重于对储蓄动机的分析，从而提出以财富作为影响消费函数的变量的重要理由，而后者则偏重于个人如何预测自己未来的收入问题。持久收入假说和生命周期假说是经典的消费理论，从本质上看都没有真正考虑"不确定性"。

表5-2　　　　我国1978—2012年城镇居民、农村居民家庭人均

可支配收入（纯收入）和年消费性支出　　　单位：元

年份	城镇居民家庭人均可支配收入	城镇家庭人均年消费性支出	城镇居民消费价格指数（1978年=1）	农村居民家庭人均纯收入	农村家庭人均年消费性支出	农村居民消费价格指数（1978年=1）
1978	343.40	311.20	1.000	133.60	116.10	1.000
1979	405.00	361.80	1.019	160.20	134.50	1.006
1980	477.60	412.40	1.095	191.30	162.20	1.030
1981	500.40	456.80	1.122	223.40	190.80	1.042
1982	535.30	471.00	1.144	270.10	220.20	1.051
1983	564.60	505.90	1.162	309.80	248.30	1.056
1984	652.10	559.40	1.197	355.30	273.80	1.066
1985	739.10	673.20	1.342	397.60	317.40	1.107
1986	900.90	799.00	1.436	423.80	357.00	1.143
1987	1002.10	884.40	1.562	462.60	398.30	1.186
1988	1180.20	1104.00	1.885	544.90	476.70	1.313

续表

年份	城镇居民家庭人均可支配收入	城镇家庭人均年消费性支出	城镇居民消费价格指数（1978年=1）	农村居民家庭人均纯收入	农村家庭人均年消费性支出	农村居民消费价格指数（1978年=1）
1989	1373.90	1211.00	2.192	601.50	535.40	1.473
1990	1510.20	1278.89	2.220	686.30	584.63	1.651
1991	1700.60	1453.80	2.332	708.60	619.80	1.671
1992	2026.60	1671.70	2.534	784.00	659.20	1.745
1993	2577.40	2110.80	2.942	921.60	769.70	1.989
1994	3496.20	2851.34	3.678	1221.00	1016.81	2.509
1995	4283.00	3537.57	4.296	1577.70	1310.36	3.079
1996	4838.90	3919.47	4.672	1926.10	1572.08	3.448
1997	5160.30	4185.64	4.818	2090.10	1617.15	3.578
1998	5425.10	4331.61	4.789	2162.00	1590.33	3.548
1999	5854.02	4615.91	4.727	2210.30	1577.42	3.494
2000	6280.00	4998.00	4.766	2253.40	1670.13	3.489
2001	6859.60	5309.01	4.798	2366.40	1741.09	3.516
2002	7702.80	6029.88	4.751	2475.60	1834.31	3.510
2003	8472.20	6510.94	4.794	2622.20	1943.30	3.565
2004	9421.60	7182.10	4.951	2936.40	2184.65	3.738
2005	10493.00	7942.88	5.031	3254.90	2555.40	3.901
2006	11759.50	8696.55	5.106	3587.00	2829.02	4.003
2007	13785.80	9997.47	5.335	4140.40	3223.85	4.220
2008	15780.76	11242.85	5.634	4760.62	3660.68	4.492
2009	17174.65	17248.30	5.586	5153.17	3993.45	4.482
2010	19109.44	18258.38	5.765	5919.01	4381.82	4.642
2011	21809.80	20365.71	6.070	6977.3	5221.13	4.912
2012	24564.70	22341.42	6.238	7916.6	5908.02	5.035

注：城镇家庭人均年消费性支出为平均每人总支出数据，农村家庭人均年消费性支出为平均每人消费支出数据。城镇居民家庭人均可支配收入、农村居民家庭人均纯收入均为当年价。

根据生命周期—持久收入假说，消费函数可写成下式：

$$C_t = \alpha + \sum_{i=1}^{\infty} \beta_i PY_{t-i+1} + \sum_{i=1}^{\infty} \gamma_i W_{t-i} \qquad (5-8)$$

式（5-8）中，C_t 表示第 t 期的消费，PY_{t-i+1} 表示 $t-i+1$ 期持久收入，W_{t-i} 表示财产收入。在一般的实证研究中，i 取 2 即可，所以，式（5-8）可以简写成下式：

$$C_t = \alpha + \beta_1 PY_t + \gamma_1 W_{t-1} + \beta_2 PY_{t-1} + \gamma_2 W_{t-2} \qquad (5-9)$$

根据弗里德曼提出的持久收入估算方法，可以通过我国城镇居民家庭人均可支配收入和农村居民家庭人均纯收入来估算我国城镇居民和农村居民的持久收入和财产收入，其估算公式如下：

$$PY_t = 0.6Y_t + 0.24Y_{t-1} + 0.16Y_{t-2} \qquad (5-10)$$

$$W_t = Y_t - PY_t \qquad (5-11)$$

城镇居民消费函数估计结果见表5-3。

表5-3   我国1978—2012年城镇居民消费函数估计结果

	模型1	模型2	模型3	模型4
C	-366.820	-383.162	-423.184*	-417.855*
	(233.441)	(241.096)	(236.102)	(227.335)
PYt	0.898***	0.952***	0.301	
	(0.092)	(0.027)	(1.252)	
Wt	0.943		-0.003	
	(1.594)		(2.421)	
PY_{t-1}			0.550	0.884***
			(1.335)	(0.087)
W_{t-2}			3.361**	3.424**
			(1.945)	(1.537)
R^2	0.979	0.978	0.981	0.981
调整的 R^2	0.977	0.977	0.978	0.980
DW	0.867	0.858	0.748	0.719
F	665.46	1289	341.893	732.943
Sig.	0.000	0.000	0.000	0.000

注：***、**、*分别表示通过1%、5%、10%的显著性水平；括号内的数值表示相应的标准误。

比较模型1、模型2、模型3、模型4，发现模型2、模型4较优。模型2表明，城镇居民当期消费与当期持久收入呈正相关关系。但该模型存在正自相关性，因为 dl = 1.363，而该模型的 DW = 0.858，小于 dl 值，即表明存在正自相关。模型 4 表明，城镇居民当期消费与上一期持久收入，上两期财富收入呈正相关关系。但该模型也存在正自相关性，因为该模型的 dl = 1.297，但该模型的 DW = 0.719，小于该模型的 dl 值，由此可推断出该模型存在正自相关性。所以，模型 2、模型 4 均不能描述中国城镇居民消费函数。

农村居民消费函数估计结果与此类似，不再详细列出。综上所述，生命周期—持久收入假说不能刻画我国居民消费函数。

四　随机游走假说

霍尔吸收了卢卡斯批判的思想，将理性预期方法应用于生命周期假说与持久收入假说，提出了随机游走假说。随机游走假说假设消费者效用函数为二次型，消费者的时间偏好与利率相等，最后的结论是消费与滞后收入变量无关（Hall，1978）。但消费的"过度敏感性"与"过度平滑性"对该假说提出了严峻挑战。

随机游走假说的检验模型为：

$$C_t = C_{t-1} + \varepsilon_t \tag{5-12}$$

式（5-12）中，C_t 表示当期消费，C_{t-1} 表示上一期消费，ε_{t-1} 表示不可预测的误差，ε_t 表示白噪声序列。

用我国城镇居民 1978—2012 年的消费有关数据经过价格处理后估计式（5-12），得出如下估计方程：

$$C_t = -9.755 + 1.099 C_{t-1} \tag{5-13}$$

S. E.　48.437　　0.036

Sig.　0.842　　0.000

$R^2 = 0.966$，调整的 $R^2 = 0.965$，DW = 2.431

F = 915.145　Sig. = 0.000

由于 dl = 1.393，du = 1.540，4 - du = 2.460，式（5-13）的 DW 处于 du 与 4 - du 之间，所以式（5-13）不存在自相关。

在式（5-13）右边加入滞后一期收入项，变为式（5-14）：

$$C_t = \alpha + \beta C_{t-1} + \gamma Y_{t-1} + \varepsilon_t \tag{5-14}$$

用上述数据经过价格处理后对式（5-14）进行估计，结果见式（5-15）：

$$C_t = -61.471 + 0.517 C_{t-1} + 0.526 Y_{t-1} \tag{5-15}$$

S. E.　42. 189　　　0. 150　　　　0. 133

Sig.　0. 155　　　0. 002　　　　0. 000

$R^2 = 0.978$，调整的 $R^2 = 0.976$，DW = 2.098

F = 674. 976　Sig. = 0. 000

由于 dl = 1. 333，du = 1. 580，4 - du = 2. 420，式（5 - 14）的 DW 处于 du 与 4 - du 之间，所以式（5 - 14）不存在自相关。

随机游走假说有一个重要推论认为，消费与滞后收入变量无关。但式（5 - 14）却表明，居民消费与滞后一期收入变量在 1% 的水平上显著呈正相关关系。需要说明的是，式（5 - 14）与式（5 - 13）相比，后者的解释与预测能力比前者强。用式（5 - 13）的居民消费估计值减去实际值后，除以实示值，再取绝对值，其均值为 3. 89%；而用式（5 - 14）的居民消费估计值减去实际值后，除以实际值，取绝对值，其均值为 11. 44%。表明式（5 - 14）比式（5 - 13）的估计偏差大。但不管怎样，式（5 - 14）各项检验均通过，也是合格的估计方程。农村居民消费检验与此类似，不再详细列出。所以，随机游走假说不适合于描述中国城镇居民的消费。

第二节　我国居民消费微观行为的特点

如前文所述，生命周期理论与持久收入假说虽然有不同之处，但其基本思想却是一致的，以至于它们被综合成生命周期—持久收入假说。从文献可知，两种假说在西方经济得到了较好的验证，但在分析中国经济时却不适用。因为中国经济有许多不同于西方国家经济的"特色"，因而生命周期理论与持久收入假说难以分析中国居民的消费行为是理所当然的。而且，对于我国居民有别于西方国家的一系列消费行为特点，西方消费理论也是无法解释的。

西方国家的消费理论虽然有十多种，而且十多种假说理论各不相同，但在若干基本方面还是相同的。相同的是，都要考虑收入约束和未来收入的预测问题。不同的是，消费者在消费决策时，面临的收入约束是现期收入约束，还是一生收入约束？再如，消费者在预测自己未来的收入状况时，是能够确定性地准确地预测到自己的收入，还是认为面临着"不确定性"？

我国居民消费有着与西方消费理论不同的特点，表现在以下几个方面，并构成构建我国消费理论模型的微观行为基础。

第一，我国居民不是以一生为时间跨度追求效用最大化，而是以某一特定消费阶段为时间跨度追求效用最大化（余永定、李军，2000）。我国一个代表性居民的一生可以划分为这样几个重要阶段：第一阶段，毕业到结婚；第二阶段，结完婚到孩子幼儿园结束；第三阶段，孩子上小学到孩子大学或研究生毕业参加工作；第四阶段，孩子参加工作到结婚；第五阶段，孩子结完婚到自己退休及退休后。这些重要阶段几乎贯穿于一个居民的一生。绝对收入假说认为消费者只考虑当期收入对当期消费的影响，追求的是当期效用最大化，我们称这种消费者是"短视的"。生命周期假说认为消费者考虑的是一生的收入对当期消费的影响，追求的是一生效用的最大化，我们称这种消费者是"远视的"。我国消费者一般只考虑当前阶段收入对当前阶段消费的影响，努力实现当前阶段效用的最大化，几乎不考虑下一阶段效用的最大化问题。我国居民的这种消费行为，既不同于绝对收入假说，也不同于生命周期假说，我们称这种消费者是"中视的"。这种中视行为是由下列因素决定的：我国消费传统、信息的不完全、未来收入与消费的不确定性、个人消费信贷市场的不完善等。其中，我国消费传统是一个极为重要的因素。

第二，我国居民在每一特定的消费阶段，几乎都有一个消费"高峰"，在"高峰"时段，消费支出都是刚性的（尉高师、雷明国，2003）。"高峰"时段可能在这一时间段的末尾，如买新房结婚；也可能在这一时间段的中间，如孩子出生后买车接送孩子。

在第一阶段，这也是一个居民一生最花钱的阶段，消费高峰是婚礼前和婚礼中，主要消费目标是买住房、装新房、买家具家电、办婚礼；

在第二阶段，主要消费目标是孩子的精细喂养、买车接送孩子、交"择园费"、交住房按揭等；

在第三阶段，主要消费目标是交"择校费""留学费"、住房按揭等；

在第四阶段，主要消费目标是为孩子凑钱买住房、办婚礼等，也要为预防自己突然失业或突然生大病预留一笔费用；

在第五阶段，主要目标是储蓄一笔钱养老，还要预防生大病，预留一笔丧葬费用，给孩子留下一笔遗产等。

　　因为在我国退休后，绝大部分居民月收入要下降，一般只有在职时的40％—80％，部分群体没有退休金。而且随着年龄的增长，生大病的可能性增加。我国居民不管处于哪一个特定阶段，消费者对于这一阶段几件大事所需资金会有一个大致估计，然后会作一个预算：能够从父母那儿无偿得到多少，能够从金融机构那里有偿借到多少，能够从亲戚好友那里借到多少（当然能借到的数额不多，礼金从短期看是无偿得到的，但从长期看，则要归还，性质类似于借款），剩余部分则要自己储蓄。储蓄需要一个较长的时间，但储蓄的使用则是一个相对集中、短暂的时间。储蓄完成之日便是消费开始之时。而且这些大额消费无一例外的是刚性支出，是到了某一时间点必须支出的。

　　第三，我国居民不论是收入较高的中老年人，还是收入较低的年轻人，都有较高的储蓄倾向（余永定、李军，2000）。但生命周期假说、持久收入假说却认为，代表性消费者为平滑自己一生的消费，在收入高时储蓄，在收入低时借债消费。壮年时储蓄，年轻时负债。我国居民的高储蓄倾向是由于我国的个人消费信贷市场不完善，还有社会保障制度以及教育制度不完善等造成的。我国的个人消费信贷市场虽然20世纪80年代中期以来有所发展，但还很不完善。目前，我国较为完善的个人消费信贷市场主要有：个人住房信贷、小汽车信贷、住房装修信贷、旅游信贷、贵重商品信贷、大学学费信贷与信用卡透支消费信贷等。我国社会保障制度不完善，失业、生大病、养老等需要个人储蓄一部分资金作为补充。我国教育资源区域之间、校与校之间配置不均衡，导致了从幼儿园到高中的大额"择园费""择校费"等。我国居民在某一特定时间段有一笔巨大的支出，资金来源可能有四种途径：一是父母的无偿资助；二是亲戚朋友的少量借款；三是从个人消费信贷市场的借款；四是自己的储蓄。完全通过父母的无偿资助来完成第一阶段的大额支出的我国居民极少，绝大多数人要完成第一阶段的大额支出，要依靠后面的三种途径。但是，无论是从金融机构获得的个人消费信贷，还是从亲戚朋友那里获得的借款，到期终究是要归还的，个人必须依靠储蓄来归还借款，所以绝大多数中国人的储蓄倾向较高。这个储蓄倾向是由每一阶段消费"高峰"所需资金的缺口与收入状况决定的。我国的高储蓄倾向与西方发达国家不同，原因很多。一是西方发达国家的居民没有自己的住房可以通过租房过一辈子，但在我国租房过一辈子的人相当少见。要自己买住房，就需要一大笔资金作为首付。二是我国的父母绝大部分想为自己的子女留一笔遗产，数额越多越好。然而西方发达国家的绝大多数父母只为孩子留下少量的遗产或不留遗产，并且不将给孩子留遗产作为一个奋斗目标或人生追求。第一个阶段完成之后，进入第二个阶段，居民又要根据自己的经济状况与这一阶段的消费高峰办几件大事所需的资金，安排自己的资金预算，决定储蓄目标与储蓄率。这个过程，循环往复，直至生命完结。

第三节　我国居民消费理论模型构建

我国幅员辽阔，国土面积 960 万平方公里，居世界第三位；人口众多，13 亿多人口，居世界第一位；差异明显，既有城乡差别、地区差别，还有行业差别等，在这样的一个国度里要建立一个为学术界广为接受的消费理论模型，其难度不亚于徒步登上青天。因此，在构建消费理论模型时将遵循这样一个最根本的原则：在理论上尽量地将复杂情况叙述清楚，但在构建具体的消费函数模型时，将抽出各种复杂情况中具有决定性意义的因素来建模，尽量简洁，易于求解，且不失经济意义，不改变结论。

综观西方消费理论，绝大多数是从消费的需求侧来研究居民消费问题的，涉及消费者的收入、消费习惯、预期、收入获得约束、消费品价格、消费品存量等，有的消费理论还从需求侧的消费者之间的相互影响角度来研究消费，而鲜有从供给侧来探讨居民消费的。这可能与西方经济学研究消费的传统不无关系，即与轻视流通高度相关。

我们认为，实际上居民消费，不仅有需求侧因素的作用，还有供给侧因素的作用。如在一个经济社会里，居住着两个人：居民甲和居民乙。居民甲年收入 10 万，住在购物十分方便的大都市里面，经常被琳琅满目的商品及其营销包围。居民乙年收入也是 10 万，住在乡村里，乡村没有商店，到小镇上购物十分不便。试问居民甲、居民乙的年消费额是一样的吗？答案是否定的。撇去其他因素不说，商店形形色色、令人眼花缭乱的各种商品带来的感官刺激和极富煽动性的广告以及富有诱惑力的促销活动唤起的消费者欲求，从而对消费者的吸引力，即一种消费的"拉动力"在这里肯定发挥了作用。

在下面建模当中，要考虑消费供给侧的"拉动"力量这一重要因素。

西方经济学家构建消费函数时，一般以选择理论为基础，在一定的预算约束下，消费者将在消费与闲暇之间进行选择，以使其一生的效用最大化。这种行为模式，不仅适用于私有制经济，还适用于公有制经济（余永定、李军，2000）。假设消费者的效用函数 $U(t)$ 可表示为：

$$U(t) = U[(1+\rho)c(t), \ l(t)] \tag{5-16}$$

式（5-16）中，$U(t)$ 表示居民 t 时刻的效用，$(1-\rho)c(t)$ 表示居民 t 时刻的消费量，ρ 表示因拉动力而增加的消费的比例，简称为拉动因子，$c(t)$ 表示居民除拉动因素外的消费量，$l(t)$ 表示居民 t 时刻的闲暇时间。居民的效用函数给出后，居民追求效用最大化的问题可以用数学形式表述为：在一定的预算约束下，居民通过在 $c(t)$ 与 $l(t)$ 之间进行选择，以使自己在某一时间段 $[t_0, t_1]$ 的效用达到最大。

$$U = \int_{t_0}^{t_1} U(t) \, dt(t) \tag{5-17}$$

在离散型时间模型里，第一，一般只考虑两个时期：时期 1 和时期 2，即"现在"和"将来"。第二，代表性居民在"现在"开始时，以"现在"的收入、工资、价格等信息以及对"将来"相关变量的"主观点预期"为基础，制订"将来"的消费计划。该居民在"将来"后的一切时期的效用，一般用"将来"这个时期结束时的居民所拥有的货币余额来表示。

构建我国的消费模型，我们主要借鉴余永定、李军（2000）的做法，当然，我们的模型与他们的模型有若干原则性区别，后文将详细说明这些区别。为简化分析，假定我国代表性居民的效用函数形式如下：

$$U = a_1 \log(1+\rho)c_1 + b_1 \log l_1 + \frac{1}{1+\delta}[a_2 \log(1+\rho)c_2 + b_2 \log l_2] \tag{5-18}$$

式（5-18）中，U 表示代表性居民的效用，$(1+\rho)c$ 表示消费品的消费量，ρ 表示因拉动力而增加的消费的比例，简称为拉动因子，l 表示闲暇的消费量，δ 表示时间偏好率，其值越大意味着消费者越重视现在消费的效用，未来的效用对消费者而言价值越小；反之则越大。$\frac{1}{1+\delta}$ 表示消费者未来效用的折现因子，下标 1 和下标 2 分别表示"现在"和"未来"两个时期，a_1、b_1、a_2、b_2 分别表示相应变量在总效用中的权数。

形如式（5-18）的效用函数，实际已经等于说明代表性消费者的效用函数具有可加性与可分性。在以上两式中，时期 2 并不代表时期 1 结束到居民生命完结的整个时期，仅仅代表"最近的未来"。在我们构建的模型中，分析的时间跨度不是居民的一生，而是一个阶段，因此居民的计划时域不是一生，而是"现在""未来"和"未来"结束后的一个短暂消费高峰期。由于我们假定代表性居民在"未来"结束后必须有一个要实现的给定的储蓄目标，因此储蓄目标仅仅进入效用函数的约束条件，而不进入效用函数（余永定、李军，2000）。

我国居民收入情况十分复杂，部分居民在机关、事业单位工作，部分居民在企业工作，部分居民干个体或灵活就业。由于在企业工作的居民占多数，我们就以在企业工作的居民为例来说明居民的收入情况。然而，在企业工作的居民又分为两种：一种是在国有企业工作，另一种是在非国有企业工作，或者分为在正规的企业工作，在不正规的企业工作。这两种企业的收入水平、收入构成有很大区别。下面以在国有企业工作的居民为例来说明居民的收入情况。该居民每年的收入主要由以下几部分构成：工资（岗位工资、薪级工资）、津贴（岗位津贴、业绩津贴）、补贴（价格补贴、交通补贴、住房补贴）、奖金、福利（过年过节费、防暑降温费、防寒费）与各种保险及住房公积金等。为了建模与分析的方便，我们假定所有居民的收入都由固定工资收入、利润分成和利息收入构成。我们作这种假定是基于如下考虑：在国有企业工作的居民，工资、岗位津贴、补贴、各种保险及住房公积金是较为固定的部分，由中央或地方政府颁布的标准确定，只是职务（职称）与工龄的增函数，但业绩津贴、奖金和福利则与企业利润分成高度相关。在非国有企业工作的居民，将其从企业获取的收入划分为固定工资收入与利润分成部分，也具有较大合理性。这与西方经济学中工资由劳动力市场劳动力供求状况决定不同。

鉴于以上分析，我们将一个在企业工作的代表性消费者的预算约束写为：

$$P_1(1+\rho)c_1 + S_1 = w_1 + \varphi_1 \frac{\pi_1}{n_1} + (1+i_0)S_0 \qquad (5-19)$$

$$P_2(1+\rho)c_2 + S^* = w_2 + \varphi_2 \frac{\pi_2}{n_2} + (1+i_1)S_1 \qquad (5-20)$$

以上两式中，P 表示商品的一般价格水平，ρ 表示拉动因子，S_0、S_1 分别表示居民储蓄的初始值和第 1 期结束时的储蓄余额，w 表示居民的固定工资收入，φ 表示企业利润分成给居民的比例，π 表示企业利润，n 表示企业雇用工人的数量，i_0 和 i_1 表示初始期和第 1 期的存款利率，S^* 表示在第 2 期结束时居民要达到的储蓄余额目标。式（5 – 20）中，所有带下标 2 的变量都是在第 1 期开始时已形成的预期，假定所有预期都是外生的，P_1、P_2 分别是经济体给定的。

在式（5 – 19）、式（5 – 20）中消掉 S_1，将两个预算约束方程变为一个预算约束方程：

$$P_1(1+\rho)c_1 + \frac{P_2(1+\rho)c_2}{1+i_1} + \frac{S^*}{1+i_1} = w_1 + \varphi_1 \frac{\pi_1}{n_1} + (1+i_0)S_0 + \frac{w_2}{1+i_1} +$$

$$\frac{\varphi_2 \pi_2}{(1+i_1)n_2} \tag{5 – 21}$$

由于效用函数式（5 – 18）中含有 c_1、c_2、l_1、l_2，而约束条件式（5 – 21）中仅仅含有 c_1、c_2，因而无法求解这一约束条件下的效用最大化问题。为了将 l_1、l_2 引入式（5 – 21），首先引入企业的生产函数，然后利用生产函数求出利润函数，最后用含 l_1、l_2 的表达式消去企业的利润函数 π_1、π_2。

为简化分析，将代表性企业的生产函数设定为：

$$Y_i = \min\left(\frac{N_i}{x_i}, \frac{K_i}{y_i}\right), \quad i = 1, 2 \tag{5 – 22}$$

由于在短期内资本存量是给定的，因而上式中 N_i 是唯一的变量，假定 $\frac{N_i}{x_i} < \frac{K_i}{y_i}$，式（5 – 22）可改写成：

$$Y_i = \beta \frac{N_i}{x_i}, \quad i = 1, 2 \tag{5 – 23}$$

式（5 – 23）中，β 是企业生产率参数：

$$N_i = (L_0 - l_i)n_i, \quad i = 1, 2 \tag{5 – 24}$$

式（5 – 24）中，L_0 表示一个代表性居民（工人）的工作时间，l_i 表示第 i 期该居民在工作时间内的休闲时间或偷懒时间，n_i 表示第 i 期的企业居民（工人）数。

在我国经济中，居民（工人）的工作时间是由法律规定的，一般为每天工作 8 小时，每周工作 5 天，周末双休，节假日依法休息，但企业可以根据工人工作任务的完成情况酌情安排加班，并给一些加班工资，这也具有外生性质。因为企业工人无权决定工作时间，从而增加或减少收入。当然，工人也可以在上班时间外从事第二、第三职业，延长工作时间，以增加收入。为分析方便，暂不考虑这一情况。根据以上分析，将支付规定的工作时间以及企业安排的加班时间之和看作一个常量，定义为工人最大的工作时间 L_0。由于我国的企业管理并不严格，管理上存在许多疏漏，造成工人可以偷懒，由此我们将工人的偷懒时间定义为工作时间内的休闲时间，用 l_i 表示。工人工作时间外的休闲时间由于无法用于劳动，无人支付工资，所以暂不予考虑。l_i 与居民（工人）的固定工资收入无关，但与奖金有关。$L_0 - l_i$ 表示一个代表性居民（工人）的有效劳动时间。这里先假定所有居民（工人）按同等比例分享利润，他们提供等量的有效劳动。这时，企业的利润可表示为：

$$\pi_i = P_i \left(\frac{L_0 - l_i}{x_i} \right) n_i - w_i n_i, \ i = 1, \ 2 \qquad (5-25)$$

将式（5-25）代入约束条件式（5-21），可以得到一个新的跨期预算约束条件：

$$P_1 (1 + \rho) c_1 + \frac{P_2 (1 + \rho) c_2}{1 + i_1} + \frac{\varphi_1 \beta P_1 l_1}{x_1} + \frac{\varphi_2 \beta P_2 l_2}{x_2 (1 + i_2)} = (1 - \varphi_1) w_1 +$$

$$\frac{(1 - \varphi_2) w_2}{1 + i_1} + \frac{\varphi_1 \beta P_1 L_1}{x_1} + \frac{\varphi_2 \beta P_2 L_0}{x_2 (1 + i_2)} + (1 + i_0) S_0 - \frac{S^*}{1 + i_2} \qquad (5-26)$$

式（5-26）中，P_1 表示企业商品价格，也等于一般价格水平。式（5-18）在式（5-26）的约束下，利用拉格朗日定理，可以得到如下消费函数：

$$c_1 = \frac{a_1 (1 + \delta)}{(1 + \rho) P_1} \cdot \frac{1}{a_1 (1 + \delta) + a_2} \left[(1 - \phi_1) W_1 + \frac{1 - \phi_2}{1 + i_1} W_2 + \right.$$

$$\left. \frac{\phi_1 \beta P_1 (L_0 - I_2)}{x_1} + \frac{\phi_2 \beta P_2 (L_0 - I_2)}{(1 - i_1) x_2} (1 + i_0) S_0 - \frac{S^*}{1 + i_1} \right] \qquad (5-27)$$

$$c_2 = \frac{a_2 (1 + i_1)}{(1 + \rho) P_2} \cdot \frac{1}{a_1 (1 + \sigma) + a_2} \left[W_1 + \frac{1 - \phi_2}{1 + i_1} W_2 + \frac{\phi_1 \beta P_1 (L_0 - I_1)}{x_1} + \right.$$

$$\left. \frac{\phi_2 \beta P_2 (L_0 - I_2)}{(1 + i_1) x_2} + (1 + i_0) S_0 - \frac{S^*}{1 + i_1} \right] \qquad (5-28)$$

根据式（5-27）和式（5-28），可以将"现在""未来"的消费写成下列一般函数形式：

$$c = (1 + \rho) c_i = c \left(\frac{w_1}{P_1}, \ \frac{S_0}{P_1}, \ P_1, \ P_2, \ i_1, \ S^*, \ \varphi_1, \ \beta, \ \rho \right), \ i = 1, \ 2$$

$$(5-29)$$

式（5-29）中，$\dfrac{w_1}{P_1}$表示实际工资，$\dfrac{S_0}{P_1}$表示当期储蓄余额，P_1表示当期物价指数，P_2表示下期物价指数，i表示利率，S^*表示储蓄目标额，φ表示利润分成比例，β表示企业生产效率参数，ρ表示拉动因子。

余永定、李军（2000）构建的中国消费函数与西方国家的消费函数有很大不同，也就是说，他们构建的消费函数具有"中国特色"，适合中国国情。本书构建的消费函数借鉴他们的一般做法，但也有所不同。其一，我们的消费函数，不仅考虑了消费需求侧因素的作用，而且考虑了消费供给侧因素的作用，即商品的广告、展示、陈列与促销等"拉动"消费者增加消费，以ρ来体现，这不是仅仅加入一个参数问题，而是具有更大的变革意义。以前的消费函数仅仅从需求侧来阐述消费问题，我们从需求侧与供给侧相结合的角度来阐述消费问题，会更加全面、更加科学。其二，我们的消费函数引入了企业的生产率系数，考虑了企业生产率的作用，企业的生产率会影响企业的利润。

第四节　我国宏观消费函数与计量模型设定、变量说明及数据来源

一　从微观消费函数到宏观消费函数

第三节推导出的代表性消费者（居民、工人）的消费函数仅仅是一个微观消费函数，而从微观消费函数到宏观消费函数还有很多问题需要解决。从一个代表性个体的微观消费函数到一国的宏观消费函数，有一种极为简单的处理办法，即假设一国的消费者（居民、工人）都是同质的，即效用函数和面临的约束条件完全一样，这样宏观消费函数就是微观消费函数的放大，不会有任何本质的不同，无非就是消费函数的左右两边同乘以一个居民数量而已。另外，存在一种异质性情形，使得宏观消费函数与微观消费函数相同：假设经济体中有三类不同的消费者（居民、工人），其中一类与标准的微观消费函数相同，另外两类与微观消费函数不同，但是，两类与标准消费函数不同的偏差刚好抵消，但这种可能性极小。除去上面两种情况外，宏观消费函数会变得与微观消费函数不同，问题变得异常复杂，目前尚无很好的处理办法。造成宏观消费函数与微观消费函数不

同的因素很多，如经济体中的消费者的消费阶段与消费高峰低谷不同，固定工资收入不同等。

本部分指出，如果考虑到居民（工人）的异质性，即如果考虑到不同的工人"偷懒"的程度不同，奖金在不同工人中分配的不同，那么式（5－29）中势必涉及收入分配状况对"现在"与"未来"消费的影响。于是，式（5－29）可改写成：

$$c = c\left(\frac{w_1}{P_1}, \frac{S_0}{P_1}, P_1, P_2, i_1, S^*, \varphi_1, \beta, \rho, g\right) \qquad (5-30)$$

式（5－30）中，g 表示收入分配状况。从这里我们可以看出，我们的宏观消费函数与余永定、李军（2000）的消费函数的第三点不同：我们的消费函数引入异质性工人（消费者），考虑收入分配状况对消费的影响。我们消费函数的三点改进，将使消费函数更加深入和全面，更加适合中国的消费情况。

二　宏观消费函数的计量模型设定与变量说明及数据来源

（一）计量模型设定

我们设定我国宏观消费函数的计量经济模型，见式（5－31），被解释变量为我国 1978—2012 年的名义居民消费量，解释变量与式（5－30）中的解释变量部分是一一对应的关系，部分采用的是引申变量。如将实际工资水平 $\frac{w_1}{P_1}$ 与企业利润分成比例 φ_1 综合成劳动者收入份额这一变量。

$$\ln c_t = \beta_0 + \beta_1 \ln(Laborshare)_t + \beta_2 \ln(Rtfp)_t + \beta_3 \ln(Giniefficent)_t + \beta_4 \ln$$
$$(Realsave)_{t-1} + \beta_5 \ln(Price)_t \beta_6 \ln(Price)_{t+1} + \beta_7 \ln(Interestrate)_t + \beta_8 \ln(Save-$$
$$goal)_t + \beta_9 \ln(Cityrate)_t + \varepsilon_t \qquad (5-31)$$

（二）变量说明及数据来源

1. 被解释变量

c_t：表示当年居民消费额，为名义值，通过 2013 年《中国统计年鉴》可以查得 1978—2012 年各年支出法国内生产总值中按当年价格计算的居民消费支出额。

2. 解释变量

（1）$(Laborshare)_t$：表示当年劳动收入份额。计算公式为：劳动收入份额等于劳动者报酬除以国内生产总值。1978—1992 年劳动收入份额直接引用 Huesh 和 Li（1999）估算的我国 GDP 中劳动收入份额的数据。

1993—2012 年的数据查阅《中国国内生产总值核算历史资料 1952—2004》，可以查到 1993—2004 年各年的劳动者报酬、固定资产折旧、生产税净额、营业盈余的数值。2005—2012 年以上的四项数据查阅《中国统计年鉴》2006—2013 年各期可以得到，但其中缺失 2008 年的数据。另外由于 2004—2008 年的统计口径突然发生变化，利用上述公式计算的劳动收入份额不准，我们利用时间序列趋势法对其进行估算得到这一时间段新的劳动收入份额。

（2）$(Rtfp)_t$：表示当期相对 tfp 值，以 1978 年的 tfp 为 1。相邻两年的相对 tfp 计算公式为：

$$Rtfp_t = \frac{Rgdp_t}{Rgdp_{t-1}} / Q_{t,t-1}^T$$，其中 $Rgdp$ 表示实际国内生产总值，$Q_{t,t-1}^T$ 由下式求得：

$$\ln Q_{t,t-1}^T = \frac{1}{2}(\alpha_t + \alpha_{t-1})\ln\frac{K_t}{K_{t-1}} + \left[1 - \frac{1}{2}(\alpha_t + \alpha_{t-1})\right]\ln\frac{L_t}{L_{t-1}}$$，该式

中，α 表示要素收入中资本收入份额，用固定资产折旧加上营业盈余，再除以固定资产折旧，加营业盈余加劳动者报酬计算而得。1978—1992 年的资本收入份额，用 1 减去 Huesh 和 Li（1999）估算的我国 GDP 中劳动收入份额，得到 GDP 中资本收入份额，再利用 1993—2012 年生产税净额占 GDP 的比重平均为 14.4% 推算出要素收入中资本收入份额。1993—2012 年的要素收入中资本收入份额，通过查阅 1994—2013 年各年《中国统计年鉴》查得相应数据进行计算得出，但 2004—2008 年的要素收入中资本收入份额，由于统计口径发生变化，用时间序列趋势法进行了调整。资本存量 K 通过永续盘存法计算得出，1952 年的资本存量采用张军的数据 807 亿元，折旧率取 9.216%，多数经济学者的折旧率取值在 8%—10%。劳动人口数通过查阅 1979—2013 年各年《中国统计年鉴》而得，为各年参加经济活动人口数。计算出相邻两年的相对 tfp 后，再转化成以 1978 年 $tfp =1$ 的定基相对 tfp 值。

（3）$(Giniefficient)_t$：表示当期基尼系数，是衡量收入分配不均的指标。1978—1995 年我国基尼系数直接来自黄丹、席西民（1999）对全国基尼系数的计算结果。1996—1999 年的基尼系数值来自于国家统计局邱晓华在国家统计局 2000 年重点课题研究报告中的计算结果。2000 年的基尼系数值采用国家统计局公布的数据 0.412，2001 年的基尼系数采用程永

宏（2007）的计算结果 0.433，2001 年的基尼系数采用李实的计算结果
0.454。国家统计局于 2013 年、2014 年公布了 2003—2013 年的全国基尼
系数，这里直接采用其公布的 2002—2012 年的基尼系数值。之所以采用
黄丹等研究的我国 1978—1995 年的基尼系数，是因为她们计算的我国基
尼系数与世界银行公布的我国断断续续年份的基尼系数较为接近。

（4）$(Realsave)_{t-1}$：表示上期名义居民存款余额除以当期价格指数。
通过国家统计数据库可以查得 1978—2012 年我国城乡居民各年的当年价存
款余额，除以下一年的定基居民消费价格指数（1978 年 =1），即得这一指标。

（5）$(Price)_t$：表示当年居民消费价格指数。通过查阅 2013 年《中
国统计年鉴》可以查得 1978 年、1980 年、1985 年及以后各年的居民消费
价格指数（上年 =1），对于缺失的 1979 年、1981—1984 年数据用国内生
产总值平减指数近似替代。然后转化成以 1978 年 =1 的定基居民消费价
格指数。

（6）$(Price)_{t+1}$：表示下期居民消费价格指数。查阅与计算当期居民
消费的价格指数。

（7）$(Interestrate)_t$：表示当期利率。1980—2012 年我国每年一年期
存款利率数据通过世界银行数据库可以查得，缺失的 1978 年、1979 年的
数据从中国财务总监网《中国 1978—2010 年历年通货膨胀率、一年期存
款利率、经济增长率统计表》（2011 年 2 月 20 日）查得。

（8）$(Savegoal)_t$：表示当期储蓄目标。居民为什么储蓄，前文的解释
是为了应对消费高峰的刚性支出，在这里以融资约束变量作为当期储蓄目
标代理变量，表示为 $financonst_t$。融资约束越大，储蓄目标应该越高。融资
约束压力越大，城镇农村居民越是倾向于储蓄，本书用城乡居民人民币实
际存款余额年增加额占实际 GDP 增量的比重来衡量我国居民面临的融资约
束。1978—2012 年名义城乡居民人民币存款余额通过国家统计数据库查得，
除以以 1978 年 =1 的定基居民消费价格指数可得。1978 年的当年价 GDP 在
2013 年《中国统计年鉴》上可以查得，乘以以 1978 年 =100 的按不变价计
算的国内生产总值指数除以 100 即可得到各年的实际 GDP。

（9）$(Cityrate)_t$：表示当期城镇化率，等于城镇人口除以全国总人口
数。《中国统计年鉴》上可以直接查得 1978—2012 年各年的城镇人口占
比。因商品"拉动力"而使消费者增加消费的比例，即拉动因子。用城
镇化率作为拉动因子的代理变量。因为城镇化与商品的广告、陈列与促销

从而对消费者产生购物拉动力呈正向变化。

第五节　计量结果分析

一　变量平稳性检验

通过单位根检验发现，当期居民消费、当期 GDP 中劳动收入份额、当期相对 TFP、当期基尼系数、上一期名义居民储蓄余额除以当期价格指数、当期居民消费价格指数、当期利率、当期城镇化率、当期融资约束，除融资约束是平稳序列外，其他变量均为非平稳系列。这些变量一阶差分后，除当期居民消费、上一期名义居民储蓄余额除以当期价格指数、当期城镇化率非平稳外，其他变量都是平稳系列。这些变量取对数后，除融资约束是平稳序列外，其他都是非平稳序列。取这些变量对数的一阶差分，均为平稳系列，属于一阶单整系列。检验结果置于表 5 - 4。要确定它们之间是否有真实回归关系，还需要进行协整检验。

表 5 - 4　　　我国 1978—2012 年居民消费等变量单位根检验结果

变量	ADF	结论	变量	ADF	结论
ln(c)	- 2.112791	不平稳	Δln(c)	- 3.296714 *	平稳
ln(laborshare)	- 3.070177	不平稳	Δ ln(laborshare)	- 6.402708 ***	平稳
ln(rtfp)	- 1.758034	不平稳	Δ ln(rtfp)	- 3.968165 **	平稳
ln(giniefficient)	- 0.204529	不平稳	Δln(giniefficient)	- 5.117078 ***	平稳
ln(realsave)	- 1.882465	不平稳	Δln(realsave)	- 4.557604 ***	平稳
ln(price)	- 0.887583	不平稳	Δ ln(price)	- 3.305159 *	平稳
ln(interestrate)	- 2.254372	不平稳	Δ ln(interestrate)	- 4.724778 ***	平稳
ln(financonst)	- 3.704544 **	平稳	Δ ln(financonst)	- 3.415166 *	平稳
ln(cityrate)	- 1.606786	不平稳	Δ ln(cityrate)	- 3.530789 *	平稳

注：检验采用 Schwarz Info 准则，最大滞后阶数为 8。 *** 、 ** 、 * 分别表示通过 1% 、5% 、10% 的显著性检验。

二　方程估计

以当期居民消费、当期 GDP 中劳动收入份额、当期相对 TFP、当期基尼系数、上一期名义居民储蓄余额除以当期价格指数、当期居民消费价格指数、当期利率、当期城镇化率、当期融资约束等变量取对数后的一阶差分做回归分析，运用统计软件 Eviews6.0 对式（5－31）进行估计，估计结果置于表5－5。

表5－5　　我国1978—2012年居民消费与各解释变量回归结果

	模型1	模型2	模型3	模型4	模型5
常数项	7.2347***	7.2699***	7.1701***	7.1872***	7.2108***
	(1.3113)	(1.3143)	(0.9207)	(1.3143)	(0.9108)
$\ln(\text{Iaborshare})_t$	0.4055*	0.4663**	0.4068*	0.4681**	0.3542**
	(0.2175)	(0.2104)	(0.2125)	(0.2056)	(0.1992)
$\ln(\text{Rtfp})_t$	1.3629***	1.2688***	1.3647***	1.2709***	1.3625***
	(0.2211)	(0.2032)	(0.2155)	(0.1982)	(0.1998)
$\ln(\text{Giniefficient})_t$	-0.8006***	-0.6831***	-0.8002***	-0.6825***	-0.7126***
	(0.1783)	(0.1405)	(0.1748)	(0.1377)	(0.1329)
$\ln(\text{Price})_{t+1}$					0.1457***
					(0.0231)
$\ln(\text{Realsave})_{t-1}$	-0.0046	-0.0059			
	(0.0657)	(0.0659)			
$\ln(\text{Price})_t$	0.9190***	0.9099***	0.9136***	0.9029***	0.8271***
	(0.1118)	(0.1118)	(0.0796)	(0.0792)	(0.0763)
$\ln(\text{Price})_{t+1}$					0.1457***
					(0.0231)
$\ln(\text{Interestrate})_t$	-0.0251		-0.0251		-0.0053**
	(0.0235)		(0.0231)		(0.0029)
$\ln(\text{Cityrate})_t$	1.5803***	1.6927***	1.5635***	1.6714***	1.4927***
	(0.3389)	(0.3229)	(0.2368)	(0.2158)	(0.2305)
$\ln(\text{Financonst})_t$	-0.0721*	-0.0904**	-0.0744**	-0.0934**	-0.0579**
	(0.0466)	(0.0435)	(0.0327)	(0.0278)	(0.0312)
R^2	0.9996	0.9996	0.9996	0.9996	0.9996
调整的R^2	0.9995	0.9995	0.9994	0.9995	0.9995
DW值	1.8454	1.8197	1.8448	1.8189	1.8657
F	7862.907	8939.702	9343.776	10829.41	10265.86
Prob(F)	0.0000	0.0000	0.0000	0.0000	0.0000

注：被解释变量为 $\Delta\ln$（C）。***、**、*分别表示通过1%、5%、10%的显著性水平。括号里为相应数值的标准误。

首先，被解释变量对所有的解释变量（除下期居民消费价格指数外）进行回归，得到模型 1。从模型 1 可以看出，上一期名义居民储蓄余额除以当期价格指数、当期利率的系数没有通过检验。在 1% 的显著性水平下，dl = 0.800，du = 1.847，DW = 1.8454 约等于 du 值，基本可以认为方程不存在自相关性。

其次，剔除当期利率，进行回归，得到模型 2。从模型 2 可以看出，上一期名义居民储蓄余额除以当期价格指数系数没有通过检验。在 1% 的显著性水平下，dl = 0.857，du = 1.757，4 - du = 2.243，DW = 1.8197 处于 du 与 4 - du 之间，方程不存在自相关性。

再次，剔除上一期名义居民储蓄余额除以当期价格指数，保留当期利率，进行回归，得到模型 3。从模型 3 可以看出，当期利率的系数没有通过检验。DW = 1.8448，方程不存在自相关性。

又次，剔除当期利率与上一期名义居民储蓄余额除以当期价格指数，进行回归，得到模型 4。从模型 4 可以看出，不论是方程，还是系数，都通过了检验。在 1% 的显著性水平下，dl = 0.914，du = 1.671，4 - du = 2.329，DW = 1.8189 处于 du 与 4 - du 之间，方程不存在自相关性。

最后，将当期利率的一阶差分与模型 4 中通过检验的 6 个解释变量与下期居民消费价格指数作为新的解释变量，进行回归得到模型 5。在模型 5 中，方程与所有解释变量系数都通过检验。在 1% 的显著性水平下，dl = 0.857，du = 1.757，4 - du = 2.243，DW = 1.8657 处于 du 与 4 - du 之间，方程不存在自相关性。

比较模型 1、模型 2、模型 3、模型 4、模型 5，发现结果比较稳健，因为回归方程都通过了显著性检验，而且都不存在自相关性。解释变量系数如果通过显著性检验，其值也较为接近，并且符号相同。我们认为模型 5 最优，因为该模型通过的解释变量最多，达到 7 个，而且系数的符号与理论分析的预期相同。对回归模型 5 进行协整检验，即对回归模型 5 的残差进行单位根检验，ADF = - 8.750533，残差在 1% 的显著性水平下拒绝原假设，接受不存在单位根的结论，证明被解释变量与解释变量之间存在协整关系，说明模型 5 表明的回归关系不存在因变量不平稳而导致的伪回归问题。唯一不足是，上一期名义居民储蓄余额除以当期价格指数这一解释变量没有进入回归方程。在我国这个特定的情境下，一种极为可能的原因是：居民储蓄对消费的影响具有"两重性"，一方面居民储蓄会减少当期消费，另一方面居民储蓄可能会增加下期消费。在一个经济体的某期，一部分居民可能增加当期储蓄从而减少当期消费，另一部分居民可能因为上期储蓄获得当期利息收入而增加当期的消费，对消费产生影响的两种相反力量，导致的总效果也许存在不确定性。由于模型 5 最优，所以下面的计量结果分析基于模型 5。

三　结果分析

当期劳动收入份额对当期居民消费是正向影响，系数为 0.3542，表明当期居民消费随当期劳动收入份额的增加而增加，随着当期劳动收入份额的减少而减少。这个结论与凯恩斯的绝对收入假说所说的居民消费随着收入的增加而增加，随着收入的减少而减少是一致的。但是，劳动收入份额增加，居民的消费率，或称平均消费倾向是随着增加，还是减少，则是另外一个问题。绝对收入假说的推论是，随着收入增加，居民消费增加，但平均消费倾向会递减，但在我国发现了相反的证据。从表 3 - 5 可以看出，对于我国城、乡居民平均消费倾向而言，城镇居民收入较高，但是，城镇居民的平均消费倾向、边际消费倾向多数年份是高于农村居民的。即使单独对于农村或城镇的平均消费倾向而言，边际消费倾向递减规律也是"失灵"的。从表 3 - 5 还可以看出，2000—2012 年城镇居民相邻两年间平均消费倾向的收入弹性分别为 - 38、10.7、- 18、- 7.4、- 4.7、- 13、- 7.4、- 6.5、1.43、- 4.7、- 3.7、- 6.9（以上数据单位为 10^{-6}），农村居民相邻两年间平均消费倾向的收入弹性分别为 726、45.8、0.00、9.55、129、12、- 18、- 16、15.3、- 46、7.56、- 2.1（以上数据单位为 10^{-6}），也不符合边际消费倾向递减规律。还有一些证据，如朱信凯（2005）的研究发现，随着农村居民收入水平的提高，存在边际消费倾向递增的现象。农村低收入组、次低收入组、中等收入组、次高收入组、高收入组消费的收入弹性分别为 0.3、0.44、0.46、0.5、0.59。段先盛（2009）的研究发现，2006 年城镇最低收入户、低收入户、中等偏下收入户、中等收入户、中等偏上收入户、高收入户、最高收入户的平均消费倾向的收入弹性分别为 - 0.29、- 0.19、- 0.25、- 0.34、- 0.26、- 0.19、- 0.11。因为按照凯恩斯绝对收入消费理论，随着居民收入增加，平均消费顷向的收入弹性应该为负且递增。但这两个结果却与此矛盾。

当期相对全要素生产率对当期居民消费也是正向影响，且影响较大，

系数为 -1.3625。全要素生产率对居民消费的影响存在两种主要的相反力量：全要素生产率提高，一种力量使居民消费增加，一种力量使居民消费减少。一方面，全要素生产率提高，在我国的实证结果是资本偏向性技术进步，意味着会出现"机器排挤工人"，增加工人失业，从而降低工人收入；另一方面，全要素生产率提高，导致企业利润增加，在企业利润分成比例不变的条件下，工人收入会增加。通过本书的实证研究，可以看出，我国全要素生产率的提高，第二种效应大于第一种效应，所以最后的净效应是随着全要素生产率的提高，居民消费随着增加；随着全要素生产率的降低，居民消费随着减少。

当期基尼系数对当期居民消费的影响是负向影响，系数为 -0.7126，表明一个经济体收入分配差距越大，就越制约居民消费的增加，这与绝对收入假说思想一致。举一个例子说明这个问题：一个经济社会，由两个居民组成：居民甲、居民乙，总收入 2 万元。第一种情形，2 万元在两人中平均分配，每人得 1 万。在这个社会中，维持基本生活需要花费 3500 元，过一个体面的生活要花费 7000 元，在收入绝对平均分配的情况下，两人由于"攀比"等原因，都会过体面的生活，居民消费共 14000 元。第二种情形，居民甲得 4000 元，居民乙分得 16000 元，由于居民甲较为贫困，他只追求过一种基本生活，消费 3500 元，平均消费倾向为 87.5%。居民乙由于较为富裕，追求过体面的生活，甚至再奢侈一点，消费 8000 元，两人共消费 11500 元，比第一种情形要少。第一种情形基尼系数为 0，较小，第二种情形基尼系数约为 0.4，较大。这个简单且略微有点极端的例子说明基尼系数越高，居民消费越低；基尼系数越低，居民消费越高。

当期居民消费价格指数，即模型中企业商品的平均价格对当期居民消费是正向影响，系数为 0.8271。这表明，商品价格越高，越有利于增加居民消费，商品价格越低，越不利于增加居民消费。这个结论表面上看起来与人们的直观感觉不符。其实，商品价格影响居民消费也是通过两种途径、两种相反的力量影响居民消费的。一方面，商品价格越高，居民持有的收入与财富由于价格效应会降低，这会减少居民消费；另一方面，商品价格越高，存在一定的通货膨胀，企业的经营状况会较好，企业利润会较高，企业利润中分给居民的数额会较多，这会增加居民消费。从本书的实证结果可以看出，当期居民消费价格指数对当期居民消费的净影响是正的。

下期居民消费价格指数，对当期居民消费是正向影响，系数为 0.1457。这表明，当居民预期到下期居民消费价格提高时，会增加当期商品的购买。当预期下期居民消费价格下跌时，会减少对当期商品的购买。这充分说明，价格预期对消费者的购买商品行为会产生作用。

当期居民储蓄存款利率对当期居民消费是负向影响，系数为 -0.0053，表明当期居民存款利率越高，就越会降低当期居民消费，这与我们构建的模型预期一致。因为，在我们构建的模型中，居民除当期消费外，还有一个储蓄目标。在这种情形下，当期利率越高，居民会越倾向于储蓄。这比较符合中国居民的实际。

当期融资约束对当期居民消费是负向影响，系数为 -0.0579，表明居民融资约束越大，居民的预防性倾向越强，储蓄目标越大，就越会减少当期的消费。这与我们构建的模型预期一致。我国居民的预防性动机主要来自于两个方面：第一个方面是经济体的系统性风险，如经济衰退、经济危机等；第二个方面是居民个人的不确定性风险等，包括收入风险、健康风险、养老风险、借贷风险、子女教育风险、高价值刚需商品价格波动风险等。这些风险一方面是个人的能力、素质欠缺造成的，另一方面是经济周期波动、社会保障制度不完善、基本公共资源配置不均衡等因素造成的。相信随着社会经济的发展，两个方面的风险都会下降。但就当前阶段来说，两个方面的风险都存在而且很大。这些风险的存在，会引起居民的预防性储蓄造成居民减少当期的消费。未来大额刚性支出引起的居民储蓄变化，对当期居民消费产生影响的分析与此类似。

当期城镇化率对当期居民消费是正向影响，系数为 1.4927，相对较高，这符合我们的预期。由于我国存在的典型城乡二元结构，我国农村相对于城市而言，还存在很大的差距。虽然有些发达地区的农村发展水平超过了落后地区的城市发展水平，但相对于发达地区的城市而言，仍然是相对落后的。城市基础设施完善，交通与通信体系发达，信息传递通畅快捷，商业网点众多，分布合理，购物空间高档，富有人情味，商品展示考究，促销手段花样翻新，这自然而然地会对某些消费者产生难以抵挡的诱惑和吸引力，"拉动"消费者额外消费、购物。在最近五年兴起的网络购物方面，城市比农村更是具有不可比拟的优势。

第六节   本章主要结论

本章首先从理论上简要评述了绝对收入假说、相对收入假说、生命周期—持久收入假说与随机游走假说，充分阐述了它们的优点与缺陷，并用我国数据进行了实证检验。结果发现，它们都不适合作为我国的消费函数。于是，一个重要的理论问题横亘在我们面前：我国的消费函数该如何构建？

其次，本章立足于我国消费实际，归纳了我国居民消费若干特点，这些特征是在一个较长时间段相对稳定的特点，是我们构建我国"需求侧—供给侧消费理论模型"的前提。以选择理论为基础，沿着从微观消费函数到宏观消费函数的构建思路，我们借鉴了余永定、李军（2000）构建中国消费函数的做法，尝试构建了我国居民的微观消费函数与宏观消费函数。我们构建的微观消费函数与宏观消费函数，与余永定、李军（2000）构建的微观消费函数与宏观消费函数既有联系，也有区别，而且是重大的原则性区别。我们构建的我国消费函数从消费需求侧与供给侧相结合的角度来阐释消费问题，并且引入异质性工人，从而考虑收入分配状况对消费的影响，考虑企业的生产效率对消费的作用，因而更加深入、更加全面。这种区别并不是增加或减少几个参数的简单问题，而是表明了构建理念的不同，用一种全新思想来理解、解释驱动居民消费的因素，因而这是较为重大的差异。从一定意义上来说，本书构建的我国"需求侧—供给侧消费理论模型"对于充实我国的消费理论具有较为重要的意义。

再次，我们对该宏观消费函数进行了实证研究，结果较为符合我们预期，这也从一个侧面说明了我们构建的理论模型的正确性。当期劳动收入份额、当期相对全要素生产率、当期居民消费价格指数、下期居民消费价格指数、当期拉动因子对当期居民消费是正向影响，当期基尼系数、当期居民储蓄存款利率、当期融资约束对当期居民消费是负向影响。在理论分析中，我们发现许多解释变量对当期居民消费的作用具有"二重性"，即具有两种相反的作用。通过实证研究明晰了这些解释变量对当期居民消费的总效应（净效应）。对于解释变量对当期消费的净影响结合我国实际进行了较为充分的解释和说明。这种实证研究对于更深入、更全面理解我国居民消费的决定机制、特点与问题以及发展趋势，具有较为重要的作用，为下面提出扩大我国居民消费的对策建议打下了基础。依据本书构建的宏微观消费函数模型与基于我国的实证研究结果，扩大我国居民消费能力的长期机制至少应该包括如下几个方面：一是提高劳动收入份额；二是提升全要素生产率水平；三是大力降低基民系数；四是保持适度的通胀水平；五是有效地进行通胀预期管理；六是降低居民储蓄存款利率；七是降低融资成本；八是加大商品吸引消费者力度；等等。

第六章 美国保持高居民消费率及 对我国的启示[①]

1929—2010 年，美国居民消费率可以划分为 1929—1958 年、1959—1976 年、1977—1992 年和 1993—2010 年四个阶段。1929—1958 年，美国平均居民消费率为 67.1%；1959—1976 年，美国平均居民消费率为 69.3%，平均政府消费率为 12.3%；1977—1992 年，美国平均居民消费率为 72.3%，平均政府消费率为 9.2%；1993—2010 年，美国平均居民消费率为 73.8%，平均政府消费率为 6.8%。从 1929—2010 年分时间段的平均居民消费率数据来看，美国平均居民消费率高于同期世界和 OECD 国家的平均居民消费率，处于前列水平。

第一节 美国保持高水平居民消费率的经验分析

本节从居民可支配收入占 GDP 比重、消费文化、收入均等化、社会保障制度、居民消费信贷、发达的服务业等方面剖析美国保持高水平居民消费率的原因，以作为我国扩大居民消费借鉴之用。

一 美国居民可支配收入占 GDP 比重较高是美国保持高水平居民消费率的首要原因

美国 1929—1958 年，居民可支配收入占 GDP 比重的均值为 74.0%。1959—1976 年，居民可支配收入占 GDP 比重的均值为 69.9%。1977—1992 年，居民可支配收入占 GDP 比重的均值为 72.6%。1993—2010 年，居民可支配收入占 GDP 比重的均值为 74.4%。在这四个时间段，美国居民可支配收入占 GDP 的比重经历了一个先降后升的过程，但波动幅度不大。1929—2010 年，美国居民可支配收入占 GDP 比重的均值为 72.9%，美国

---

① 参见王建军、李加奎、吴振球《美国高消费率的经验》，《宏观经济管理》2013 年第 9 期。

表 6-1　　　　美国 1929—2010 年居民可支配收入占 GDP 比重　　　单位:%

年份	居民可支配收入占 GDP 比重	年份	居民可支配收入占 GDP 比重	年份	居民可支配收入占 GDP 比重
1929	80.3	1957	69.3	1985	73.0
1930	81.8	1958	70.7	1986	73.1
1931	83.9	1959	69.1	1987	72.5
1932	83.6	1960	69.4	1988	73.1
1933	81.6	1961	70.0	1989	72.8
1934	80.0	1962	69.1	1990	73.3
1935	80.9	1963	68.8	1991	74.2
1936	80.3	1964	69.7	1992	74.7
1937	78.6	1965	69.2	1993	73.8
1938	77.2	1966	68.2	1994	73.2
1939	77.4	1967	69.1	1995	73.6
1940	75.7	1968	68.7	1996	73.5
1941	74.0	1969	68.4	1997	72.9
1942	73.2	1970	70.8	1998	73.9
1943	68.2	1971	71.1	1999	72.7
1944	67.5	1972	70.2	2000	73.6
1945	68.3	1973	70.8	2001	74.4
1946	72.6	1974	71.5	2002	75.3
1947	70.1	1975	72.5	2003	75.2
1948	70.8	1976	71.4	2004	75.0
1949	71.2	1977	70.7	2005	73.5
1950	71.5	1978	70.1	2006	74.1
1951	68.0	1979	69.9	2007	74.3
1952	67.9	1980	71.8	2008	77.1
1953	68.1	1981	71.5	2009	76.7
1954	69.4	1982	74.2	2010	76.7
1955	68.3	1983	73.6	均值	72.9
1956	69.3	1984	73.6		

资料来源: http://bea.gov/iTable/iTable.cfm? ReqID = 9&step = 1。

居民可支配收入占国内生产总值的比重较高，为美国高水平的居民消费奠定了物质基础（见表6-1）。我们认为，美国居民可支配收入占GDP比重较高是美国保持高水平居民消费率的首要原因。

二 美国消费文化是美国保持高水平居民消费率的主要原因

我国许多学者认为，美国保持高水平居民消费率的最重要的原因是美国拥有完善的社会保障与保险体系，其实不然。在1929年，美国居民消费率即达到76.3%。而在此时，美国的正式社会保障制度尚未建立。1935年8月美国通过《社会保险法》，改变了过去由民间团体自助自救或由慈善团体提供救助的传统，开始了美国"福利主义"试验。由此可见，美国高水平居民消费率源于健全的社会保障制度是站不住脚的。美国消费文化的形成有着深刻的思想根源。19世纪80年代以前，由于生产力低下与基督教教义影响，美国居民与东方国家居民一样，同样尊崇节俭。到19世纪80年代，消费主义在西方国家包括美国开始产生并逐渐流行起来，对美国消费文化的形成产生了重要影响。消费主义的产生与流行暗合了西方哲学的主流价值观。西方哲学与东方哲学在发轫之初就大异其趣。西方哲学认为，人是一种真正的"理性动物"，人类的使命就是以其体力和智力了解世界，进而征服和控制世界，成为自然界的主宰，并使其为人类服务。这种哲学思想表现在消费领域，就是主张人类有权无限制地占有和挥霍物质财富，以最大限度满足人们的感官需求（张美君，2005）。为应对20世纪30年代经济大危机而兴起的凯恩斯主义理论极端强调刺激消费需求的重要性，提出"消费即爱国"的口号，从而使消费主义在美国盛行，认为人的满足和快乐的第一要求是占有和消费物质产品。在这些社会思潮影响下，无节制地消耗物质财富得到社会认可甚至是鼓励，从而美国存在高水平的居民消费就不足为奇了。叶德珠、连玉君、黄有光、李东辉（2012）利用48个国家和地区1978—2007年的面板数据，在控制了收入等传统变量的前提下，以儒家文化虚拟变量和性生活指数作为消费文化的主要替代变量，对消费率进行回归。结果表明：文化确实是影响消费的主要因素。具体来说，居民受儒家文化影响越深，自我控制力越强，则消费率越低；受欧美文化影响越深，自我控制力越弱，则消费率越高。美国1929—2010年居民个人消费占个人可支配收入的比重高达90.2%，可以作为消费文化影响平均消费倾向的有力佐证。

表 6 - 2　　美国 1929—2010 年居民个人消费占个人可支配收入比重

单位:%

年份	居民个人消费占个人可支配收入比重	年份	居民个人消费占个人可支配收入比重	年份	居民个人消费占个人可支配收入比重
1929	93.0	1957	89.7	1985	88.3
1930	94.0	1958	89.6	1986	88.9
1931	94.5	1959	90.7	1987	90.2
1932	99.2	1960	90.9	1988	89.9
1933	99.8	1961	89.7	1989	90.1
1934	97.5	1962	89.7	1990	90.2
1935	94.3	1963	90.0	1991	89.5
1936	92.4	1964	89.0	1992	89.4
1937	92.5	1965	89.2	1993	91.1
1938	96.7	1966	89.5	1994	91.6
1939	94.1	1967	88.3	1995	91.4
1940	92.8	1968	89.3	1996	91.6
1941	86.6	1969	89.8	1997	91.7
1942	75.1	1970	88.1	1998	91.1
1943	73.8	1971	87.5	1999	93.2
1944	73.3	1972	88.6	2000	93.2
1945	78.8	1973	87.1	2001	93.5
1946	89.4	1974	87.0	2002	92.9
1947	94.7	1975	87.1	2003	93.2
1948	91.9	1976	88.4	2004	93.0
1949	93.8	1977	89.0	2005	94.9
1950	91.6	1978	88.8	2006	93.8
1951	90.3	1979	88.8	2007	93.8
1952	90.3	1980	87.7	2008	91.0
1953	90.2	1981	86.7	2009	91.4
1954	90.9	1982	86.0	2010	91.6
1955	91.4	1983	88.0	均值	90.2
1956	89.7	1984	86.5		

资料来源：http：//bea.gov/iTable/iTable.cfm？ReqID＝9&step＝1。

三 实施收入均等化政策是美国保持高水平居民消费率的重要原因

美国是市场经济较成熟的国家，收入分配的基本原则是"四位一体"公式和"欧拉分配净尽定理"，但是，市场经济的上述分配基本原则不可能解决收入悬殊的问题。于是，美国出台收入均等化政策，包括税收政策和最低工资标准政策等。

美国运用税收政策降低高收入者的收入水平，帮助低收入者提高收入水平，缩小收入差距。一是运用累进个人所得税制，收入越多，交税越多。美国 1913 年创立所得税制度。美国的个人所得税制度是世界上最有效率又最大限度关注公平原则的所得税制度。美国实行的是将纳税人全年各种所得不分性质、来源、形式等统一加总求和，统一扣除的综合所得税制，并以家庭为纳税单位，以年为纳税期限，对汇总的净所得应用累进税率计算应纳税额（潘小璐，2010）。美国个人所得税税率设计的基本原则是体现个人所得税调节收入分配的政策目标，采用小级距、高边际税率的超额累进税率。对大部分纳税人适用不太高的税率，以体现普遍纳税的精神，对高收入者采用高税率，以体现对收入水平的调节。美国当前实行 10%、15%、25%、28%、33%、35% 的六级税率制，此前税率随着国家经济、居民收入形势的变化几度改革。美国个人所得税的税前扣除科学合理，最大限度实现税收横向公平。费用扣除内容包括：（1）个人免税扣除，用来补偿劳动者的基本消耗。个人免税扣除每年根据通货膨胀进行指数化调整。（2）成本费用扣除，用来补偿个人为取得所得而花费的成本或付出的代价，包括交通费、培训费、医疗费、贷款利息和投资亏损等。（3）家庭生计扣除，用来补偿家庭生活开支。家庭生计扣除充分考虑纳税人家庭结构、婚姻状况、被赡养人口等（潘小璐，2009）。二是对奢侈品征收高消费税。美国能消费奢侈品的，大多数是高收入者，所以对奢侈品征收高消费税，也可以调节收入水平。

虽然西方经济学家普遍认同最低工资标准提高 10%，一般将使青少年就业减少 1%—3%，但美国还是坚决实施这一政策。美国联邦最低工资标准最早出现在 1938 年的"公平劳动法案"（FLSA）中。1947 年 5 月，"上班时间工资法案"修正了 FLSA。这个法案的重大意义在于它解决了一些问题，如应付工资工作时间由什么组成。随后的 FLSA 修正案扩大此法的覆盖面并提高最低工资标准。1949 年，最低工资从 40 美分每小时提高到 75 美分每小时，覆盖面扩大到航空运输业（苏坚、苏志，

2005）。同年还加入特别条款赋予美国劳工部工资和工作时间管理部门控制剥削性工作的权力。1961 年修正案大幅度提高 FLSA 在零售业的覆盖面。零售及服务业允许在得到劳工部相关证书情况下以不少于 85% 最低工资标准雇用全职学生。1961 年修正案提出了工业覆盖面的概念。这个修正案包括了年销售额超过 100 万美元的工业企业，但是法案覆盖的年销售额低于 25 万美元的个体企业可以免除责任。国会在 1966 年的修正案中进一步扩大了覆盖面，包括从 1967 年起降低覆盖企业的年销售额为 50 万美元和从 1969 年起降低覆盖企业的年销售额为 25 万美元。1966 年修正案还把覆盖面扩大到公立学校、护理行业、洗衣业与整个建筑业，农业也首次被包括在法案中，还把雇用学生条款扩大到农业和高等教育产业。1974 年，国会把非管理层的联邦、州、地方政府雇员也包括在 FLSA 中。1977 年修正案废除了适用于大农场的比其他领域低的最低工资标准。1985 年国会修正案变更 FLSA 适用于公共部门，允许州和地方政府以 1.5 倍的工资补偿雇员超时工作。1989 年的修正案设定豁免线为年销售额 50 万美元，同时适用于零售和非零售部门。1990 年国会颁布法令要求对某些在计算机领域工作的高技能专业人员超时工作豁免，但他们将得到 7.5 倍最低工资的超时工作补偿。1996 年修正案条款规定 20 岁以下新雇员在受雇后 90 天内的最低工资标准为 4.25 美元每小时，计算机领域的专业人员的最低工资标准为 27.63 美元每小时（苏坚、苏志，2005）。

美国从 1910 年以来的收入均等化政策取得了较为明显的效果。Thomas Piketty and Emmanual Saze（2003）发现，美国在 20 世纪的 50 年代观测到收入不公平在下降，继而又在 20 世纪 70 年代呈现出一个急剧相反的趋势。许多研究证明，自 20 世纪 70 年代开始美国的收入不公平不断增长。如从 1970—1984 年，最高 1% 的人的工资份额从 5% 稳定地增加到7.5%。从 1986—1988 年，最高 1% 的人的工资份额从 7.5% 猛涨到9.5%。从 1998—1994 年，最高 1% 的人的工资份额基本稳定。但是，从1994—1998 年，最高 1% 的人的工资份额从 9% 上升到 11%。20 世纪 70年代以来，美国收入不公平的程度有所增加，但直到 2010 年基尼系数仍控制在 0.45 以下。按照联合国有关组织规定：基尼系数低于 0.2，收入绝对平均；基尼系数为 0.2—0.3，收入比较平均；基尼系数为 0.3—0.4，收入相对合理；基尼系数为 0.4—0.5，收入差距较大；基尼系数在 0.5以上，收入差距悬殊。美国 1947—2010 年基尼系数一直处于 0.348—

0.444 之间，均值为 0.387，1947—1991 年，除 1989 年外，基尼系数都在 0.4 以下，收入相对合理。只是到 1992 年以后，基尼系数才大于 0.4，并逐步升高，处于收入差距较大范围。在世界同一经济发展阶段国家中，美国的收入分配差距处于中等水平。美国 1947—2010 年的基尼系数见表 6-3。

表 6-3　　　　　　　　　　美国 1947—2010 年基尼系数

年份	基尼系数	年份	基尼系数	年份	基尼系数
1947	0.376	1969	0.349	1991	0.397
1948	0.371	1970	0.353	1992	0.404
1949	0.378	1971	0.355	1993	0.429
1950	0.379	1972	0.359	1994	0.426
1951	0.363	1973	0.356	1995	0.421
1952	0.368	1974	0.355	1996	0.425
1953	0.359	1975	0.357	1997	0.429
1954	0.371	1976	0.358	1998	0.430
1955	0.363	1977	0.363	1999	0.429
1956	0.358	1978	0.363	2000	0.433
1957	0.351	1979	0.365	2001	0.435
1958	0.354	1980	0.365	2002	0.434
1959	0.361	1981	0.369	2003	0.436
1960	0.364	1982	0.380	2004	0.438
1961	0.374	1983	0.382	2005	0.440
1962	0.362	1984	0.383	2006	0.444
1963	0.362	1985	0.389	2007	0.432
1964	0.361	1986	0.392	2008	0.438
1965	0.356	1987	0.393	2009	0.443
1966	0.349	1988	0.395	2010	0.440
1967	0.358	1989	0.401	均值	0.387
1968	0.348	1990	0.396		

资料来源：http：//bea. gov/iTable/iTable. cfm？ReqID = 9&step = 1。

四　较为完善的社会保障制度是美国保持高水平居民消费率的另一重要原因

美国正式社会保障制度形成之前，社会保障主要由私人完成，政府起一定的立法督促作用。20世纪30年代美国经济大萧条时期，经济处于瘫痪状态，大批企业的倒闭使美国近1/4的劳动力失业。1935年，美国人均收入低于贫困线的人占总人口的32%。在这一特殊时期，美国实施"罗斯福新政"。1935年8月通过《社会保险法》，改变了过去由民间团体自助自救或由慈善团体提供救助的传统，开始了"福利主义"试验（张超，2010）。社会保险法包括三个部分：第一是养老金制度，第二是失业保险制度，第三是对难民、残疾、无谋生能力者提供救济。这是把救济、就业与安全等社会责任归政府承担的一个历史性转变，为此，美国政府实行转移支付政策。从1935年《社会保险法》颁布到第二次世界大战结束，保障对象由工商业工人扩展到其家属。到20世纪50年代初，社会保障的范围已经包括了农业工人、个体劳动者、州和地方政府雇员及军人。1950年、1952年美国政府两次修改《社会保险法》，增加保险覆盖范围。1965年7月，美国国会通过了《医疗保险法》，为公民提供医疗保险或医疗援助。美国政府在第二次世界大战后开始增加对教育的资助，教育开支是仅次于社会保险的主要社会保障开支项目，包括向家庭困难的学子提供奖学金、助学金，帮助其完成学业。颁布《初等和中等教育总纲》，着力消除教育的地区差异。1964年，美国颁布《食品券法》，用政府直接补贴解决低收入者生活困难问题。一系列法令和措施的实施，完善了美国的社会保障制度，有利于人民生活水平的改善和经济的发展，也有利于人民群众没有后顾之忧地、大胆地进行消费（张超，2010）。

五　较为充足的居民消费信贷资金是美国保持高水平居民消费率的又一重要原因

虽然美国居民消费率高，储蓄率偏低，政府靠借债理政，但居民消费信贷却较有保障，主要源于美国在世界分工体系与货币金融市场中的优势地位。比如，1929—2010年，美国个人储蓄率（个人储蓄占GDP之比）的平均值为5.3%，在世界各国中这一比例是极其偏低的。1981年美国债务规模近1万亿美元，2011年8月达14.3万亿美元，占美国GDP的近100%（见表6-4）。联邦政府40%的支出要靠借债来弥补。2011年8月美国将债务上限调高至16.4万亿美元（白玉珍，2012）。

在美国较为正规的消费信贷市场可以追溯到 20 世纪初期。1910 年建立的摩利斯计划银行被称为最早提供消费信贷的银行。第二次世界大战后，地理中心的不断转移和人们价值观念的更新极大地激发了消费者对产品和服务的需求。这一需求伴随着当时美国从军工转民用的趋势进一步导致了美国历史上空前的消费膨胀。截至 1949 年年底，联邦统计的消费信贷余额达到 155 亿美元（黄小军，1999）。

20 世纪 50 年代，美国经济社会稳定，市场发展，城市就业率高，职工工作稳定，可支配收入上升，消费者愿意承担信用方面义务，贷款者也乐于在就业和收入稳定环境下提供信用贷款，所以到 1959 年，消费信贷余额增长了 291%，达到 451 亿美元。

20 世纪 60 年代美国的消费者运动蓬勃发展成功地推动了消费立法、监管方面的变迁。目前美国现有的许多消费者保护性立法大多产生于那个年代。1968 年，《消费者信用保护法》颁布，随后许多新的立法出台。新法规不仅对贷款者规定了贷款公开披露方面的条件，而且允许贷款机构开发新的消费信贷产品，在更长的时期提供更大规模的贷款（黄小军，1999）。

20 世纪 70 年代以来，美国消费信贷获得了长足的发展，为美国居民保持高居民消费率立下了汗马功劳。1979 年，美联储在银行存款利率不再受监管的同时，允许各种利率可以自由浮动，导致存款成本上升，从而银行融资成本上升，继而银行消费信贷业务的毛利差收入受到严重的挤压。1980 年，美国出台《消费信贷限制计划》，其初衷是想通过惩戒那些提高无担保贷款组合的银行来压制过高的消费信贷需求。作为反动，银行则要求立法机构给予更大的自由以便通过多样化的贷款产品去满足消费者不断更新的信用需求。

20 世纪 80 年代后，美国大多数州立法授权房屋净值信用额度、多种利率消费信贷与更高的高利贷利率限额，美国经济的消费热潮随之达到顶点（黄小军，1999）。到 20 世纪 80 年代末，美国最主要的消费信贷承办者商业银行的消费信贷发放进入低潮。直到 1993 年年初，消费信贷增长才重新加速，银行的信用卡信贷仅在 1994—1995 年间就增长了 77%（黄小军，1999）。

在 2007 年美国次贷危机之前，美国的消费信贷一直较为活跃。2008年以来，美国消费信贷受到了世界金融危机的影响，出现下降。现在看来，

表 6 - 4　　　　　美国 1929—2010 年个人储蓄占 GDP 比重　　　单位:%

年份	个人储蓄率	年份	个人储蓄率	年份	个人储蓄率
1929	3.5	1957	6.0	1985	4.7
1930	3.3	1958	5.2	1986	5.0
1931	3.1	1959	5.0	1987	4.8
1932	-0.9	1960	5.9	1988	4.8
1933	-1.4	1961	5.7	1989	5.2
1934	0.7	1962	5.4	1990	5.5
1935	3.4	1963	6.1	1991	4.3
1936	5.0	1964	6.0	1992	3.8
1937	4.6	1965	5.6	1993	3.8
1938	1.5	1966	6.5	1994	3.6
1939	3.4	1967	5.8	1995	3.4
1940	4.3	1968	5.3	1996	3.9
1941	9.0	1969	6.7	1997	2.3
1942	17.6	1970	7.1	1998	2.1
1943	17.4	1971	6.2	1999	2.0
1944	17.6	1972	7.4	2000	2.6
1945	13.9	1973	7.7	2001	2.6
1946	7.0	1974	7.7	2002	2.7
1947	2.9	1975	6.7	2003	1.1
1948	4.9	1976	6.2	2004	1.9
1949	3.5	1977	6.2	2005	1.8
1950	5.1	1978	6.2	2006	4.2
1951	5.7	1979	7.0	2007	3.9
1952	5.7	1980	7.6	2008	4.1
1953	5.6	1981	8.1	2009	4.7
1954	5.2	1982	6.4	2010	5.0
1955	4.7	1983	7.5	均值	5.3
1956	5.9	1984	6.0		

资料来源: http://bea.gov/iTable/iTable.cfm? ReqID =9&step =1, 并经过计算而得。

美国金融体系较为发达，金融市场较为成熟，金融制度较为完善，市场运行较为顺畅。在整个世界还未完全走出世界金融与经济危机的阴霾之前，为保证消费信贷的顺利发行，美国银行业充分利用世界储蓄市场和世界银行债券市场进行融资。2011 年，由于标普对美国主权信用降级，投资者担忧银行业能否扛得住降级后的市场动荡和降级引致的增速放缓，美国银行业成为 8 月 8 日美股暴跌的"主力军"。然而，由于美国银行的流动性不差，融资也不存在问题，不缺大客户，远比 2008 年金融危机时的境况好得多。据《华尔街日报》称，美国网点规模第二的美国银行，吸纳了 7300 亿美元获得联邦担保的消费者存款，给它带来了丰富而廉价的融资（是冬冬，2011）。从此不难看出，即使在美国经济不景气、金融市场受惊吓情况下，美国银行直接或间接融资都是不成问题的，这就有力地保证了消费信贷资金的较为充裕和消费信贷市场的稳定发展。

六　发达的服务业是美国保持高水平居民消费率的又一重要原因

居民可支配收入占 GDP 比重高，而且居民又有高消费意愿，只能说具备了居民高消费的可能性，要将这种可能性转化为现实性，还必须具备适销对路的商品和服务供给条件。马斯洛的需求层次理论表明，人们在满足自己的需求时，总是先满足自己最基本、最必需的需求，然后向高级需求、精神需求方向发展。要满足高级需求、精神需求，必须大力发展服务业，否则高水平的居民消费是难以为继的。美国发达的服务业是美国保持高水平居民消费率的又一重要原因。1929 年以来，美国恩格尔系数逐年降低，服务业比重逐年升高。美国 1929 年恩格尔系数是 0.211，1930—1954 年，恩格尔系数在小幅波动中先降后升再降。1955 年以后，除极少数年份外，恩格尔系数持续下降，一直降到 2010 年的 0.075。从总体上看，1929—2010 年，美国恩格尔系数的均值为 0.158（见表 6－5）。1947—1958 年，美国服务业比重平均值为 58.7%；1959—1976 年，服务业比重平均值为 64.5%；1977—1992 年，服务业比重平均值为 70.5%；1993—2010 年，服务业比重平均值为 78.0%。总的来看，1947—2010年，服务业比重平均值为 68.7%。1947 年，服务业比重为 59.1%。2010年，服务业比重则高达 80%（见表 6－6）。

表6-5　　　　　　　　美国1929—2010年恩格尔系数

年份	恩格尔系数	年份	恩格尔系数	年份	恩格尔系数
1929	0.211	1957	0.199	1985	0.111
1930	0.211	1958	0.202	1986	0.109
1931	0.196	1959	0.194	1987	0.105
1932	0.185	1960	0.189	1988	0.102
1933	0.207	1961	0.186	1989	0.102
1934	0.227	1962	0.178	1990	0.102
1935	0.238	1963	0.172	1991	0.101
1936	0.243	1964	0.169	1992	0.095
1937	0.240	1965	0.168	1993	0.092
1938	0.235	1966	0.168	1994	0.091
1939	0.226	1967	0.163	1995	0.089
1940	0.223	1968	0.159	1996	0.088
1941	0.224	1969	0.158	1997	0.085
1942	0.243	1970	0.160	1998	0.082
1943	0.243	1971	0.153	1999	0.081
1944	0.239	1972	0.149	2000	0.079
1945	0.235	1973	0.149	2001	0.078
1946	0.242	1974	0.153	2002	0.077
1947	0.248	1975	0.151	2003	0.075
1948	0.239	1976	0.145	2004	0.074
1949	0.226	1977	0.141	2005	0.073
1950	0.215	1978	0.137	2006	0.072
1951	0.221	1979	0.137	2007	0.073
1952	0.221	1980	0.136	2008	0.074
1953	0.211	1981	0.132	2009	0.076
1954	0.211	1982	0.129	2010	0.075
1955	0.201	1983	0.121	均值	0.158
1956	0.199	1984	0.116		

资料来源：http：//bea. gov/iTable/iTable. cfm？ReqID＝9&step＝1。

表 6-6   美国 1947—2010 年服务业比重

年份	服务业比重	年份	服务业比重	年份	服务业比重
1947	59.1	1969	64.8	1991	74.4
1948	56.9	1970	66.4	1992	75.0
1949	59.0	1971	67.0	1993	75.4
1950	57.6	1972	66.8	1994	75.3
1951	56.6	1973	65.7	1995	75.5
1952	57.7	1974	66.4	1996	75.8
1953	57.8	1975	67.5	1997	76.0
1954	59.4	1976	66.9	1998	78.4
1955	59.1	1977	66.6	1999	78.7
1956	59.3	1978	66.6	2000	78.3
1957	60.2	1979	66.7	2001	78.2
1958	61.7	1980	67.6	2002	78.6
1959	61.6	1981	67.4	2003	78.8
1960	62.4	1982	69.1	2004	78.8
1961	63.1	1983	70.3	2005	78.9
1962	63.0	1984	69.9	2006	79.3
1963	63.1	1985	70.9	2007	79.3
1964	63.3	1986	72.3	2008	79.4
1965	62.9	1987	72.4	2009	79.7
1966	62.8	1988	72.5	2010	80.0
1967	64.0	1989	72.7	均值	68.7
1968	64.1	1990	73.5		

资料来源：http：//bea. gov/iTable/iTable. cfm？ ReqID = 9&step = 1。

第二节　美国消费经验对我国扩大居民消费的启示

2011—2013 年，我国居民消费率平均值仅为 35.97%，同我们确立的 2011—2016 年这一时间段 36.85% 的平均居民消费率合意目标相差较远。我国投资率偏高，消费率特别是居民消费率偏低的投资消费结构，在外需旺盛的条件下勉强可行。但目前世界经济不景气，世界市场对中国产品与服务的需求萎缩，在此环境下硬要维持投资偏高、消费偏低的畸形投资消费结构是不可行的，是会遭到经济规律惩罚的。从以上分析的美国保持高水平居民消费率的经验来看，结合我国居民消费实际特点，我们可以得到以下几点扩大我国居民消费的启示。

一　采取适当的财政政策、货币政策和对外经济政策，保证国民经济较快稳定增长

消费是国民收入的函数，就业是我国农村与城镇居民收入之源，要将促进就业作为农村与城镇居民增加收入主渠道。要促进就业，就必须保证国民经济以较快速度增长。据人力资源和社会保障部公告："十二五"期间，我国每年会新增就业人口 1000 万左右，国家计划"十二五"期间新增城镇就业人口 4500 万。如果我国国民经济增长速度低于 8.5%，就业就会出现大问题，继而影响社会和谐与稳定。所以，我国政府要千方百计采取各种手段，包括实施适当的财政政策、货币政策以及对外经济政策，保持我国国民经济较快增长。保持国民经济以较快速度增长不仅是一个就业（民生）问题，而且是一个扩大消费的问题。我国国民经济不仅要较快增长，而且要稳定地增长。国民经济增长速度如果大起大落，波动过大，就会增加经济发展的不确定性，引起人们对经济前景的忧虑，对扩大消费是不利的。具体来说，国民经济增长起伏过大，就会导致人们减少当期的消费，增加预防性储蓄，以平滑各期的消费。影响人们消费的因素，不仅有当期收入、当期商品价格，还有人们对未来的预期等。

二　建立居民收入增长机制，保障全国城乡居民收入稳步增长

2011 年，我国居民人均收入占人均 GDP 之比为 41.3%。居民人均收入在人均 GDP 中的比重不高，扩大居民消费就是无本之木，无源之水。居民可支配名义收入稳步增长，发挥扩大消费效应的前提是物价水平稳定，所以必须深化改革物价管理体制和重要商品价格形成机制，保障物价总水平稳定。建立居民收入增长机制，可以通过以下途径：一是在各级政府五年规划中，实施"收入倍增计划"。应尽快制定切实可行的相关政策与规章制度，建立企业工资集体谈判机制，保证收入倍增计划的如期实现。企业职工工资年增长幅度，可以以"工资指导线"为基准，也可以稍微低于"工资指导线"。二是合理确定各地方最低工资标准，并根据通货膨胀情况进行"指数化调整"，保障低收入者的合法权益。三是通过制度安排，提高劳动收入在初次分配中的比重（谭永生，2011）。通过采取综合性措施，力争在 2020 年使劳动收入在初次分配中的比重达到 55%。四是提高居民收入在国民收入分配中的比重。具体目标是争取在 2020 年使居民收入在国民收入中的比重达到 50% 左右。一方面，政府预算收入增长速度应该控制在一个合理的水平，必须低于全国城乡居民收入增长速度。同时，要提高政府对公共服务的投入，让劳动者共享经济发展成果。另一方面，要不断增加居民财产性收入，要进一步扩展城乡居民投资渠道，提高城乡居民股息、利息和红利等财产性收入（刁永作，2012）。五是适度降低宏观税负，减轻企业和居民的税收负担。六是扩大中等收入者比重。要从收入分配与再分配政策上保障中等收入阶层的成长。这个阶层将是扩大我国居民消费的"主力军"和中坚力量。

三　倡导适度、健康、绿色消费理念，以先进消费文化引领扩大居民消费

人类的消费不仅是一种仅仅满足物质欲求的行为，还包括许多精神和个性的东西，它受到文化传统、社会心理、社会价值观和消费文化的限制与引导，在某种程度上这些因素甚至左右着人们的需求倾向。我国经历了 2100 多年的封建社会和半封建半殖民地社会，在这段历史时期，在国人的精神世界里，占主导地位的思想是儒家思想。新中国成立 60 多年了，虽然新中国初步建立起了社会主义思想和文化，但是儒家思想对新中国人们的主流思想仍然有很大的影响。中国封建社会、半封建半殖民地社会低下的社会生产力和儒家思想对人们的消费思想影响十分巨大。具体来说，儒家思想影响了人们的财富观和消费观。"子承父业"使得人们偏重于父与子之间物质财富的传承。"勤以修身，俭以养德"、"成由勤俭破由奢"导致人们过分节俭，以消费与奢侈为耻。儒家思想对我国"30 后""40 后""50 后"消费影响巨大，对"60 后""70 后"影响次之，对"80 后""90 后"影响再次之，所以，"30 后""40 后""50 后"消费理念的改进尚有少许空间，"60 后""70 后"消费理念的改进有较大空间，"80 后""90 后"则可以树立起全新的消费理念。目前，从整体上看，中国人的消费现状可以描述为多数人"节俭型消费"。所谓节俭型消费是指只消费生活必需品，数量以满足人体最低需要为界线，商品档次低中档即可。在现实生活中，在利益驱使下，一些商家利用各种方式刺激人们的消费欲望，甚至不择手段地鼓动高消费。奢侈型消费观念的扩张淡化了资源使用的效率性原则和资源分配的公正性原则，更淡化了人们对同类、对生命、对自然的责任感。这也从一定意义上阻碍了人们对现实生活中消费合理性的关注。我们倡导适度、健康、绿色的消费理念，欲以这种理念为引领提高我国居民消费水平（丁青，2006）。所谓适度消费，与奢侈型消费、浪费型消费、节俭型消费相对，具有以下特征：一是消费品扩展到生活必需品之外，以与时俱进地满足人的物质需要、精神需要为限度，即以人的享受和发展为限度。二是消费数量上不以满足人体最低需要为限度，而是以人体健康、快乐为限度。三是在商品档次上，以中档商品消费为主，以消费高档商品为补充，不消费低档商品。所谓健康消费，是指人们围绕保障安全、预防疾病、增进健康所进行的消费，它包括有益于人体安全和健康的消费品和健康的生活方式两大要素，两者有机统一，缺一不可。具体来讲，就是主张人们在积极主动地保障安全、预防疾病、增进健康的思想指导下，选择、购买、使用有益于自身及家庭成员安全与健康的消费品，并通过科学、文明的消费方式来完成消费过程，提高公民及家庭成员的健康水平，提升家庭生活质量（余黎霞，2009）。所谓绿色消费，主要指在社会消费中，不仅要满足我们这一代人的消费需求和安全、健康，还要满足子孙后代消费需求和安全、健康。它有三层含义：一是倡导消费者在消费时选择未被污染或有助于公众健康的绿色产品。二是在消费过程中注重对垃圾的处理，不造成环境污染。三是引导消费者崇尚自然，追求健康，在追求舒适生活的同时，注重环保、节约资源和能源，实现可持续消费。

四 完善收入分配制度，缩小收入分配差距

我国的基尼系数到底是多少，该怎样精确计算，在我国学术界尚存在很大争议。但是，较为一致的认识是我国当前基尼系数很高，在世界处于靠前水平。2009年，我国的基尼系数为0.491（郭秀荣，2012）。国家统计局公布，2013年、2014年我国的基尼系数分别为0.473、0.469。按照联合国有关组织的标准，我国收入分配差距被认定为收入差距较大，已经到达收入差距悬殊的门槛。导致我国目前收入差距大的主要原因是城乡二元经济体制、地区经济发展差距和行业垄断。我国在2020年彻底消除城乡二元经济体制、地区经济发展差距，是不现实的，但是可以采取消除省际劳动力、资金、技术流动壁垒，破除地方保护主义等切实有效的政策措施，逐步加以消除。消除行政性行业垄断却是在短期内可以做到的。减少收入分配差距，当前应该采取的措施是：

第一，降低国有企业经理人员年薪，其年薪采取"公务员工资加风险工资"模式。国有企业经理人员承担的经营风险远没有民营企业职业经理承担的风险大，所谓国有企业经理"高风险高工资"的论调是没有理论与事实依据的。

第二，降低国有垄断企业职工收入。国有垄断企业的所有权在于人民，不在国有垄断企业。国有垄断企业职工的年收入不应由国有垄断企业决定，而应由国有垄断企业的所有者——人民，通过人民代表大会以法律形式确定，具体由国有资产管理委员会执行。国有垄断企业的利润应该以公共财政形式，让其所有者共享。

第三，发挥财政、税收和转移支付在再分配中的调节作用，着力健全调节个人收入差距的有效机制，扭转收入差距扩大趋势。争取到 2020 年，我国的基尼系数控制在 0.4 以内，处于收入相对合理范围（谭永生，2011）。

第四，坚决取缔非法收入。纪检部门必须加大经济案件查办力度，司法部门必须毫不留情地打击经济领域的违法犯罪，收缴违法所得。第五，加强税收征管，切实做到所得税应纳尽纳。特别应该重视将社会高收入者的应纳所得税款尽最大努力收缴国库，防止跑冒滴漏。

五 加快完善社会保障体系，提高公共服务供给能力

保障和改善民生，是扩大居民消费的重要途径，要加快推进覆盖城乡居民的社会保障体系建设，最终实现城乡保障全覆盖。

第一，逐步实现全社会养老保险。在城镇就业、非就业居民中全面推行养老保险的基础上，不断扩大新农保试点面，逐步实现新型农村社会养老保险制度全覆盖，并逐步提高保障水平。到 2020 年，实现城乡居民养老保险制度的统一化和高水平。

第二，逐步实现全社会基本医疗保险。在提高城镇企业职工参加基本医疗保险比例前提下，努力解决关闭破产企业退休人员和困难企业职工参加基本医疗保险的问题。进一步推进新型农村合作医疗，逐步形成完善的城乡医疗保险体系，在城乡居民中全面推行医疗保险制度。

第三，逐步实现全社会失业与生育保险。在行政机关事业单位、公有制经济组织全面推行失业与生育保险的基础上，重点提高农民工、非公有制经济组织就业人员、城镇灵活就业人员与失业人员、大学毕业待岗人员的失业与生育保险参保率，最终实现全社会参与失业与生育保险。

第四，对无就业能力者实施救助。包括对残疾人、无人抚养的未成年人、未成年人抚养的孩子等实施救助。

住房和教育支出是我国城镇居民支出中很大的两笔支出。这两笔支出如果政府予以保障，可以有效改善消费者预期。因此，实现基本公共服务均等化是扩大消费的重要支撑。为此，财政功能定位要从以经济建设为主的"建设财政"转向以民生为主的"公共财政"。

第一，要按照财权与事权相匹配的原则，在义务教育、公共卫生、公共安全、社会保障等基本公共服务领域划清中央和地方的支出责任，并通过法律形式加以明确（谭永生，2011）。

第二，要改革政府间财政转移支付制度，保障基层政府的基本公共服务供给能力。

第三，要大力提高公共服务支出占政府总支出的比重，确保教育、社会保障、就业、医疗卫生、住房保障等民生领域的支出增长快于政府总支出增长，把更多的财政资金投向城镇低收入群体、落后地区和农村的基本公共服务，有效地提高基本公共服务的可及性与均等化。

六　各地政府要树立科学发展观，切实转变经济发展方式

转变经济发展方式，保持投资与消费的合理比例，是扩大居民消费的内在逻辑要求。因为经济增长对居民消费，既有抑制作用，又有促进作用。一方面，从供给角度讲，经济增长需要扩大投资，这就要求降低消费，这表现为对消费具有抑制作用。另一方面从需求角度讲，经济增长必然导致居民可支配收入增加，这表现为对消费具有促进作用。要降低经济增长对消费的抑制作用，提高经济增长对消费的促进作用，就必须在转变经济增长方式上做文章。因此，各级党政领导要切实转变发展理念，坚持科学发展观和科学发展方式，把扩大居民消费作为长期战略目标和当前重点工作。如果一个地方的经济发展方式不转型，还是坚持原来的粗放型经济发展方式，即坚持经济增长由大量资本、能源、原材料与劳动力投入推动，那么扩大消费就是无本之木，无从谈起。一个地方的经济发展方式只有主要依靠技术进步，降低投资在经济增长中的作用，扩大消费才是有源之水，大有希望。为了促进地方经济发展方式转型，有必要调整各级党政机关评价体系和考核指标，以经济发展方式、城乡居民可支配收入增长率和居民消费率为核心指标，作为考核各级领导班子和领导干部的主要指标（丁国华，2011）。

七 加快发展消费信贷，积极推进人民币国际化

扩大居民消费，不仅有赖于社会上生产出大量产品和服务，更需要同时增加数量巨大、具有较强购买力的消费者。因此，消费信贷是提高居民消费能力的一个重要方面。消费信贷可以帮助消费者实现跨期消费，增加当期消费。我国发展消费信贷是顺应世界潮流，是大势所趋。然而我国发展消费信贷起步较晚，发展速度不快，我国 2010 年消费信贷余额仅占GDP 的 2.5% 左右（陈露，2012），我国消费信贷还有很大的发展空间。从扩大居民消费的角度看，要发展消费信贷体系，不能仅仅局限于金融系统，而应从发展消费信贷的社会角度入手，逐步提高消费金融对消费者的服务能力，规范消费金融的竞争秩序，健全消费金融法律法规等制度体系，完善征信系统等后台保障体系，保障我国消费金融持续、快速、健康发展。美国在居民储蓄不足、政府靠借债度日的条件下，能够灵活运用其在世界货币金融市场中的独特地位，使其能在世界储蓄市场和世界银行业债券市场低成本地融资，这启发我国要积极稳妥推进人民币国际化，提高人民币在世界货币金融市场中的地位，以利于我国能利用国际和国内两个金融市场，以较低的成本募集到发展消费金融所需的大量资金。千万不可认为我国现阶段居民储蓄偏高，如果我国要发展消费信贷，消费信贷资金也是充足的，没有利用国际金融市场的必要。

八 积极调整产业结构，大力发展服务业和提高商品供给及流通服务质量与水平

据世界银行数据，2014 年我国人均 GDP 为 7594 美元（当年价），第一、第二、第三产业比重分别为 9.16%、42.64%、48.19%。多米尼加（6076 美元，当年价人均 GDP，下同），第一、第二、第三产业比重分别为6.21%、26.94%、66.85%；塞尔维亚（6153 美元），第一、第二、第三产业比重分别为 9.69%、29.80%、60.51%；秘鲁（6594 美元），第一、第二、第三产业比重分别为 7.45%、36.79%、55.76%；格林纳达（8299 美元），第一、第二、第三产业比重分别为 6.60%、14.23%、79.17%。

由上述数据可以看出，同世界上与我国基本上处于同一发展阶段的国家相比，我国第三产业比重偏低，所以，我国当前必须积极调整产业结构，将大力发展第三产业作为经济发展工作的重中之重。第一，要大力发展与第二产业相关的生产性服务业，为第二产业发展服务，为提高第二产业全要素生产率服务。第二，大力发展方便群众生活和满足群众文化精神

需要的生活服务业，培育文明健康的高端消费需求（卞靖，2012）。第三，鼓励拓展新的服务消费领域，特别是文化、旅游、休闲、健康、美丽等服务消费，进一步放宽服务业准入，积极发展服务贸易。

扩大居民消费，不仅要从需求方面使劲，而且要从供给方面下功夫，主要要做好以下工作。第一，大力推进城镇化。2013年，我国的城镇人口比重为53.73%。与农村相比，城市的消费便利、消费环境、流通效率、流通产品结构等具有无可比拟的优越性。第二，生产多样化、高质化的商品。加大技术创新和产品开发力度，增加商品种类，丰富商品品种，提高商品档次和质量，满足消费结构升级的需要。第三，重塑商品流通体制，提高流通效率和竞争力。要改变分散管理的行政体制和市场体系，构建包括供应链、产业链、服务链、信息链和生产商、物流商、批发商、零售商在内的商贸流通共同体，把各方面的政策配合起来，把各方面的规划协调起来，把各方面的资源整合起来，提高流通效率和流通整体竞争力（丁国华，2011）。第四，加强市场监管。加强市场信息体系建设，及时准确反映市场供求关系和价格动态，引导市场行为。加强产品，特别是食品药品质量与卫生安全监管，提高消费者消费安全感。加强流通秩序商品价格和计量监管，提高消费者消费信任感。加强市场投诉管理，协调和处理市场涉法案件，依法保护各方权益。第五，改善消费环境。加大城乡消费环境建设投入，改善城镇基础设施和购物场所装修及周边设施，使消费者有一个满意、舒心与放心的购物环境。

第七章　日本经济高速增长时期刺激居民消费研究及对我国的启示

第二次世界大战后初期，日本国民经济在战争中遭受重创，生产急剧下降，物资极度匮乏，通货膨胀严重，对外贸易中断。1948年，美国对日政策发生变化，由原来的制裁转向扶植日本恢复势力。在美国的扶植与援助下，1955年日本经济完成重建。1956—1973年，在这十八年时间里，日本国民经济以年均大约10%的速度高速增长，创造了"日本奇迹"，史称"经济高速增长时期"。与此同时，日本国内发生了一场著名的消费革命。1960年版日本《经济白皮书》指出："和技术革命一样，消费革命也是经济发展的主要动力。"日本经济高速增长时期，在绝大多数年份净出口率低于10%情况下，依靠国内需求特别是国内消费需求，实现了经济高速增长，对于我国当前经济发展，具有重要借鉴意义。

第一节　日本经济高速增长时期居民消费及特点

1950年，日本居民消费占GDP比重为55.92%，1953年达到1950—1973年这二十四年间的峰值，为64.24%，其后两年逐渐下降。1956—1973年，从总体上看，居民消费占GDP比重呈现下降趋势。

一　日本经济高速增长时期，消费占GDP比重在小幅波动中下降，最高值与最低值相比，下降13.41个百分点

1950年，日本消费占GDP比重为70.19%；1955年，这一比重上升至72.49%，1956年，这一比重下降至71.92%，一直到1973年，这一比重呈现下降趋势。1956—1973年，日本消费占GDP比重的均值为64.68%。1956年的比重最高，为71.92%，1972年的比重最低，为

58.51%，降低 13.41 个百分点，降幅达 18.6%。与此相反，日本投资占
GDP 比重，则从 1958 年开始，呈现出上涨趋势。1956—1973 年，日本投
资占 GDP 比重的均值为 27.49%。1958 年的比重最低，为 18.52%，1973
年的比重最高，为 36.03%，上涨 17.52 个百分点，涨幅高达 94.6%（见
表 7-1）。可以说，日本消费比例的下降，是由投资比例上涨引起的。

表 7-1　　　　　　日本 1956—1973 年消费、投资占 GDP 比重

年份	1956	1957	1958	1959	1960	1961	1962	1963	1964
消费占比	71.92	71.26	71.04	69.63	67.99	67.22	66.27	66.30	65.02
投资占比	18.68	21.43	18.52	20.30	23.39	26.24	25.59	26.59	27.73
年份	1965	1966	1967	1968	1969	1970	1971	1972	1973
消费占比	64.92	64.20	63.38	60.90	59.64	58.54	58.55	58.51	58.95
投资占比	26.40	27.17	29.79	31.73	32.90	34.96	33.36	34.05	36.03

资料来源：https：//pwt. sas. upenn. edu/php_ site/pwt71/pwt71_ form. php。

二　日本经济高速增长时期，居民消费占 GDP 比重呈现下降趋势，最低值与最高值相比，下降 9.05 个百分点

1950 年，日本居民消费占 GDP 比重为 55.92%，1955 年，这一比重
在经历 1953 年的最高值 64.24% 后，下降至 61.99%。这一比重从 1956
年开始，除极少数年份小幅上升外，其他年份都是下降的。1957 年这一
比重最高，为 62.17%，1971 年这一比重最低，为 53.12%，两者相差
9.05 个百分点，降幅达 14.6%。1956—1973 年，居民消费占 GDP 比重的
均值为 57.41%。相应地，这一时期政府消费占 GDP 比重的均值为
7.27%（见表 7-2）。

三　日本经济高速增长时期，居民消费占总消费比重呈上升趋势，最高值与最低值相差 5.08 个百分点

1950 年，居民消费占总消费比重为 79.67%，1955 年，这一比重
上升至 85.52%。1956 年，这一比重继续上升至 86.42%，此后一直到
1973 年，这一比重呈现出上升趋势。这一比重的最低值出现在 1956
年，为 86.42%，最高值出现在 1973 年，为 91.50%，两者相差 5.08
个百分点，涨幅为 5.9%。1956—1973 年，居民消费占总消费比重均值
为 88.86%。同一时间段，政府消费占总消费比重的均值为 11.14%。

这一时期，政府消费占总消费比重的下降，是居民消费占总消费比重上升的直接原因。

表 7 - 2   日本 1956—1973 年居民消费、政府消费占 GDP、总消费比重

年份	1956	1957	1958	1959	1960	1961	1962	1963	1964
居民消费/GDP	62.15	62.17	61.87	60.63	59.69	59.19	58.26	58.39	57.58
政府消费/GDP	9.77	9.09	9.17	9.00	8.30	8.03	8.01	7.91	7.44
居民消费/总消费	86.42	87.24	87.09	87.07	87.79	88.05	87.91	88.07	88.56
政府消费/总消费	13.58	12.76	12.91	12.93	12.21	11.95	12.09	11.93	11.44
年份	1965	1966	1967	1968	1969	1970	1971	1972	1973
居民消费/GDP	57.57	57.08	56.75	54.60	53.71	53.27	53.12	53.33	53.94
政府消费/GDP	7.35	7.12	6.63	6.30	5.93	5.27	5.43	5.18	5.01
居民消费/总消费	88.68	88.91	89.54	89.66	90.06	91.00	90.73	91.15	91.50
政府消费/总消费	11.32	11.09	10.46	10.34	9.94	9.00	9.27	8.85	8.50

资料来源：https：//pwt. sas. upenn. edu/php_ site/pwt71/pwt71_ form. php。

第二节   日本经济高速增长时期刺激居民消费的经济与社会政策分析

一般认为，1945—1955 年是日本经济"复兴期"。1951 年，日本国民生产总值达到战前水平。同年，《旧金山合约》签订后，美国名义上结束了对日本的军事占领。日本政府在实现"经济自立"口号下，大力推进经济结构改组与基础工业建设。1956—1973 年，日本消费在 GDP 中所占比重均值为 64.7%，其中，居民消费在 GDP 中所占比重均值为57.4%，政府消费在 GDP 中所占比重均值为 7.3%，投资在 GDP 中所占比重均值为27.5%，净出口在 GDP 中所占比重均值为 7.8%。从全世界范围来看，与跟日本处于相同发展阶段的国家相比，这一比例可以说消费与投资结构是优化的。1956—1973 年，是日本实现国民经济现代化、全面赶上世界先进水平的时期。在这一关键性时期，进行大规模固定资产投资和技术革新是必需的。1956—1964 年，日本围绕重化工业，进行了大

规模的设备投资与更新。1965—1973 年，日本在继续大量引进外国先进技术的同时，加快了本国独立研制工艺技术的步伐。在投资增加是刚性的条件下，日本采取了一系列经济与社会政策，刺激了居民消费绝对量的增加。虽然日本居民消费在 GDP 中所占比重呈现下降趋势，但消费与投资的比例总体上来讲是协调发展的。

一　实施"国民收入倍增计划"，为扩大消费奠定收入基础

由于政府与企业过分注重积累与投资，所以，20 世纪 50 年代日本居民收入与消费极低，产品大量积压，失业率不断上升，劳资关系紧张。面对这种经济状况，池田勇人内阁在深入调查研究基础上，根据日本经济学家、经济高速增长代表人物下村治理论提出国民收入倍增计划，于 1960 年 12 月 27 日由内阁会议通过实施。需要指出的是，国民收入倍增计划中的倍增，并不是指人均可支配收入的倍增，而是指人均国民收入的倍增，两者有很大的差别。根据最初的计划，当人均国民收入实现倍增以后，人均可支配收入比基期增长 65%（扣除通货膨胀因素）。这一计划的实施年限是 1961—1970 年，为期 10 年。这一计划的宗旨是：经济达到最大程度的增长；提高人民的生活水平；实现充分就业；消除日本经济结构不平衡状况（鲍泽宣，2009）。这一计划的目的是：10 年后实现国内生产总值与人均国民收入增长 1 倍以上。具体要求是：国内生产总值与国民收入年均增长速度为 7.8%，人均国民收入年均增长速度为 6.9%。由于该计划契合了当时日本经济发展状况，加上政府的高度重视与大力推进，仅用 7 年时间就达到该计划规定的基本目标，即 1967 年，实现了人均国民收入增长 1 倍的基本目标。在此期间，国民生产总值和国民收入的实际年均增长率达到 11.6% 和 11.5%。人均国民收入按市场价格计算，从 1960 年的 395 美元，增加到 1970 年的 1592 美元。1960—1973 年，日本人均实际国民收入甚至增加两倍。为了增加个人可支配收入，从 1961 年开始，每年个人收入调节税和企业税共减免 1000 亿日元。10 年间实际工资平均增长 83%（百度文库）。

人均国民收入的增加，首先表现为工人工资的增加。这一方面是劳动力供不应求造成的。"神武景气"与"岩户景气"时期，企业年投资增长率高达 20% 以上，企业的扩张带来了大量就业机会，导致劳动力特别是年轻的低学历劳动力严重不足（袁仕正、杜涛，2010）。另一方面是工人们自觉斗争的结果。1955 年，八个大型工会发起"春斗运动"，要求涨工资。这一运动延续多年，最终以工人的胜利而告结束，资方被迫增加工人工资。20世纪50年代中后期到60年代初期，工人平均工资的年增长率约为13%，1965—1973年则高达14%。其次表现为农民收入的大幅增加。一方面，日本制定《农业基本法》与《农业现代化资金助成法》，旨在提高农产品收购价格与推动土地规模化经营。另一方面，大力发展农村副业，农民逐渐从兼营副业过渡到以副业为主。农产品收购价格与农业生产经营效率的提高，农村副业的发展使农民收入大幅提高。日本人均国民收入的增加，一个最直接的结果是：1961—1970年，在日本投资占GDP比重高达28.91%的情况下，居民消费占GDP比重保持在56.64%的较高位置上。

二 "消费革命"导致思想观念改变，带来合理消费理念

1956—1973年，随着国内经济的恢复和发展，日本国内悄然发生了一场"消费革命"。1960年，"消费革命"一词首次出现在日本《经济白皮书》中，它反映了当时日本国内消费家用电器热潮（袁仕正、杜涛，2010）。其后，这一概念便流行开来，专指消费热潮。"消费革命"对人们的影响没有对经济增长那样直接与迅速，它对人们思想观念的影响是潜移默化的。它的后果是给日本国民带来了思想观念的改变，特别是消费观念的"革命"。在"消费革命"浪涛的冲击下，日本民众的政治参与热情消退，物质消费热情高涨，这在20世纪60年代表现得极为明显。消费革命前，日本与中国一样，同属东亚国家，受儒家思想文化影响较深，一般民众崇尚"勤以修身，俭以养德""节约是美德""崇俭耻奢"等信条，消费观念较为保守。但在消费革命前夕，日本的报纸、刊物、电视与电影等各种媒体，就开始大量介绍美国人的富裕生活，令日本人十分向往。消费革命时期，日本电视台大量播放美国电视剧，美国中产阶级的生活让日本民众羡慕不已。在大众传媒的"猛烈攻势"与引导下，与以前截然相反的新消费观念在全国范围内广泛而迅速地传播，并且日渐深入人心，从而导致民众的消费观念发生了"质变"。"消费是美德"成为日本民众日益普遍接受的消费观念。并且在经济高速增长预期的鼓舞下，一般民众的消费预期是乐观的。在这种消费情绪的牵引下，民众消费越发有信心，越发大胆，从而促进了消费的进一步增加。

三 产业结构优化升级引起价格骤降，推动消费结构升级

在日本国民经济政策与产业政策指导下，日本企业大力引进欧美先进

的生产设备、生产技术与管理经验，实行规模化经营，极大促进了全要素生产率的提高，实现了产业结构的优化升级。全要素生产率的提高，使得耐用消费品价格大幅下降。如日本引进美国福特公司的自动化生产技术，使小汽车价格大幅下降（袁仕正、杜涛，2010）。1955 年小汽车的价格为80 万日元，是人均年收入的 2.6 倍。1975 年小汽车名义价格虽涨至 96 万日元，但仅占人均年收入的 34%，降幅高达 86.9%。在产业结构优化升级与合理消费观念的双重推动下，消费结构升级势成必然。20 世纪 50 年代中期至 20 世纪 60 年代中期，日本民众争相购买"三件神器"——黑白电视机、洗衣机和电冰箱，仅用十多年时间，这"三件神器"便在日本城乡家庭中迅速普及。

　　从 20 世纪 60 年代中期起，新一轮消费热潮再次掀起，人们消费的重点是"3C"——彩电、小汽车与空调。据统计，1975 年，日本彩电的普及率达到 91%，小汽车的普及率达到 37%，空调的普及率达到 20%。日本空调普及率最低的首要原因是日本住房条件一直没有改善，一些有能力购买空调的家庭因无处安装空调只好作罢。消费革命时期，除"三件神器"与"3C"外，广大家庭消费者主要消费的家用电器还有电饭煲、吸尘器、电热毯、收音机、录音机等，涤纶等主要服装材料，方便面等快餐食品，肉奶等动物性蛋白质，厨房用清洗剂与塑料制品，维生素剂也是日本家庭消费的重点。

表 7 - 3　　　　　　　日本 1956—1973 年相对全要素生产率

年份	1956	1957	1958	1959	1960	1961	1962	1963	1964
TFP1	0.3580	0.3559	0.3750	0.3744	0.3865	0.4068	0.4196	0.4274	0.4479
TFP2	0.4240	0.4261	0.4318	0.4486	0.4726	0.4999	0.5198	0.5412	0.5763
年份	1965	1966	1967	1968	1969	1970	1971	1972	1973
TFP1	0.4501	0.4646	0.4879	0.5137	0.5514	0.7210	0.7207	0.7406	0.7384
TFP2	0.5836	0.6104	0.6346	0.6739	0.7222	0.9247	0.9166	0.9455	0.9576

　　资料来源：http://citaotest01. housing. rug. nl/FebPwt/Dmn/AggregateXs. mvc/PivotShow#，TFP1是与美国 TFP = 1 相比较的比值，TFP2 是与日本 2005 年 TFP = 1 相比较的比值。

四　推进地方工业与基础设施发展，缩小地区差距

日本进入经济高速增长期后，地区差异一度呈现扩大趋势。有一组数

据可以说明：日本排名前五位与后五位县的人均收入差距，1955 年为 2.1
倍，但到 1961 年扩大到 2.4 倍。地区差异的扩大，不利于区域协调发展、
经济高速增长与社会稳定。为了解决地区差异问题，日本池田内阁、佐藤
内阁先后于 1962 年、1969 年制订《全国综合开发计划》《第二次全国综
合开发计划》，推进地方工业发展，加快地方高速铁路、高速公路建设。
这些经济开发计划的贯彻落实有力缩小了日本地区差异。如日本排名前五
位与后五位县的人均收入差距，1965 年下降到 2.1 倍，20 世纪 70 年代继
续下降到 1.6 倍。同 1955 年相比，降幅达 23.8%。地区差距缩小，既有
利于区域协调发展，又有利于区域收入差距的降低。

五　增加中产阶层人数，降低收入分配差距

经济高速增长时期，日本企业的大量投资激活了劳动力市场，使得劳
动力供不应求，加上工会在工人工资决定方面谈判能力增强，使得工人工
资大幅增加。农民实行集约化经营与主营农村副业，导致农民收入大幅增
加。到 20 世纪 70 年代，农民生活水平反超城市居民，使日本收入分配差
距缩小，还有一个非常重要的原因是中产阶级，即核心家庭人数大量增
加。随着城市化进程的加快，核心家庭特别是"团地族"增多。所谓
"团地族"，特指当时购买新式公寓（团地住宅）的城市白领。"团地家
庭"是核心家庭中较富裕者。1955 年，日本的家庭数量、核心家庭数量
分别为 1796 万户、920 万户，但是，到 1975 年，分别增加到 3214 万户、
2145 万户。团地族收入较高，是"家庭生活电气化"的倡导者，在增加
居民消费方面起到了示范与带头作用。

六　完善消费信贷，提高居民购买力

分期付款是消费信贷的一种形式，实际上是透支未来购买力，满足居
民当前的消费欲求。这有利于提高居民当前的购买力。分期付款在战前已
经在日本少量出现，战后得到进一步发展，进入经济高速增长时期得到大
力发展。在经济高速增长时期，其销售额的增速超过商品零售额的增速。
1960 年，日本开始发行信用卡。1966 年，通过引入计算机管理，完善并
扩大了这种销售形式。20 世纪 60 年代后期，人们开始用这种销售方式购
买小汽车。

七　加强社会保障建设，解决后顾之忧

日本社会保障制度的种类很多，覆盖社会生活的各个方面。其中，养
老保险、医疗保险、失业保险、工伤保险与生活保障制度是其主要内容。

日本的年金制度，是年老的保障、因事故丧失劳动能力后的保障与一家之主死亡后对其遗族的保障。20 世纪 50 年代后期到 60 年代，日本纷纷创建各种年金制度。基本上每个国民都有一项政府年金。日本的医疗保险制度是通过强制手段，使全体国民参加某种医疗保险组合。当其发生疾病、伤残（因工伤残除外）等意外事故时，能够通过社会互助的方式，减轻个人负担与损失，在治疗上得到充分的保障（沈美华，2005）。1961 年，日本的国民大都参加了各种医疗保险。战后日本的失业保险制度是在失业状况极端严重的情况下出台的，日本政府于 1947 年公布《失业保险法》，当时失业保险法只适用于雇工在 5 人以上的主要行业的一些用人单位，以后范围逐步扩大。失业保险金的支付标准大致相当于失业人员日工资标准的 40%—80%，支付天数一律为 180 天（沈美华，2005）。1955 年，国会对《失业保险法》进行了调整，将失业保险金支付天数确定为 90—270天。1947 年，日本实施《工伤补偿保险法》。工伤事故补偿分为六种：私营企业职工工伤事故补偿，船员工伤事故补偿，国家公务员工伤事故补偿，地方公务员工伤事故补偿，中央和地方直属企业职工工伤事故补偿，公共企业职工工伤事故补偿等。参加了工伤保险的企业与单位，一旦员工发生工伤，费用一般由基金全部支付，雇主不承担费用。工伤保险费用全部由雇主缴纳，国库在必要时给予补贴。雇员一般不缴纳工伤保险费（沈美华，2005）。日本的生活保险制度，即对贫困者进行最低生活保障制度，由国家出资救助。生活保障的内容包括七项扶助：生活扶助、教育扶助、住宅扶助、医疗扶助、分娩扶助、生业扶助、葬祭扶助。所谓教育扶助，是指针对家庭子女的教育费出现困难时，由政府根据中、小学校的收费标准，在教材费、学校伙食费、上学交通费等方面予以补助。所谓住宅扶助，低收入家庭的房费、房租或修理费等方面出现困难时，由政府给予补助。所谓医疗扶助，指当接受生活扶助的人生病或受伤时，以及因支付医疗费使收入低于最低生活标准时，由政府指定医疗机构或支付现金给以帮助（沈美华，2005）。

第三节　日本刺激居民消费的经济后果

日本刺激居民扩大消费，使企业投资生产出来的商品找到销路与消费者，实现价值与价值补偿，使社会化再生产得以顺利进行，并且扩大了再生产。同时，消费具有引领社会生产的功能，对生产具有反作用。在生产与消费互动中，社会经济发展进入一个良性循环，产生了一些人们需要的经济后果。

一　内需扩大，跨越"中等收入陷阱"

从居民最终消费占国内生产总值比重看，1956—1973年，居民消费占国内生产总值比重的均值为57.4%。从居民最终消费增长看，1956—1973年，居民最终消费的实际年均增长率始终保持在9%左右，占总需求增长的55%左右，说明内需在日本经济高速增长时期已成主导力量。从居民消费在实际国内生产总值中的贡献率来看，1956—1973年，居民消费对国内生产总值增长率的贡献超过了住宅投资、企业投资、进出口与政府支出等因素。1956—1973年，实际GDP年均增长率为10.4%，其中居民消费的贡献率占57%，住宅投资占9%，企业投资占17%，政府支出占11%，进出口占6%。日本消费革命极大扩大了内需，从而促进了经济长期持续增长，进而跨过了"中等收入陷阱"。

二　经济高速增长，国际经济地位提升

1956—1973年，日本国内生产总值与国民收入高速增长。按照购买力平价下2005年美元不变价计算，日本1955年的国内生产总值为284782万美元，1973年的国内生产总值为1683621万美元。1973年的国内生产总值是1955年的5.9倍，18年间实际年均增长10.4%。这种长期的、持续的高速增长在世界资本主义经济发展史上是少见的，这一增长速度在同期世界上主要资本主义国家中是最高的。1956—1973年，日本经济发展大体上分两个阶段，第一个阶段是1956—1964年，第二个阶段是1965—1973年。1964年的实际国内生产总值比1956年翻了一番，实际年均增长约9%。1965年，日本经济曾经出现萧条，但政府采取"反危机"措施后，从1966年起出现繁荣局面。1965—1973年，日本国内生产总值实际年均增长11.9%。日本通过这段时间的经济高速增长，在资本主义世界中的经济地位飙升，1968年，国内生产总值已先后超过法国、联邦德国，成为资本主义世界第二大经济体，仅次于美国。日本国民生产总值占资本主义世界的比重，1950年只有1.5%，1980年骤增为13.3%。

三　技术进步加速，取得世界公认领先地位

1956—1973年，日本的技术进步一方面依靠引进外国的先进技术设备，并且进行消化、吸收与改进，另一方面是依靠自主研发与创新。1956—1964 年，技术进步主要靠第一种方式。1965—1973 年，技术进步主要靠后一种方式。"消费革命"一方面导致耐用消费品日渐普及，另一方面催生了一些新的消费热点领域，继而引发新的生产与投资。1956—1964 年，在耐用消费品日益普及的同时，汽车、电机、电子、合成树脂、合成橡胶、石油化工等新兴工业部门投资大幅增加。这些工业的发展反过来又促进了机械、钢铁等基础工业部门的投资。投资是通过引进设备的方式进行的。在大规模设备投资热潮中，引进外国先进技术的范围更广、速度更快了。比如，1956—1961 年，日本引进外国技术 2273 项，引进的外国先进技术主要来自美国和欧洲发达国家，而且 80％ 以上是工业基础技术。日本引进外国先进技术后，并不是原地踏步，而是进行消化、吸收与改进，因而较快地缩短了与世界先进水平的差距。后来，日本并不满足仅仅从国外引进先进技术，而是选择了一条"引进加创新"的道路。1965—1973 年，日本在大量引进外国先进技术的同时，加大了本国独立研制工艺技术的力度。比如，1964—1973 年，日本的科研经费大幅增加，大约增长 3 倍。20 世纪 70 年代初期，日本每万人中有 21 名自然科学家和工程师，仅次于美国。由于科研力量增强，日本的技术进步加快，新技术、新产品、新工艺增多，在民用消费品领域特别明显。到 20 世纪 70 年代初期，日本在生产技术上达到世界一流水平，在高速计算机、彩电、照相机、手表、录像机、电子显微镜等方面取得技术上世界公认的领先地位。

四　工业企业生产向巨型化发展，有效发挥规模经济效应

1965—1973 年，在经济总量地位迅速提升、技术水平快速进步的前提下，日本为了增强工业品的国际竞争力，在机械、电力、钢铁、石油化工等基础工业方面向巨型化方向发展。三者相互转化、相互作用、相互促进。1967 年，日本的国民生产总值超过英国和法国。次年，又超过联邦德国，成为世界上仅次于美国、苏联的第三大经济体。为了实现巨型化，日本一方面采取合并、改组手段，另一方面在太平洋沿岸填海造地，新建一大批令世界瞩目的巨型工厂。1970 年，日本的发电、钢铁、汽车、机床、船舶、化纤、水泥、塑料、纸张等产量要么世界第一，要么世界第二。企业生产规模的巨型化发展，不仅对日本从经济上技术上全面赶超世界先进水平起到关键性作用，而且能够有效发挥规模经济效应，降低产品

单位成本和价格，为刺激居民消费提供条件。

五　产业结构升级优化，实现国民经济结构现代化

日本是后起的资本主义工业国，第一产业比重向来较大，第二产业也是少量技术先进的大企业与众多技术落后且分散的中小企业并存，形成所谓的"双重经济结构"，第三产业比重较小。经济高速增长时期，这种落后的产业结构发生了质变，最终实现了产业结构现代化。在第一产业，日本政府为实现农业现代化提供大量投资、贷款和补贴。到20世纪70年代初，日本农业基本实现机械化、水利化、化肥化和良种化，每公顷土地的作物单产居世界前列。在第二产业，原来日本的大企业与中小企业一直竞争、对抗。20世纪60年代以来，日本实行以大企业为中心的系列化政策，使这些中小企业以大企业为核心组织起来，成为大企业的协作单位，为其提供零部件，在价值链上分得"一杯羹"。这样便于中小企业采用新技术，并在设备与管理上实现现代化，同时也成长为大量出口产品的工业部门。1955年日本第一产业，就业人员占总就业人员的比重为41%，1975年下降为13.8%。第二产业1955年就业人员占总就业人员的比重为23.5%，1975年上升为34.1%。工业中重化工业就业人员比重由1955年的42.7%上升为1970年的68.9%。第三产业就业人员占总就业人员的比重1955年为35.1%，1975年上升为52.1%。

六　对外经济发展迅速，改变长期外贸逆差被动局面

1956—1964年，日本随着重化工业的推进，对外贸易大幅增加。1956—1964年，日本出口贸易年均增长13.5%，高于同期其他主要资本主义国家的水平。出口商品的构成也逐渐升级：1955年出口商品中比重最大的是纺织品，占37.3%；1960年是钢铁，占34.2%；1965年是船舶与机械，占31.2%，而同年纺织品比重下降为13.5%，出口中重化工业产品占62.4%。1965—1973年，日本对外贸易继续大幅增加。重、化工业产品出口比重从1965年的62.4%上升到1973年的78%。而且由于实行大批量生产，重视技术革新，工业产品的国际竞争力大大增强，逐渐击败欧美竞争对手，占据上风。1965年，日本在对外贸易中开始实现顺差，以后基本上保持了这一局面，改变了战后相当长时期外贸逆差的被动局面。20世纪60年代中期以后，日本资本输出也迅速增长，日本资本输出首先集中在亚非拉等第三世界国家，投资范围涉及采矿、轻纺与化学工业等。20世纪70年代后，日本对外直接投资发生了变化，日本对欧美的直

接投资大量攀升。

七　经济收入平等化，有效降低再分配基尼系数

日本经济高速增长时期，居民收入分配差距是下降的。这既是市场经济运行的结果，又是政府主动调控、经济活动主体相互博弈与斗争的结果。

首先，在日本企业大量投资驱使下，劳动力市场供不应求，加上工人增加工资的斗争，迫使资本家增加工人工资。

其次，农村农民实行土地规模化经营，以副业为主，政府实施重要农产品支持价格政策也使农民收入大幅增加。工人、农民以及公务员等收入的增加，产生了许多"中产阶级"，日本社会日益"中产阶级化"。

再次，日本的劳动报酬水平不断提高，在国民收入初次分配中占国民收入比重逐步增加，有效地促进了国民收入的公平分配。如1961年，初次分配的劳动报酬在国民收入中的比重为49.3%，1970年上升为54%。

最后，日本通过个税调节收入分配差距。日本个税包括国税（个人所得税）和地税（住民税），实行六级超额累进税制，个人所得税最高税率为55%。

日本通过税收和社会保障等再分配政策，明显改善了收入分配差距，使再分配基尼系数一直维持在低位水平。从国际比较来看，日本也属于基尼系数低水平国家。如日本战前的基尼系数为0.52；在经济高速增长前期，基尼系数为0.38；在经济高速增长后期，基尼系数约为0.34。

八　发生可控范围内的通货膨胀，"高增长、低通胀"并存

"国民收入倍增计划"提出前与提出之初，受到很多日本经济学家反对，他们反对的理由之一是此举会加重日本的通货膨胀压力，导致严重的通货膨胀。日本一般民众也不看好这一计划，他们认为，收入倍增的效用将被通货膨胀抵消。但事实比预期好得多。1956—1972年，日本批发物价上涨率、零售物价上涨率均不太高，且均低于实际国内生产总值年增长率。1955—1972年，年均批发物价上涨率为0.9%（见表7-4），年均零售物价上涨率为4.0%，年均实际国内生产总值增长率为9.8%。

日本经济高速增长期间并未如很多经济学家与一般民众所料发生严重的通货膨胀，与政府采取的一系列反通货膨胀措施有关。他们采取的政策措施主要有：

第一，适当限制货币发行量的增长。在经济高速增长时期，货币当局

一直将货币发行量（M₂＋CD）增长率限制在17%左右，超过实际国内生产总值增长率7个百分点（见表7－5）。

表7－4　　　　日本1956—1972年物价水平与经济增长速度

年份	1956	1957	1958	1959	1960	1961	1962	1963	1964
批发物价上涨率	4.4	3.0	－6.5	0.9	1.1	1.0	－1.7	1.6	0.2
零售物价上涨率	0.3	3.0	－6.5	0.9	3.6	5.3	6.8	7.6	3.9
实际GNP增长率	6.2	7.8	6.0	11.2	12.5	13.5	6.4	12.5	10.6
年份	1965	1966	1967	1968	1969	1970	1971	1972	平均
批发物价上涨率	0.7	2.4	1.8	0.9	2.1	3.6	－0.8	0.8	0.9
零售物价上涨率	6.7	5.1	4.0	5.3	5.3	7.7	6.1	4.5	4.0
实际GNP增长率	5.7	11.1	13.1	12.7	11.0	10.4	7.3	9.8	9.8

资料来源：铃木淑夫：《日本银行的货币政策及其调节机能》，中国金融出版社1986年版，第107—123页。

表7－5　　　　日本1956—1972年货币供给量（M₂＋CD）年增长率

年份	1956	1957	1958	1959	1960	1961	1962	1963	1964
增长率（%）	20	14	19	18	19	17	17	19	14
年份	1965	1966	1967	1968	1969	1970	1971	1972	平均
增长率（%）	16	15	15	15	17	16	19	20	17

资料来源：铃木淑夫：《日本银行的货币政策及其调节机能》，中国金融出版社1986年版，第19页。

第二，实施较为温和的紧缩货币政策。货币当局曾实行7次紧缩政策，对日本经济"过热"吹进了"凉风"，有助于消除国际收支逆差，阻止了外汇储备下降。

第三，进行"窗口指导"。日本银行根据经济形势、物价水平、金融行情与城市银行历史贷款情况，对城市银行和一些地方银行规定贷款增加额度（于津平，2003）。

第四，实施平衡预算的财政政策。每年储备超过投资的金额占GNP的比重一般在1.8%左右，国家财政收支连年有余，这样就不存在像欧美国家那样为弥补财政赤字而增加货币发行的通货膨胀政策。

第五，抑制消费需求膨胀。其一，诱导消费需求。鼓励储蓄，对进口耐用消费品征收高额关税。其二，抑制工资增长。工资增加必须遵循三原则：不引起物价上涨，在企业经营许可范围内，在劳动生产率提高基础上。其三，严格控制财政支出中的消费支出。日本经济高速增长的事实从一个侧面说明，"高增长、低通胀"是可以长时期并存的。

在日本经济高速增长时期，就业问题得到了较好的解决，失业率保持在1.1%—1.3%的低水平。但在人口迁移方面造成了较大的问题，即城市人口过密化与农村人口过疏化问题，进而引发了许多新的问题，如城市街道拥挤、交通拥堵、住房不足、基础设施与医疗、教育等公共资源短缺、环境污染与能源紧张等问题。

第四节　日本消费经验对我国扩大居民消费的启示

日本经济高速增长时期外需环境与我国当前有很大相似之处，而且与我国所处经济发展阶段大体相当。深入研究这段时期日本扩大居民消费需求的经济与社会政策，以及这些政策所带来的经济与社会后果，对于当前扩大我国居民消费具有很强的借鉴价值。

一　更新消费观念，倡导理性消费

宏观经济学原理告诉我们，要形成实际消费需求，首先必须有消费意愿，其次才是消费能力。如果连消费意愿都没有，扩大消费是无从谈起的。我国虽然改革开放已经38年了，经过了改革开放洗礼的中国人，已经睁开眼睛看了世界，了解了许多外国包括欧美发达国家的思想观念、制度文化、体制机制等，但是中国人的思想观念，特别是消费观念仍然不够开放，不够现代，不够新潮。当然，不同年代出生的人群消费观念还是存在巨大的差异。"20后""30后""40后"消费观念相当保守；"50后""60后""70后"消费观念相对进步一些；"80后""90后"消费观念较为现代。在当前我国外需不足的条件下，要使我国成功跨越"中等收入陷阱"，政府倡导、劝告居民更新消费观念确有必要。在我国，"20后""30后""40后"要形成适度消费的观念，做到按实际需要消费，不必拘泥于"节俭是美德"；"50后""60后""70后"要形成适当超前的观念，做到健康消费；"80后""90后"要形成追求现代的观念，做到绿色消费、时尚消费。以消费观念的更新引领我国居民扩大消费。观念先行，这是扩大我国居民消费的第一步。

二　实施"居民收入倍增计划"，提高居民购买力

消费愿望是扩大消费的一个方面，提高居民收入水平往往更带根本性。仅有消费愿望而无消费能力的"需求"是虚假的需求。我们这里所说的"居民收入倍增计划"，与日本曾经实施的"国民收入倍增计划"有很大的不同。后者指的是人均国民收入倍增，不是指居民可支配收入的倍增，我们这里所说的"居民收入倍增"，是指居民可支配收入的倍增。当前一段时间，我国居民可支配收入占 GDP 比重不高。这可以用两个数字来说明，一是根据《中国统计年鉴》2012 年数据，2011 年按照收入法计算，我国 31 个省份地区生产总值之和为 521441.11 亿元，劳动者报酬之和为 234310.26 亿元，劳动者报酬之和占地区生产总值之和的比重为 44.9%。二是根据《中国统计年鉴》（2014）数据，2013 年我国城镇居民人均可支配收入为 26955.1 元，城镇居民人口为 73111 万人，因而城镇居民可支配收入为 197071.4 亿元；农村居民人均纯收入为 8895.9 元，农村居民人口为 62961 万人，因而农村居民纯收入为 56009.5 亿元。2013 年，城镇居民可支配收入与农村居民纯收入之和 253080.9 亿元，占 2013 年国内生产总值 568845.2 亿元的比重为 44.5%。更可怕的是，居民人均收入的增长落后于人均国内生产总值的增长，导致居民收入占国内生产总值比重下降。1990—2011 年，居民收入占国内生产总值比重在波动中下降。1990 年，居民收入占国内生产总值比重为 55.4%，2013 年下降为 44.5%（见表 7 - 6）。

反观经济高速增长时期的日本，1961 年初次分配的劳动报酬在国民收入中的比重为 49.3%，1970 年上升为 54.0%。一般而言，一个国家初次分配的劳动报酬占 GDP 比重与居民收入占 GDP 比重呈正方向变化，但前者比后者高。增加我国居民收入，在国家层面，需要政府实施"居民收入倍增计划"，提高劳动报酬在国内生产总值中的份额，这是一个刚性约束。各个省份在几年内完成居民收入倍增，劳动报酬在国内生产总值中的份额增加到多少，则需要各地根据经济形势、劳动供求、物价水平与工资情况具体研究确定。最快五年，最慢十年。具体措施有：

其一，增加工薪阶层工资。建立工资正常增长机制。国有企业职工工资正常增长应由同级国有资产管理委员会拟订草案，并报同级人民代表大会常务委员会通过施行。私营企业、港澳台资企业、外资企业职工工资增

表7-6

我国1990—2011年居民可支配收入占国内生产总值比重

年份	1990	1991	1992	1993	1994	1995	1996	1997	1998	1999	2000
城镇居民人均可支配收入（元）	1510.2	1700.6	2026.6	2577.4	3496.2	4283.0	4838.9	5160.3	5425.1	5854.0	6280.0
农村居民人均纯收入（元）	686.3	708.6	784.0	921.6	1221.0	1577.7	1926.1	2090.1	2162.0	2210.3	2253.4
城镇居民人口数（万人）	30195	31203	32175	33173	34169	35174	37304	39449	41608	43748	45906
农村居民人口数（万人）	84138	84620	84996	85344	85681	85947	85085	84177	83153	82038	80837
GDP（亿元）	18667.8	21781.5	26923.5	35333.9	48197.9	60793.7	71176.6	78973.0	84402.3	89677.1	99214.6
居民可支配收入占GDP比重（%）	55.4	51.9	49.0	46.5	46.5	47.1	48.4	48.1	48.0	48.8	47.4

年份	2001	2002	2003	2004	2005	2006	2007	2008	2009	2010	2011	2012	2013
城镇居民人均可支配收入（元）	6859.6	7702.8	8472.2	9421.6	10493.0	11759.5	13786.0	15781.0	17175.0	19109.0	21810.0	24565.0	26955.1
农村居民人均纯收入（元）	2366.4	2475.6	2622.2	2936.4	3254.9	3587.0	4140.0	4761.0	5153.0	5919.0	6977.0	7917.0	8895.9
城镇居民人口数（万人）	48064	50212	52376	54283	56212	58288	60633	62403	64512	66978	69079	71182	73111
农村居民人口数（万人）	79563	78241	76851	75705	74544	73160	71496	70399	68938	67113	65656	64222	62961
GDP（亿元）	109655.2	120332.7	135822.8	159878.3	184937.4	216314.4	265810.3	314045.4	340902.8	401512.8	472881.6	519470.1	568845.2
居民可支配收入占GDP比重（%）	47.2	48.2	47.5	45.9	45.0	43.8	42.6	42.0	42.9	41.8	41.5	43.4	44.5

资料来源：《中国统计年鉴》（2007、2009、2011、2014），并经计算而得。本表数据均按当年价格计算。

长在"工资指导线"的指导下，由劳资双方通过谈判的方式决定，由劳动管理部门监督施行。中央公务员、地方公务员、事业单位员工工资增长机制由国务院与地方人民政府人事主管部门研究确定。对于刚入职的毕业生政府劳动人事部门要制定一个最低工资标准，保证他们的正常生活。

其二，增加农民收入。在一个较短时期内，提高农民收入，需要为农产品制定一个相对合理的最低收购保护价，逐步提高对种粮农民的粮食直补资金、粮食作物良种补贴和农业生产资料增支综合补贴等"三项补贴"的标准，鼓励农民从事多种经营，特别是要完善对农民"打工"收入的法律保护与救济体系。在一个相对较远的远期，提高农民收入，需要完善"农民变市民"的体制机制，大力推进土地规模化经营，提高劳动生产率，实现规模经济效应。

其三，依法依规为各类人群取得财产性收入、经营性收入创造条件，保证转移性收入到达转移对象手中。进一步完善股票、债券、期货、期权、借贷、房屋租赁和生产要素、商品等市场，为各类人群投资获利畅通渠道，保证各类人群依法取得财产性收入与经营性收入。进一步健全法律法规与体制机制，保证各种转移性收入及时、足额到达受助对象手中，而不被各种组织以这样或那样的名义挪用或截留。

三　保证国内生产总值较快增长，改善居民收入预期

影响居民消费的因素，不仅有现期收入因素，还有预期收入的因素。要想改变消费者收入预期，必须保证国内生产总值以较快的速度增长。1978—2011 年，中国实际国内生产总值以年均 9.9% 的速度增长，实际人均国内生产总值以年均 8.8% 的速度增长，创造了世界经济发展史上长时间经济高速增长的奇迹。2012 年，由于受国际金融危机与经济危机的影响，我国实际国内生产总值同比增长 7.8%，增长速度回落。经济总量增长速度放缓，经济形势不景气，势必影响到消费者收入预期。居民收入预期不乐观，会导致消费需求无法启动。因此，要改变消费者收入预期，使居民有钱可花，关键是保证国内生产总值以较快的速度增长。当前经济工作的总基调是稳中求进，转方式、调结构是其总任务，经济增长速度不宜太低，以 7.5% 左右为宜。经济增长速度太低，新增劳动力就业会成为大问题，已经在岗的工作人员也会面临下岗失业的风险，对于改善消费者收入预期不利。

四　完善社会保障制度，提振居民消费信心

我国居民消费在低端徘徊，与居民消费信心不足有很大关系，背后深层次的原因则是我国社会保障体系不完善及严重的住房、教育问题。截至2012年年底，我国已经建立起较为健全的社会保障体系，基本保险涵盖了养老、医疗、失业、工伤、生育等保险，但还不完善。据《2012年度人力资源社会保障事业发展统计公报》，养老保险方面，2012年年末，全国参加城镇基本养老保险人数为30427万人，参加基本养老保险的农民工人数为4543万人，参加企业基本养老保险人数为28272万人，纳入社区管理的企业退休人员共5328万人。存在的主要问题是农民参保人数少，比例低。医疗保险方面，2012年年末，全国参加城镇基本医疗保险人数为53641万人。其中，参加城镇职工基本医疗保险人数26486万人，参加城镇居民基本医疗保险人数为27156万人。在职工基本医疗保险参保人数中，参保职工19861万人，参保退休人员6624万人。2012年年末，参加医疗保险的农民工人数为4996万人。存在的主要问题是城镇居民参加医疗保险没有实现全覆盖，农民参保人数少，参保率低。而且，常见大病没有全部纳入保险，报销最高金额不足。失业保险方面，2012年年末，全国参加失业保险人数为15225万人。其中，参加失业保险的农民工人数为2702万人。工伤保险方面，2012年年末，全国参加工伤保险人数为19010万人。其中，参加工伤保险的农民工人数为7179万人。生育保险方面，2012年年末，全国参加生育保险人数为15429万人。失业保险、工伤保险与生育保险存在的主要问题都是城乡居民参保率低。2012年，全国共有25个省份调整了最低工资标准，平均调增幅度为20.2%。月最低工资标准最高的是深圳市的1500元，小时最低工资标准最高的是北京市的14元。

下一步完善社会保障体系，要做的主要工作是：第一，逐步实现全社会养老保险，逐渐提高保障水平，最终实现城乡居民养老保险制度的统一化和高水平。第二，不断提高全社会基本医疗保险覆盖面，最终在城乡居民中全面推行医疗保险制度，有步骤地提高报销比例、报销最高金额，不断扩大常见大病的保险范围，有计划地将罕见大病纳入保险范围。第三，逐步推进全社会失业保险、工伤保险和生育保险，最终实现全社会参与失业保险、工伤保险和生育保险。第四，对无就业能力者实施救助，包括对残疾人、无人抚养的未成年人、未成年人抚养的孩子等实施救助。第五，根据经济发展状况、物价水平与居民生活水平等，不断调整最低工资标

准，并且采取措施确保落到实处。

除上述基本保险保障外，使我国居民不敢花钱、不敢消费的还有两大支出：住房和教育支出。我国的住房价格、房租价格已经严重超出我国大多数居民的承受能力，70个大中城市住房、房租价格已经超过发达国家水平，其中一线城市住房、房租价格已是发达国家的5倍到20倍不等。加之，我国居民有"租房不如买房"这个根深蒂固的观念，租房只是权益之计，很难替代买房，也就是说，买房具有刚性。并且，买房后还有一笔不菲的装修装饰费用。主要解决办法：一是中央政府地方政府要采取强有力的政策措施，坚决遏制房价、房租过快增长；二是提高住房公积金的缴交比例，增加住房补贴额度；三是政府要动用财政资金建设一批质量有保证的经济适用房、公租房，提供给目前购房能力不足的居民购买、使用，切实履行政府供给公共住房等公共职能。

2012年，我国财政性教育经费支出已经达到国内生产总值的4%，教育经费较为充裕。我国政府已经有能力基本满足我国的未成年公民接受中小学教育，有能力基本满足成年公民接受大学教育与研究生教育。问题在于，我国基础教育资源在省份间、城市间、县区间、乡镇间、街道间分布不均衡，优质教育不足，导致了数万元到数十万元的"择校费""择园费""出国费"。我国优质高等教育供给不足，使出国留学已成不可阻挡的潮流，倒逼家长储蓄几十万元甚至几百万元准备留学之用。要解决这类教育问题，一是均衡分配基础教育资源，改造薄弱学校；二是拓宽资金筹措渠道，加大经费投入力度，大面积提升我国高等教育办学水平与质量，办好让人民满意的普通高校与职业技术学院，让大学生学有所教。

五 缩小收入分配差距，提升居民消费倾向

整个社会收入分配差距拉大，高收入群体边际消费倾向降低，会降低整个社会的平均消费倾向，从而降低居民消费水平。1978年，我国基尼系数为0.317，2000年开始越过0.40的"警戒线"，并逐年上升。从2004年开始，国家统计局不再公布我国的基尼系数。2013年1月，国家统计局公布了我国2003—2012年全国居民收入基尼系数，分别是：2003年为0.479、2004年为0.473、2005年为0.485、2006年为0.487、2007年为0.484、2008年为0.491、2009年为0.490、2010年为0.481、2011年为0.477、2012年为0.474。此后公布2013年、2014年的基尼系数分别为0.473、0.469。从国家统计局公布的基尼系数看，我国的基尼系数从 2009 年开始逐年下降，但仍处于高位，超过世界平均水平，在世界收入分配差距排名榜上靠后。按照国际标准，属于收入分配差距较大的国家。在市场经济国家，收入分配绝对公平不可能，比较理想的是形成一种"两头小、中间大"的"橄榄形"结构，也就是形成一支数量庞大的"中产阶级"，全社会"中产阶级化"，这样，有利于降低收入分配差距，增加消费。造成我国收入分配差距大的原因是：

第一，在实际收入分配中，没有很好地贯彻落实"按劳分配为主体，多种分配方式并存"的分配制度。劳动报酬占国内生产总值比重偏低，2011 年只有 44.9%，劳动报酬占初次分配总收入比重不断下降。

第二，收入分配秩序失范。具体表现为：部分用人单位侵害劳动者薪酬权益；同工不同酬现象十分普遍，存在劳动者身份歧视；特殊情况工资支付混乱；部分用人单位工资制度外收入多，灰色收入多；一些要素收入分配无规可循，随心所欲；社会上各种非法收入如制假贩假、行贿受贿等收入比较多见。

第三，收入分配存在不合理的"三大差距"。一是城乡差别。2013 年我国城镇居民家庭人均可支配收入为 26955.1 元，农村居民家庭人均纯收入为 8895.9 元，城镇是农村的 3.03 倍。二是地区差别。2013 年，上海城镇居民人均可支配收入为 43851.4 元，甘肃城镇居民人均可支配收入为 18964.8 元，上海是甘肃的 2.31 倍。2013 年，上海农村居民家庭人均纯收入为 19595.0 元，甘肃农村居民家庭人均纯收入为 5107.8 元，上海是甘肃的 3.84 倍。三是垄断部门与非垄断部门差别。据记者统计，近年来，我国垄断部门年平均收入是非垄断部门年平均收入的 2—4 倍。

第四，二次调节力度不够。一些高收入群体由于收入无法监管，个人所得税少征、漏征现象普遍。

第五，最低工资制度执行力不足。表现为存在着加大工人劳动强度、减少雇用人手、降低其他补贴补助等现象。要减少我国收入分配差距，必须采取措施，并且力争取得预期效果。一是坚决落实我国基本的分配制度，提高劳动报酬占国内生产总值的份额，提升劳动报酬在初次分配总收入中的比重。二是规范收入分配秩序，坚决做到同工同酬，规范各种工资支付与要素收入分配，杜绝灰色收入，重拳打击制假售假、行贿受贿等行为。三是采取强有力的措施，缩小三大差别。通过支持农民多种经营、加大对农民转移支付、保护农民打工收入，缩小城乡差别。通过鼓励生产要素合理流动，缩小地区差别。通过引入竞争机制与价格听证等手段，缩小垄断部门与非垄断部门差别。四是加大二次调节力度。坚决取缔非法收入，大力调节过高收入，补助过低收入，使调节后的基尼系数有效降低。五是严格执行最低工资制度。劳动部门要经常性检查最低工资落实情况，对于不落实或变相不落实该制度的单位要限期整改或给予有惩处力度的经济处罚。

六 发展消费信贷，增强居民超前消费能力

我国居民，特别是大学生、大学毕业生以及其他刚入职人员，存量收入与流量收入不乐观。据《中国统计年鉴》，2013 年，我国城镇居民人均可支配收入为 26955.1 元，农村居民人均纯收入为 8895.9 元。截至 2013 年 5 月底，我国个人存款余额为 44.17 万亿元，以全国人口 13.5 亿计算，人均存款为 32719 元。我国部分居民，尤其是刚入职人员，有很强的消费愿望，却苦于囊中羞涩没有消费能力。我国已经利用消费信用，增强居民超前消费能力，平滑一生消费。我国发展消费信贷起步较晚，1985 年中国银行发行第一张信用卡，发展速度不快，2010 年，我国消费信贷余额仅占 GDP 的 2.5% 左右（陈露，2014），远远落后于经济发达国家水平。我国已经开展购房、购车按揭贷款业务，但贷款对象、贷款额度限制严格。2014 年第一季度，各商业银行发行信用卡总量突破 4 亿张，但由于法律法规不健全、社会征信系统不发达、信用卡使用率低、受理环境差等原因，我国消费信贷对扩大消费的支持力度有限。从扩大居民消费的角度看，要发展消费信贷体系，不能仅仅局限于金融系统，而应从发展消费信贷的社会角度入手，逐步提高消费金融对消费者的服务能力，规范消费金融的竞争秩序，健全消费金融法律法规等制度体系，完善征信系统等后台保障体系，改善较差的受理环境，保障我国消费金融持续、快速、健康发展。

七 提高全要素生产率，大幅降低物价水平

扩大居民消费，不仅要着眼于需求管理，还要着眼于供给管理。只有将需求管理与供给管理结合起来，才能将管理效能发挥到极致。2014 年，据 IMF 统计数据，我国人均国内生产总值达到 7589 美元，表明我国已经进入上中等收入国家水平。同世界发达国家相比，同世界高收入国家相比，我国物价水平偏高。按照美国摩根·斯坦利公司提供数据，以人民币计算中国商品在美国的零售价格高于出口价格 4 倍（茅永怀）。然而，即便这个高于出口价格 4 倍的零售价格，仍然低于国内同一商品的零售价格。再如，长途电话费，从美国打到中国是一分钟 1 毛钱，但从中国打到

美国是一分钟 8 元钱。松下 54 英寸等离子电视，在中国售价是 40939 元，在美国售价 10239 元。汽油在中国的售价是 6.83 元，在美国是 4.56 元。宝马 Z4，在中国售价是 58.9 万元，在美国售价只有 20 万元。同款诺基亚手机，在中国买 300 美元，在美国买 85 美元。同款笔记本电脑，在中国售价 6000 元，在美国售价只有 3406 元。诚然，同款商品在不同国家最终售价不同，影响因素很多，如关税、物流费用、流转税、定价策略、相关商品价格、市场行情等，但是，从宏观层面来讲，决定一国商品一般价格水平高低的是一国的生产率。生产率高的国家，价格水平低；生产率低的国家，价格水平高。1990—2011 年，美国的全要素生产率大约是中国的 2.64—3.72 倍（见表 7-7）。物价水平偏高，无疑制约着我国居民消费的扩大。当前一段时间，要提高全要素生产率，我国需要采取如下措施：第一，从国外引进技术上真正先进的大型设备，消化吸收从而达到再创新；第二，培养高素质科技人才，引导企业加大研发投入力度，开发新技术、新产品；第三，通过兼并、重组、新建等手段，兴办巨型化生产企业，提高规模效率；第四，学习国外先进企业管理经验与技术，创新企业制度、体制与机制，提高技术效率；第五，优惠政策要覆盖中西部等落后地区，促进生产要素向中西部地区聚集，实现东中西部经济协调发展。

表 7-7　　　　我国与美国 1990—2011 年相对全要素生产率

年份	1990	1991	1992	1993	1994	1995	1996	1997	1998	1999	2000
中国相对 TFP	0.2783	0.2835	0.2890	0.3089	0.3066	0.3181	0.3053	0.2973	0.2706	0.2688	0.2695
美国 TFP/中国相对 TFP	3.59	3.53	3.46	3.24	3.26	3.14	3.28	3.36	3.70	3.72	3.71
年份	2001	2002	2003	2004	2005	2006	2007	2008	2009	2010	2011
中国相对 TFP	0.2792	0.2986	0.3089	0.3215	0.3403	0.3579	0.3746	0.3657	0.3782	0.3737	0.3684
美国 TFP/中国相对 TFP	3.58	3.35	3.24	3.11	2.94	2.79	2.67	2.73	2.64	2.68	2.71

资料来源：http://citaotest01.housing.rug.nl/FebPwt/Dmn/AggregateXs.mvc/PivotShow，以美国的全要素生产率 =1。

八　推进产品结构升级换代，诱导居民消费

持续扩大居民消费，必须建立在产品结构升级换代基础之上。任何一款刚上市的产品，对于它以前的产品来说，它是新产品，能够吸引顾客的青睐与消费。但当消费到一定数量，就会达到市场饱和量，居民的消费兴趣不可避免会发生转移。此时，需要生产企业大力进行创新，不断开发新技术，推出新产品，继续保持消费者对升级版产品的消费兴趣。

2013 年，城镇居民家庭恩格尔系数为 0.350，农村居民家庭恩格尔系数为 0.377。可见食品支出在城乡家庭支出中都占有较大比重。必须在保证食品质量与安全的前提下，推进食品产品结构升级，吸引顾客增加消费。2012 年年底，城镇居民家庭平均每百户耐用品消费量如下：洗衣机 98.02 台，电冰箱 98.48 台，彩电 136.07 台，照相机 46.42 台，空调 126.81 台，淋浴热水器 91.02 台，计算机 87.03 台，摄像机 10.00 架，移动电话 212.64 部，固定电话 68.41 部，家用汽车 21.54 辆，健身器材 4.27 套。同期农村居民家庭平均每百户耐用品消费量如下：洗衣机 67.22 台，电冰箱 67.32 台，空调 25.36 台，摩托车 62.20 辆，固定电话 42.24 部，移动电话 197.80 部，彩电 116.90 台，照相机 5.18 台，计算机 21.36 台。当前一段时间，我国要扩大耐用品的消费，一方面，要刺激农村、中西部地区、东部发达地区的相对贫困居民对现有耐用消费品的购买；另一方面，对于发达地区、欠发达地区的相对富裕居民而言，必须大力推进耐用品结构升级换代，使这些居民焕发出消费升级换代产品的热情。对于特别富裕的富豪，可以放松航空器管制要求，鼓励他们购买小型私人飞机等。

九　实施适度从紧的货币财政与工资政策，控制可能发生的严重通货膨胀

通货膨胀，从短期来看，可能大幅度增加消费。但从长期来看，这无异于饮鸩止渴，不利于国民经济的持续健康发展与消费的可持续增加。在国民可支配收入倍增的同时，国家要实施适度从紧的货币财政与工资政策，控制可能发生的严重的通货膨胀。

首先，适当控制货币发行量的增长。1994—2013 年，我国货币供应量（M_2）年均增长率为 17.6%，高出同期我国实际 GDP 增长率 8 个百分点左右。在我国国民收入倍增计划实施期间，我国货币供应量以不高出实际 GDP 增长率 7 个百分点为宜，以保证通货膨胀率不超过 3.5%。

其次，中国人民银行和银监会对商业银行进行"窗口指导"。根据经济形势、物价水平、金融行情与城市银行历史贷款情况，对城市银行和一些地方银行规定贷款增加额度（贾渠平，1989）。

再次，实施略有财政赤字的财政政策。这样做是为了不像欧美国家那样为弥补大量财政赤字而实施增加货币发行的通货膨胀政策。同时，严格控制财政支出中的消费支出。

最后，合理抑制工资增长。涨工资必须遵循以下四个原则：不引起物价大幅上涨，在工资指导线范围内，在企业经营许可范围内，以劳动生产率提高为基础（贾渠平，1989）。总之，既要刺激我国居民消费，又要控制通货膨胀、抑制消费需求，这就需要综合、灵活运用各种经济政策，让各种经济政策协调搭配，做到"定区调控"，实现最优平衡。

第八章　偏向性技术进步、资本超额利润与劳动收入份额

改革开放以来，中国人民创造了"中国奇迹"。与"中国奇迹"形成鲜明反差的是，20 世纪 90 年代末以来，特别是进入 21 世纪以来，我国在实际 GDP、实际人均 GDP 高速增长的情境下，劳动收入份额不仅低位运行，而且持续下降，引起许多经济学家高度关注与忧虑。与此同时，2007 年下半年以来，我国经济在世界金融与经济危机引致的外需不足的情况下，扩大内需特别是居民消费需求成为经济研究中的热点问题，由此激发了研究我国劳动收入份额问题的极大热情。尽管度量我国劳动收入份额存在着概念界定、数据质量、数据缺失等关键性问题，并且不同学者测度的我国劳动收入份额的绝对数量差异很大，但 20 世纪 90 年代后期我国劳动收入份额下降已被"认定"为一个无可争议的事实。李实指出，1997 年以来，我国劳动收入份额不断下降。李稻葵、刘霖林、王红领（2009）也指出，我国 GDP 中劳动收入份额的下降已经成为无可争辩的事实。李扬和殷剑峰（2007）利用资金流量表数据发现，我国劳动收入份额自 20 世纪 90 年代以来不断下降。白重恩和钱震杰（2009）发现，运用投入产出表、国民经济核算的资金流量表的实物部分、收入法计算的省际国内生产总值等三种方法计算各年总体要素分配份额，得到了一致可比的结果。他们发现，劳动收入份额 1978—1995 年变化不大，但自 1995 年开始下降，2004 年出现较大幅度的下降。吕光明（2011）借助我国城镇和农村住户抽样调查数据估算私人非法人企业营业盈余，利用资金流量表数据估算我国的劳动收入份额，结果发现，经过数据质量与定义口径修正后的我国劳动收入份额在 1999 年前稳定上升，其后由 1999 年的 66.97% 下降到 2007 年的 60.56%。我国的劳动收入份额水平比其他国家低约 5—10 个百分点。根据后文研究，我国 GDP 中劳动收入份额从 1995 年的 51.44% 开始下降，一直下降到 2008 年的 40.57%，十三年间下降了

10.87 个百分点，降幅高达 21.1%。

在当前世界经济复苏充满艰难与不确定、国际市场对中国商品与服务需求不足情形下，劳动收入份额下降对我国国民经济运行容易带来两大问题：

第一，降低经济增长动力或削弱经济可持续发展动力。因为，劳动收入份额持续下降，会引致居民消费能力下降，在投资不变的条件下从而降低经济体总需求，降低经济增长动力；在投资增加的条件下，会使我国高投资低消费的畸形结构加剧，削弱经济可持续发展动力。相反地，劳动收入份额越高，收入分配越平均化，越有利于扩大居民消费，增强经济增长与可持续发展动力。

第二，进一步拉大社会贫富差距，可能激化社会矛盾。因为劳动收入份额持续下降，意味着资本所有者依靠资本获取的收益增多，少数富人的收入会越来越高，绝大多数穷人的相对收入会越来越低，从而扩大社会贫富悬殊。因此，在当前经济与社会背景下，研究我国劳动收入份额问题，准确测算我国劳动收入份额，从而对我国的劳动收入份额总体走势作出正确判断，与世界其他国家劳动收入份额进行科学的横向比较从而判断我国劳动收入份额是否偏低，明确我国劳动收入份额变化背后起决定性作用的主要原因与次要原因，从而有针对性地提出对策建议，对于增强和优化经济增长动力，缩小社会贫富差距，改善民生提高居民生活水平，实现科学发展具有重大的现实意义。

第一节　文献述评

根据本书研究主旨，本部分准备从以下三个相互联系的主题展开：一是我国劳动收入份额如何测算？二是我国劳动收入份额是否偏低？三是我国劳动收入份额的影响因素以及为何偏低？

一　我国劳动收入份额如何测算

西方宏观经济理论假定，一个经济体从事生产，只需投入两种生产要素：资本与劳动。劳动产品分别归资本所有者、劳动力所有者所有，资本所有者获得资本报酬，劳动力所有者获得劳动报酬。在这样的假定下，计算劳动收入份额十分简单。然而，经济现实并非如此，远比这复杂，具体问题很多。因为世界上还没有哪一个国家的国民经济核算体系将国内生产总值划分为资本报酬与劳动报酬两大部分。以中国为例，在收入法国民经济核算体系中，国内生产总值被划分为四个部分：劳动者报酬、固定资产折旧、生产税净额、营业盈余。

白重恩、钱震杰（2009）采用省际收入法 GDP 数据，计算了劳动者报酬在 GDP 中的比重。陈宇峰、贵斌威、陈启清（2013）将劳动收入份额区分为"GDP 法劳动收入份额"与"要素法劳动收入份额"两种，前者指劳动者报酬在 GDP 中的比重，后者指劳动者报酬除以 GDP 扣除生产税净额后的剩余值，其理由是生产税净额只是政府对国民收入的一种分享，不涉及 GDP 的直接创造。吕光明（2011）提出，由于自我雇用收入既含有自我雇用者的劳动报酬，也含有投资利润，因此 SNA1993 年提出混合收入概念，中国的国民经济核算体系并未详细区分出混合收入，所以中国提供的劳动者报酬数据肯定存在问题。他运用柯林提出的前两种计算方法，利用 1993—2008 年的资金流量表数据来测算中国劳动收入份额。吕冰洋、郭庆旺（2012）将要素收入分配区分为"税前要素收入分配"与"税后要素收入分配"。在其提出的"税前劳动分配份额"和"税后劳动分配份额"计算公式中，分母均为 GNI，这表明在经济体中，除资本分配份额、劳动分配份额外，还存在着政府分配份额。税前劳动分配份额等于劳动者报酬除以 GNI，税前资本分配份额等于固定资产折旧加上营业盈余除以 GNI，税前政府分配份额等于生产税净额除以 GNI。

相比较而言，吕光明（2011）、吕冰洋与郭庆旺（2012）提出的计算公式更为细致，更为科学，计算结果更为准确，但是由于其对基础数据要求太高，限于获取数据的能力，以及进行国际比较的需要，只能忍痛割爱。只能采取前两者较为粗略的计算方法，在我们获取数据的能力限度内，尽可能准确计算劳动收入份额。

二 我国劳动收入份额是否偏低

国内学者研究我国劳动收入份额是否偏低，往往喜欢运用国际简单横向比较方法，得出的结论是 20 世纪中后期到 2008 年我国劳动收入份额偏低。如邹红、喻开志（2011）认为："近年来，国民收入分配格局向政府和企业倾斜明显，国民收入在初次分配中的劳动份额不断下降，从 1995 年的 51.2% 下降到 2008 年的 38.5%，与发达国家相比，中国劳动收入份额也远处于较低水平。"王舒鸿（2012）也认为："而与此同时，城镇居民可支配收入增长却十分缓慢，其增长率比国民生产总值平均低 2 个百分点，农村居民收入水平则更低。这与世界大多数国家的情况显著不同，多数发展中国家和大多数发达国家的劳动收入份额在 55%—65% 的水平，而且与我国参与全球分工的背景相违背。"我们认为，国际简单横向对比的方法缺乏足够说服力，因为在同一时间点上，不同国家的经济发展水平、开放度、产业结构、资本超额利润、技术进步方向等不同，而这些因素对劳动收入份额有影响。也有学者（李稻葵、刘霖林、王红领，2009；陈宇峰、贵斌威、陈启清，2013）考虑到这一问题，试图总结出符合世界规律的劳动收入份额模型。如陈宇峰、贵斌威、陈启清（2013）探索出了劳动收入份额与经济发展水平的模型，论证了劳动收入份额与经济发展水平之间确实存在 U 形规律。但是，他们运用的计量经济方法欠妥。因为他们基本只考虑劳动收入份额与经济发展水平这一个变量的关系，与其他重要变量的关系未予考虑。他们根据概括出的 U 形规律，也认为 2005 年的劳动收入份额比方程计算出来的正常的劳动收入份额值低 9.2 个百分点。

三　我国劳动收入份额的影响因素以及偏低原因

综观国外、国内经济学者研究成果可以看出，他们认为影响一国劳动收入份额的因素主要有经济发展水平、资本—产出比、产业结构、资本偏向性技术进步、全球化、国际贸易、资本垄断利润、人力资本、工会等影响劳资谈判力量对比的因素等。下面将重点讨论国际贸易、全球化、产业结构、资本偏向性技术进步、资本垄断利润对劳动收入份额的影响。

（一）国际贸易对劳动收入份额的影响

张杰、陈志远、周晓艳（2012）采用企业大样本数据，通过实证研究得出结论：出口是抑制中国制造业中民营企业和港澳台资企业劳动收入份额增长的重要因素，而在其他所有制企业中这种抑制效应并不显著。产生抑制效应的逻辑是：中国制造业企业处于全球新贸易分工体系中价值链低端，掌握核心技术与品牌的发达国家或地区的关键设备与零部件的企业与掌控全球营销网络渠道的发达国家跨国公司，全面掌握了发展中国家出口产品的定价权。面对这些大公司压低我国出口产品价格，在我国劳动者工资谈判力量弱小的情况下，制造业出口企业领导层会保住资本利益不受损失，而将他们遭受的损失转嫁给劳动者。张莉、李捷瑜、徐现祥（2012）受阿西莫格鲁（Acemoglu）偏向型技术进步是影响要素收入份额的重要原因这一论点的启发，认为国际贸易首先影响我国技术进步的偏向性，然后经由这一渠道影响我国劳动收入份额的变化。

（二）全球化对劳动收入份额的影响

丁梓楠、吴振华（2012）从理论机制和实证研究两个层面研究了全球化对劳动收入份额的影响。在贸易全球化方面，他们从要素配置机制、产业结构变化机制、技术进步机制等方面阐述了我国劳动收入份额将会下降。在投资全球化方面，他们从行业配置机制、技术领先机制、工资竞争机制等方面说明我国劳动收入份额会相应下降以及会减缓劳动收入份额上升程度。在金融全球化方面，他们从长期资本积累机制、人力资本积累机制等方面论证了劳动收入份额出现下降趋势或使劳动收入份额上升。他们的实证研究结论是：对外出口比率对东西部地区以及全国劳动收入份额影响不显著，但与中部地区显著呈正相关关系；外商直接投资比率对中部地区劳动收入份额影响不显著，但与东西部地区以及全国显著呈正相关关系。

（三）产业结构

罗长远和张军（2009）从产业结构转换角度研究了产业结构变化对劳动收入份额的影响。基本思路是：我国第一产业劳动收入份额较高，达到85%左右，第二、第三产业劳动收入份额较低，为40%—50%。我国的产业结构在向现代化产业结构转型升级过程中，第一产业比重必然降低，第二、第三产业比重必然升高，这种转型升级的结果必然是我国总体的劳动收入份额降低。更进一步地，他们还研究了产业内劳动收入份额变化对我国劳动收入份额总变化及其波动的影响。

（四）垄断利润

陈宇峰、贵斌威、陈启清（2013）具体研究了我国工业部门资本垄断利润对劳动收入份额的影响。基本思路是：劳动者的报酬在劳动力市场即由市场的供求状况决定，劳动者在工资谈判方面"发言权"明显不足，这种机制使得企业所有者或经营者有机会为资本攫取超额利润，提高资本收入份额。他们的实证研究结果认为，资本的垄断利润能够解释工业部门劳动收入份额下降的96%。

（五）偏向性技术进步

雷钦礼（2012）假定一个经济体的生产函数是CES形式的，通过数学推导，将劳动收入份额与资本收入份额写成一个函数表达式，并得出如下推论：如果要素替代弹性大于 1，那么劳动与资本收入相对份额随着资本深化而下降，随着劳动增强型技术进步速率相对于资本增强型技术进步速率的上升而上升。如果替代弹性小于 1，那么劳动与资本收入相对份额随资本深化而上升，随着劳动增强型技术进步速率相对于资本增强型技术进步速率上升而下降。实证研究结果表明，劳动效率相对于资本效率提升的速度高于资本深化的速率，所以使我国 1990—2010 年劳动收入份额持续下降。

　　一般认为，劳动收入份额越高，居民可支配收入在国内生产总值中的占比越高，收入分配越平均化，因而越有利于扩大居民消费。由于对劳动收入份额定义与计算方法、采用数据的差异，国内对我国改革开放以来劳动收入份额的结果是否偏低、偏低幅度认识迥然不同，是什么因素导致了劳动收入份额偏低，也众说纷纭，莫衷一是，迫切需要进一步进行深入研究。

第二节　我国劳动收入份额的测算

　　劳动收入份额，是指国民收入分配中劳动收入所占比重。这可以有两种理解。第一种理解是劳动收入占 GDP 比重，后文简称为 GDP 中劳动收入份额；第二种理解是劳动收入占劳动收入与资本收入之和比重，因为经济学研究中假定投入只有劳动与资本两种要素，因而劳动收入与资本收入之和便构成国民收入，后文简称为要素法收入中劳动收入份额。

　　从劳动收入份额定义看，测算劳动收入份额应该是一件十分简单的事情，其实不然。因为统计核算资料并未现成提供与定义完全一致的数据，所以导致测算劳动收入份额十分复杂。较为学者认可的测算劳动收入份额的方法是：

$$劳动收入份额 = \frac{劳动者报酬}{增加值}$$

　　从第一种理解来看，增加值应该是总增加值，包括劳动者报酬、固定资产折旧、生产税净额和营业盈余四部分。从第二种理解来看，增加值应该包括劳动者报酬、固定资产折旧、营业盈余三部分。因为经济学研究中一般将劳动者报酬看作劳动收入，将固定资产折旧与营业盈余视为资本收入。生产税净额既不是劳动收入，也不是资本收入，而是将其视为政府对国民收入的一种分享。一般来说，对于增加值的这两种理解没有歧义，国民经济核算资料在部分年份能够提供与此完全一致的数据，不会出现数据偏差问题。但严格地讲，国家统计部门公布的国民经济核算资料，增加值也存在以下三方面问题：未观测经济的遗漏、公共部门增加值核算中资本收入数据的缺失、自我住房服务增加值中劳动者报酬数据的缺失等。国民经济核算资料不能提供与此完全一致数据的年份，研究者根据本人掌握的数据与计算方法，就会出现增加值数据产生更大偏差的问题。

容易出现问题的是劳动者报酬这一指标。第一类问题是定义问题。首先，经济核算上的劳动者报酬与经济学意义上的劳动收入不相等，因为后者仅指劳动者没有人力资本存量时所获得的收入。但前者却表示付给劳动者的所有收入之和。其次，劳动者报酬的核算边界不好确定。因为哪些人算是劳动者不好界定，哪些收入该计入劳动者报酬不明确。第二类问题是数据的问题。首先是自我雇用收入数据如何处理。在 SNA1993 中，自我雇用收入称为混合收入，既包括自我雇用者的劳动报酬，也包括投资或经济利润，如何确定两者比例相当困难。其次是非工资报酬与离退休金如何处理。实际核算通常把股票期权排除在劳动者报酬之外，如何将离退休金计入工作时期的劳动者报酬中，存在很大的技术性问题。

劳动收入份额测算的许多问题与数据质量问题有关，这类问题改进的空间有限。对于其中的部分问题，有些学者已经给出了一些修正方法。如约翰逊（Johnson，1954）提出的修正方法、柯林（Collin，2002）提出的修正方法、戈梅和鲁珀特（Gomme and Rupert，2004）提出的修正方法等。

研究劳动收入份额对于缩小收入分配差距、扩大内需具有十分重要的意义，因此国内、国外的经济学者对我国的劳动收入份额进行了深入的研究。但由于对于定义的理解不一致、数据统计口径不一致、基础数据质量、数据缺失、基于基础数据调整的计算方法不同等问题，导致许多学者测算的劳动收入份额不同。由于 1978—1992 年计算劳动收入份额的数据缺乏，所以这段时间不同学者计算的"GDP 中劳动收入份额"存在很大差异。本书将李扬（1992）、李宾（2009）、Huesh 和 Li（1999）的计算结果置于表 8-1。

表 8 - 1　　　　　　我国 1978—1992 年 "GDP 中劳动收入份额"　　　　单位:%

年份	份额 1	份额 2	份额 3	年份	份额 1	份额 2	份额 3	年份	份额 1	份额 2	份额 3
1978	43.8	—	49.01	1983	53.4	55.23	53.38	1988	60.7	48.34	51.77
1979	46.8	—	51.01	1984	55.3	56.38	54.45	1989	60.2	47.51	51.51
1980	50.9	44.98	51.15	1985	58.6	53.47	52.80	1990	58.9	49.24	53.42
1981	51.3	47.73	52.68	1986	57.2	51.40	52.76	1991	—	48.42	51.17
1982	52.6	51.33	53.57	1987	58.4	50.67	52.71	1992	—	45.50	50.10

注：份额 1 代表李扬（1992）估算的数据，份额 2 代表李宾和曾志雄（2009）估算的数据，份额 3 代表 Huesh 和 Li（1999）估算的数据。

李扬（1992）用于估算 GDP 中的劳动收入份额的劳动报酬包括全民所有制单位职工工资、集体所有制单位职工工资、各种合营单位职工工资、城镇个体劳动者净货币收入、其他职业者收入、农民从集体统一经营中得到的收入、农民出售农副产品的收入、农民从事工业和手工业的净货币收入、农民劳务净收入、居民从国家财政得到的收入，以及居民其他货币收入，但要减去居民向政府缴纳的各种税金以及城乡居民储蓄存款利息的收入。李扬同时指出，在我国现行统计体系中，与劳动报酬和资本报酬准确对应的数据尚付阙如，因此只能近似且迂回地进行实证研究。就劳动报酬统计而言，高估和低估因素同时存在。高估的规模可能比低估的规模大，要把这些因素全部增加进去或分离出来，目前还存在困难。

李宾和曾志雄（2009）在计算乡村劳动收入时，认为乡村劳动收入 = 工资性收入 + 家庭经营收入 – 家庭经营费用支出 – 生产性固定资产折旧，《中国农村住户调查年鉴》给出前三项部分年份的完整数据，但没有统计资料提供第四项数据，因此用购置生产性固定资产代替生产性固定资产折旧。计算城镇人均劳动收入，首先除在统计年鉴上直接查找人均总收入外，还可以通过人均可支配收入除以 0.99 计算人均总收入，其次用人均总收入 ×（1 – 待扣减额所占比例）来推算人均劳动收入。待扣减额是指城镇财产性收入、转移性收入与其他非生产性收入之和。

从李扬（1992）、李宾和曾志雄（2009）、Huesh 和 Li（1999）等人计算的 GDP 中劳动收入份额来看，目前大多数经济学家倾向于采用 Huesh 和 Li（1999）的估算数据，理由可能是：Huesh 和 Li（1999）估算的劳动收入份额数据比较平缓，在 1983 年之前，其值在李扬（1992）、李宾和曾志雄（2009）的估算值之上，但 1985 年之后，则居于李扬（1992）、李宾和曾志雄（2009）的估算值之间。Huesh 和 Li（1999）估算的 GDP 中劳动收入份额可能更接近于中国的实际情况。

对于 1993—2012 年的数据，根据《中国国内生产总值核算历史资料 1952—2004》可以查到 1993—2004 年历年劳动者报酬、固定资产折旧、生产税净额、营业盈余的数值（见表 8 - 2）。2005—2012 年以上四项数据，可以通过查阅《中国统计年鉴》（2006—2013）得到，但其中缺失 2008 年的数据，本书拟通过时间序列趋势法来估计该年的 GDP 中劳动收入份额与要素收入法中劳动收入份额。

表 8 - 2　　　　　　　我国 1993—2012 年劳动收入份额　　　　单位：亿元、%

年份	劳动者报酬	固定资产折旧	生产税净额	营业盈余	GDP 中劳动收入份额	修正值	要素法收入中劳动收入份额	修正值
1993	16934.55	4807.72	3996.20	8481.09	49.49		56.03	
1994	22829.04	6270.88	5441.98	10803.23	50.35		57.21	
1995	29596.80	7457.09	7056.76	13424.54	51.44		58.63	
1996	34703.64	8634.17	8736.67	15869.68	51.08		58.61	
1997	38954.99	9958.12	10420.29	17006.34	51.03		59.09	
1998	41960.46	10932.51	11768.96	17896.58	50.83		59.27	
1999	44082.16	11847.27	13136.30	19149.89	49.97		58.71	
2000	47977.69	13854.88	15078.57	21593.00	48.71		57.51	
2001	52351.29	15113.93	16967.57	24112.95	48.23		57.17	
2002	57576.79	16643.55	18794.46	27556.23	47.75		56.57	
2003	64271.53	19376.47	21962.09	33639.95	46.16		54.54	
2004	69639.64	23624.04	23568.56	50754.91	41.55	45.13	48.35	53.66
2005	81888.02	29521.99	27919.21	58459.81	41.40	44.01	48.21	52.41
2006	93822.83	33641.84	32726.66	70862.02	40.61	42.84	47.31	51.11
2007	109532.27	39018.85	40827.52	86245.97	39.74	41.71	46.65	49.86
2008	—					40.57		48.60
2009	170299.71	49369.64	55531.11	90103.24	46.62		54.98	

续表

年份	劳动者报酬	固定资产折旧	生产税净额	营业盈余	GDP 中劳动收入份额	修正值	要素法收入中劳动收入份额	修正值
2010	196714.07	56227.58	66608.73	117456.61	45.01		53.11	
2011	234310.26	67344.51	81399.26	138387.09	44.94		53.25	
2012	262864.06	74132.87	91635.05	147919.85	45.59		54.20	

注：本表按当年价格计算。

资料来源：《中国国内生产总值核算历史资料（1952—2004）》，《中国统计年鉴》（2006—2013）。2008 年 GDP 中劳动收入份额与要素收入法中劳动收入份额为估计值。

　　2004 年收入法国内生产总值的统计口径发生变动，这种变动一直持续到 2008 年，2009 年统计口径又恢复到 2003 年以前口径。2004 年统计口径变动主要包括：一是将国有和集体农场的营业盈余变为劳动者报酬，二是将个体经营户的收入由劳动者报酬改为营业盈余。前一种调整增加了劳动收入份额，后一种调整减少了劳动收入份额。白重恩、钱震杰（2009）对 2004 年统计口径的变动对劳动收入份额的影响进行了分析，但是他们的估算是以 2004 年《中国经济普查年鉴》为依据的，而这一依据与作为劳动收入份额计算基础的《中国统计年鉴》的相关数据之间存在着很大的统计口径差异，故而他们的估算存在很大偏差（陈宇峰、贵斌威、陈启清，2013）。有鉴于此，本书采用时间趋势法对 2004 年的 GDP 中劳动收入份额、要素法收入中劳动收入份额进行估计。估计公式为：$a_m = a_{m-1} + \frac{1}{2}(a_{m-1} - a_{m-2}) + \frac{1}{3}(a_{m-2} - a_{m-3}) + \frac{1}{6}(a_{m-3} - a_{m-4})$，$m > 4$。2004 年的 GDP 中劳动收入份额、要素法收入中劳动收入份额的估计值分别为 45.13%、53.66%。2005—2008 年的 GDP 中劳动收入份额估计值分别为 44.01%、42.84%、41.71%、40.57%；2005—2008 年的要素法收入中劳动收入份额的估计值分别为 52.41%、51.11%、49.86%、48.60%。

　　从表 8-2 的 GDP 中劳动收入份额 1993—2012 年的修正数据可以看出，这一时间段可以分为三个部分：1993—1995 年，GDP 中劳动收入份额不断上升，1995 年达到峰值 51.44%；1996—2008 年，GDP 中劳动收入份额不断下降，2008 年达到谷值 40.57%；2009—2012 年，2009 年

GDP 中劳动收入份额突然上升 6.05 个百分点，达到 46.62%，随后下降。

第三节　我国劳动收入份额的国际比较

我国 GDP 中的劳动收入份额真的偏低吗？这需要利用世界各国的数据进行横向比较。进入联合国数据库（National Accounts Official Country Data，NAOCD）查阅表 4-1，选择数据最新且最为齐全的 2007 年作为研究样本。2007 年，该表列出了 108 个国家用收入法 GDP 核算的相关数据。其中，57 个国家或地区列出了 GDP、雇员报酬、营业盈余和混合收入四个数据，其中，55 个国家或地区（不包含中国）是按照 SNA1993 统计口径计算的，马绍尔群岛是按照 SNA1968 统计口径计算的，东帝汶是按照 SNA2008 统计口径计算的，为保持统计口径的一致性，故从样本中删去后两者；43 个国家或地区列出了 GDP、雇员报酬、营业盈余三个数据；2 个国家列出了 GDP、雇员报酬数据；6 个国家仅列出了 GDP 数据。按照联合国 SNA1993 统计口径的规定，收入法 GDP 应该包括四个部分：雇员报酬、营业盈余、混合收入与生产税净额。其中，营业盈余包括 2004 年以前中国统计口径中的营业盈余与固定资产折旧；雇员报酬是法人企业中劳动者报酬；混合收入是农业和非农非法人企业个体经营者的收入，既包含部分自我雇用者的收入，也包含部分投资利润（许宪春，2011），这就涉及一个很难解决的问题，即在混合收入中按何种比例分割劳动者报酬与资本报酬；生产税净额的数据没有列出。

为了计算劳动者报酬在 GDP 中的份额，并便于与中国进行比较，必须解决在混合收入中如何分割劳动者报酬与资本报酬问题。从 55 个国家的统计数据可以看出，一般而言，发达国家的混合收入比例较低，如美国为 10.6%，英国为 5.9%，法国为 6.5%，澳大利亚为 7.9%；发展中国家的混合收入比例稍高，如白俄罗斯为 7.4%，巴西为 9.0%，智利为 6.0%，哥伦比亚为 24.0%，洪都拉斯为 15.5%，墨西哥为 20.0%，尼日尔为 65.4%。约翰逊在对美国 1850—1952 年长时间段历史数据的研究中，发现个体经济中劳动收入份额稳定在 65% 左右，因此此后在经济学文献中，对个体经济混合收入的处理方法一般是：2/3 计入劳动报酬，1/3 计入资本报酬。我们认为，这个划分比例对发达经济体较为适用，对发展中经济体不适用。因为发展中经济体的个体经济较少使用资本，劳动的贡献较大，混合收入中80%计入劳动报酬，20%计入资本报酬更为合理。表8－3及表8－4所涉及的55个国家或地区的计算中，我们将处于前列的经合组织成员国视为发达国家（包括澳大利亚、奥地利、比利时、加拿大、芬兰、法国、德国、希腊、匈牙利、爱尔兰、意大利、日本、卢森堡、挪威、葡萄牙、西班牙、瑞典、瑞士、英国、美国），除此之外的国家或地区视为发展中国家或地区。

表8－3　　　　2007年20个经合组织成员国GDP中劳动收入份额　　　单位:%

国家	劳动份额	国家	劳动份额	国家	劳动份额	国家	劳动份额
澳大利亚	50.92	德国	55.03	卢森堡	45.01	英国	57.32
奥地利	54.75	希腊	50.50	挪威	45.03	美国	63.44
比利时	54.63	匈牙利	52.90	葡萄牙	55.70	平均	54.10
加拿大	58.71	爱尔兰	46.51	西班牙	59.11		
芬兰	51.46	意大利	50.39	瑞典	56.39		
法国	56.15	日本	52.48	瑞士	64.76		

表8－4　　　　2007年35个发展中国家或地区GDP中劳动收入份额　　　单位:%

国家	劳动份额	国家	劳动份额	国家	劳动份额	国家	劳动份额
阿根廷	42.84	埃及	43.20	拉脱维亚	54.71	巴拿马	42.88
白俄罗斯	52.49	爱沙尼亚	49.54	莱索托	54.06	波兰	53.50
巴西	48.56	法罗群岛	63.41	列支敦士登	57.73	摩尔多瓦	52.74
保加利亚	41.11	格鲁吉亚	33.08	立陶宛	48.73	沙特阿拉伯	23.67
智利	39.99	危地马拉	47.66	墨西哥	44.12	塞尔维亚	56.25
哥伦比亚	51.25	洪都拉斯	57.48	密克罗尼西亚	72.19	斯洛伐克	51.67
克罗地亚	54.74	伊朗	39.50	蒙古	40.46	斯洛文尼亚	58.25
塞浦路斯	50.80	哈萨克斯坦	46.96	尼加拉瓜	55.28	委内瑞拉	42.03
捷克	50.79	吉尔吉斯斯坦	61.74	尼日尔	68.50	平均	50.05

为了说明2007年我国GDP中劳动收入份额是否偏低，首先在世界范围作一个简单的横向比较，即不管经济发展阶段如何，与世界其他国家2007年的GDP中劳动收入份额进行比较。从表8－3可以看出，经合组织

20 个成员国 2007 年的 GDP 中劳动收入份额的平均值为 54.10%，而我国 2007 年的该值为 41.71%，比前者低 12.39 个百分点。从表 8-4 可以看出，35 个发展中国家或地区 2007 年的 GDP 中的劳动收入份额平均值为 50.05%，比我国 2007 年的该值高 8.34 个百分点。2007 年，20 个经合组织成员国与 35 个发展中国家或地区的 GDP 中劳动收入份额的平均值为 51.51%，比我国 2007 年的该值高 9.8 个百分点。从简单的横向比较可以看出，同上述 55 个国家或地区相比，2007 年我国 GDP 中的劳动收入份额不仅偏低，而且偏低的幅度较大，为 8—13 个百分点。

简单的横向比较的缺陷是显而易见的，我们需要作一个精确的比较，即从世界各国相关数据中找到一个劳动收入份额的标准回归方程，从标准的回归方程计算出的我国 2007 年的 GDP 中劳动收入份额的估计值作为我国 2007 年的参照值，似乎准确一些。从已有的文献可以看出，影响劳动收入份额的因素主要有：经济发展水平、产业结构状况、偏向技术进步、市场垄断势力、劳资双方谈判力量差异等。前三个因素用宏观经济指标来衡量，后两个因素需要用微观经济指标来衡量。通过查阅世界银行数据库、宾夕法尼亚大学世界数据库（PWT8.1），我们获得了上述 55 个国家或地区 2007 年人均 GDP（2005 年不变价美元）、第二产业增加值在 GDP 中的比重（以下简称第二产业比重）、相对于美国的相对 TFP（以下简称相对美国 TFP）的数据等宏观经济指标，但市场垄断势力、劳资双方谈判力量差异等微观经济指标数据无法得到。

首先，将 GDP 中劳动收入份额作为被解释变量，人均 GDP 的对数（以下简称人均 GDP 对数）、人均 GDP 的对数的平方（以下简称人均 GDP 对数平方）、第二产业比重、相对美国 TFP 作为解释变量进行回归。将人均 GDP 对数、人均 GDP 对数平方纳入解释变量，是因为之前的许多学者认为劳动收入份额也许在经济发展阶段上存在着 U 形规律。但在多重共线性的检验中，相对美国 TFP 与人均 GDP 对数、人均 GDP 对数平方之间存在多重共线性关系。因为相对美国 TFP 单位根等于 0，条件指数为 217.442，远大于 10，相对系数矩阵中其与人均 GDP 对数、人均 GDP 对数平方的交叉项的数值分别等于 1.00、0.97，接近 1，足以判断相对美国 TFP 与人均 GDP 对数、人均 GDP 对数平方之间存在着多重共线性关系。

其次，剔除相对美国 TFP 这一解释变量，继续对人均 GDP 对数、人均 GDP 对数平方、第二产业比重三个解释变量作回归。运用上述相同方法发现，第二产业比重与人均 GDP 对数、人均 GDP 对数平方之间也存在多重共线性关系。因为第二产业占比单位根等于 0，条件指数为 194.73，远大于 10，相对系数矩阵中其与人均 GDP 对数、人均 GDP 对数平方的交叉项的数值分别等于 1.00、0.99，接近于 1。

最后，剔除第二产业比重这一变量，对人均 GDP 对数、人均 GDP 对数平方这两个解释变量继续回归，回归结果表示如下：

$$laborshare = 1.949 - 0.332 \ln agdp + 0.019 [\ln agolp]^2 \qquad (8-1)$$

t =　　　　　　4.058　　-3.008　　　2.995

Sig. =　　　　0.000　　0.006　　　　0.006

$R^2 = 0.258$，调整的 $R^2 = 0.201$

式（8-1）的 F 值为 4.523，伴随概率值 Sig. = 0.021，通过 5% 的显著性检验。式（8-1）的各项系数与方程分别通过了 1%、5% 的显著性检验，表明式（8-1）是一个最优的方程。为对式（8-1）进行进一步的讨论，将其变形为：

$$laborshare = 0.019 (\ln agdp - 8.737)^2 + 0.499 \qquad (8-2)$$

式（8-2）是一个开口向上的 U 形曲线，说明以前一些学者关于劳动收入份额与经济发展水平之间存在 U 形规律的论证是正确的。这一结果与陈宇峰、贵斌威、陈启清（2013）的估计结果相近。从式（8-2）可以看出，当 lnagdp = 8.737，也即 agdp = 6229.18 美元（2005 年不变价美元）时，GDP 中劳动收入份额取最低值 0.499。当人均 GDP 处于小于6229.18 美元（2005 年不变价美元）区间时，劳动收入份额处于下行区间。当人均 GDP 处于大于 6229.18 美元（2005 年不变价美元）区间时，劳动收入份额处于上行区间。我国 2005—2012 年的人均 GDP 分别为1731.13 美元、1939.71 美元、2202.89 美元、2402.78 美元、2611.16 美元、2870.05 美元、3121.97 美元、3344.54 美元（2005 年不变价美元），说明我国劳动收入份额正处于下行区间。

按照式（8-1），可以计算出 2005—2012 年我国"合乎世界规律"的劳动收入份额分别为 53.07%、52.49%、51.95%、51.62%、51.34%、51.04%、50.81%、50.63%。可以看出，2008 年我国的 GDP 中劳动收入份额应为 51.62%，实际上为 41.71%，后者比前者低 9.91 个百分点。

第四节　我国劳动收入份额下降：偏向性技术进步

一　要素增强型技术进步的 CES 生产函数一般性分析

戴杰（2012）依据萨托（Sato，1970，2009）判断法，检验中国的总量生产函数是否为希克斯中性技术进步函数或 C—D 型生产函数，结果表明，中性技术不适合刻画中国总量经济产出。这间接证明了中国技术进步的偏向性。萨托（1970）已证明，如果一个经济体的要素替代弹性是要素收入份额的函数，那么经济体的总量生产函数可以采用要素增强型生产函数形式：$Y_t = F(E_{Kt}K_t, E_{Lt}L_t)$。特别地，当要素替代弹性为常数时，阿罗等（Arrow et al.，1961）证明其为 CES 生产函数形式。依据上述研究结论，参照已有大量研究的通常做法，将中国要素增强型技术进步的总量生产函数设定为如下形式的 CES 生产函数：

$$F_t = \left[\theta(E_t^K K_t)^{\frac{\sigma-1}{\sigma}} + (1-\theta)(E_t^L L_t)^{\frac{\sigma-1}{\sigma}} \right]^{\frac{\sigma}{\sigma-1}} \tag{8-3}$$

式（8-3）中，F_t 表示经济体产出，K_t、L_t 分别表示经济体的资本存量、劳动投入数量，E_t^K、E_t^L 分别表示资本的效率参数（也被称为资本增强型技术进步参数，简称为资本增强型参数）、劳动的效率参数（也被称为劳动增强型技术进步参数，简称为劳动增强型参数），θ 表示资本密集度（也称为资本分布参数，资本的产出弹性），$(1-\theta)$ 表示劳动密集度（也称为劳动分布参数，劳动的产出弹性），σ 表示资本—劳动要素替代弹性。根据资本—劳动要素替代弹性定义，有：

$$\sigma = \frac{d[\ln(K/L)]}{d\ln[(MP_L/MP_K)]} = \frac{d\ln(k)}{d\ln(w/r)} \tag{8-4}$$

σ 的取值范围为大于 0。式（8-4）中，MP_L 表示劳动的边际产出，MP_K 表示资本的边际产出，K/L 表示人均资本，也可表示为 k，w 表示单位劳动报酬，r 表示单位资本报酬。从式（8-4）可以看出，资本—劳动要素替代弹性指的是资本—劳动比例的变化率对劳动—资本边际产出之比变化率的比值，也可理解为人均资本的变化率对劳动—资本价格之比（也可称为劳动—资本相对价格）变化率的比值，它反映了资本—劳动数量比例对劳动—资本相对价格变化的反应程度。阿西莫格鲁（2002）指出，当 $\sigma > 1$ 时，两种投入要素资本与劳动之间是替代关系；当 $\sigma < 1$ 时，

两种投入要素资本与劳动之间是互补关系。

自从 1932 年英国经济学家希克斯（Hicks）在《工资理论》中提出不同类型的技术进步以来，技术进步方向（后来称为有偏技术进步）的概念得到了长足发展。希克斯将技术进步方向划分为三类：希克斯中性技术进步、劳动节约型技术进步、资本节约型技术进步。希克斯中性技术进步，是指在保持资本—劳动比率（K/L）不变时，资本边际产出与劳动边际产出之比（MP_K/MP_L）也保持不变的技术进步。但是，如果技术进步使资本边际产出的提高大于劳动边际产出的提高，这时企业愿意更多地使用资本，更少地使用劳动，导致单位劳动拥有的资本量增加，这就是劳动节约型技术进步。相反，如果技术进步使劳动的边际产出大于资本的边际产出，这时企业愿意更多地使用劳动，更少地使用资本，导致单位劳动拥有的资本量减少，这就是资本节约型技术进步。

技术进步偏向性思想由希克斯于 20 世纪 30 年代初提出，但由于技术进步偏向性理论缺乏微观基础与理论演绎，也由于受限于计量方法的发展与计算机技术水平，早期偏向性技术进步的思想并未得到经济学界的足够重视。20 世纪 90 年代以来，"卡尔多特征事实"受到世界各国要素收入动态变化的挑战，以及"技能溢价之谜"等现象挑起了经济学家对中性技术进步的质疑，再次将研究目光投向偏向性技术进步领域，使偏向性技术进步成为研究热点。

阿西莫格鲁 2002 年重新定义了技术进步方向的概念。他认为，如果技术进步使得某种要素的边际产出对另一种生产要素的边际产出比值增加，那么这种技术进步称为偏向该要素的技术进步。对比希克斯与阿西莫格鲁关于技术进步概念，可以发现，偏向资本的技术进步等价于节约劳动型技术进步，偏向劳动的技术进步等价于资本节约型技术进步（沈健，2013）。

同时，阿西莫格鲁还提出要素增强型技术进步概念。他认为，如果一个经济体的生产函数能够写成 $F = F(L, AK)$ 形式，则可以称为资本增强型技术进步；如果一个经济体的生产函数能够写成 $F = F(K, AL)$ 形式，则可以称为劳动增强型技术进步。这里就出现了一个新的问题：偏向资本的技术进步等价于资本增强型技术进步吗？偏向劳动的技术进步等价于劳动增强型技术进步吗？答案是否定的。只有当资本—劳动两种生产要素是替代关系（当 $\sigma > 1$）时，资本增强型技术进步才是偏向资本的技术进步；

相反地，当资本—劳动两种生产要素是互补关系（当 $\sigma < 1$）时，资本增强型技术进步是偏向劳动的技术进步。同理，只有当资本—劳动两种生产要素是替代关系（当 $\sigma > 1$）时，劳动增强型技术进步才是偏向劳动的技术进步；相反地，当资本—劳动两种生产要素是互补关系（当 $\sigma < 1$）时，劳动增强型技术进步是偏向资本的技术进步。

在完全竞争条件下：

$$F_K = B\left[\theta(E^K K)^{\frac{\sigma-1}{\sigma}} + (1-\theta)(E^L L)^{\frac{\sigma-1}{\sigma}}\right]^{\frac{1}{\sigma-1}} \cdot \theta \cdot (E^K K)^{-\frac{1}{\sigma}} \cdot E^K \quad (8-5)$$

$$F_L = B\left[\theta(E^K K)^{\frac{\sigma-1}{\sigma}} + (1-\theta)(E^L L)^{\frac{\sigma-1}{\sigma}}\right]^{\frac{1}{\sigma-1}} \cdot (1-\theta) \cdot (E^L L)^{-\frac{1}{\sigma}} \cdot E^L$$

$$(8-6)$$

所以，

$$\frac{F_K}{F_L} = \frac{\theta}{1-\theta}\left(\frac{E^K K}{E^L L}\right)^{-\frac{1}{\sigma}}\left(\frac{E^K}{E^L}\right) \quad (8-7)$$

式（8-5）、式（8-6）中，为表述方便，省去时间下标 t，下同。

设资本—劳动收入比例为 ρ，那么，

$$\rho = \frac{KF_K}{LF_L} = \frac{\theta}{1-\theta} \cdot \left(\frac{E^K K}{E^L L}\right)^{\frac{\sigma-1}{\sigma}} \quad (8-8)$$

由经验研究可知，中国人均资本拥有量是不断增加的，也即资本不断深化，资本—劳动收入比例，从而劳动—资本收入比例，劳动收入份额如何变化呢？

由式（8-8），资本—劳动收入比例对人均资本求偏导，可得：

$$\frac{\partial \rho}{\partial\left(\frac{K}{L}\right)} = \frac{\partial \rho}{\partial k} = \frac{\theta}{1-\theta} \cdot \frac{\sigma-1}{\sigma} \cdot \frac{E^K}{E^L} \cdot \left(\frac{E^K \cdot K}{E^L \cdot L}\right)^{-\frac{1}{\sigma}} \quad (8-9)$$

由式（8-9），可得如下命题：

命题1：当 $\sigma < 1$ 时，经济体随着人均资本拥有量的增加，资本—劳动收入比例将下降，从而劳动收入份额将上升。

命题2：当 $\sigma > 1$ 时，经济体随着人均资本拥有量的增加，资本—劳动收入比例将上升，从而劳动收入份额将下降。

命题3：当 $\sigma < 1$ 时，经济体随着人均资本拥有量的减少，资本—劳动收入比例将上升，从而劳动收入份额将下降。

命题4：当 $\sigma > 1$ 时，经济体随着人均资本拥有量的减少，资本—劳动收入比例将下降，从而劳动收入份额将上升。

由式（8-8），资本—劳动收入比例对资本增强型参数与劳动增强型参数之比求偏导，可得：

$$\frac{\partial \rho}{\partial \left(\frac{E^K}{E^L}\right)} = \frac{\theta}{1-\theta} \cdot \frac{\sigma-1}{\sigma} \cdot \left(\frac{E^K}{E^L}\right)^{-\frac{1}{\sigma}} \left(\frac{K}{L}\right)^{\frac{\sigma-1}{\sigma}} \tag{8-10}$$

根据式（8-10），可得如下命题：

命题5：当 $\sigma > 1$ 时，经济体随着资本效率参数与劳动效率参数比值增加，资本—劳动收入份额会增加，从而劳动收入份额会降低。

命题6：当 $\sigma < 1$ 时，经济体随着资本效率参数与劳动效率参数比值增加，资本—劳动收入份额会降低，从而劳动收入份额会增加。

命题7：当 $\sigma < 1$ 时，经济体随着资本效率参数与劳动效率参数比值降低，资本—劳动收入份额会增加，从而劳动收入份额会降低。

命题8：当 $\sigma > 1$ 时，经济体随着资本效率参数与劳动效率参数比值降低，资本—劳动收入比例会降低，从而劳动收入份额会增加。

当经济体人均资本拥有量、资本效率参数与劳动效率参数比值都发生变化时，总的资本—劳动收入比例将按下式发生变化：

$$d\rho = \frac{\partial \rho}{\partial \left(\frac{K}{L}\right)} d\left(\frac{K}{L}\right) + \frac{\partial \rho}{\partial \left(\frac{E^K}{E^L}\right)} d\left(\frac{E^K}{E^L}\right) = \frac{\theta}{1-\theta} \cdot \frac{\sigma-1}{\sigma} \cdot \frac{E^K}{E^L}\left(\frac{E^K \cdot K}{E^L \cdot L}\right)^{-\frac{1}{\sigma}} \cdot$$

$$d\left(\frac{K}{L}\right) + \frac{\theta}{1-\theta} \cdot \frac{\sigma-1}{\sigma} \cdot \left(\frac{E^K}{E^L}\right)^{-\frac{1}{\sigma}} \left(\frac{K}{L}\right)^{\frac{\sigma-1}{\sigma}} \cdot d\left(\frac{E^K}{E^L}\right) \tag{8-11}$$

现实经济体中，经常会有两种相反的经济力量同时作用于一个经济变量，如 $\sigma < 1$ 时，随着人均资本的增加，由式（8-9）可知，资本—劳动收入比例将降低。而随着资本效率参数与劳动效率参数比值降低，由式（8-10）可知，资本—劳动收入比例会增加。那么总的资本—劳动收入比例，从而总的劳动—资本收入比例将如何变化呢？这需要根据式（8-11）的各种参数，经过计算比较加以确定。

二　标准化供给面系统模型与估计方法

如何估计资本—劳动要素替代弹性呢？在经济学界相继出现了三种估计模式。

第一种估计模式是，采用一般形式的 CES 生产函数，将厂商利润最大化一阶条件对数线性化。该模式的缺陷是可以得到两个独立估计 σ 的方程，分别假设相应的技术进步，因而无法判断经济体的有偏技术进步。

第二种模式是克蒙塔（Kmenta）1967年提出的克蒙塔逼近模式法，该模式的关键之处是将CES生产函数在单位资本—劳动要素替代弹性处利用泰勒展开式展开，优点是计算简便，缺点是该模型要求技术进步必须是希克斯中性技术进步，不同的参数设定会有不同的估计结果，无法识别经济体有偏技术进步等。

第三种模式是供给面系统估计模式，这是目前较为准确但使用得较少的一种估计模式。其思路是将CES生产函数与资本、劳动的一阶条件作为一个系统，并且采用系统估计方法。系统估计方法目前主要有三阶段最小二乘法（3SLS）、全信息最大似然估计法（FIML）、系统广义矩估计方法（System GMM）。系统估计方法的优点有：一是只有采取联合估计，才可能使一个方程的回归参数与系统内其他方程的回归参数相关或相同；二是考虑各方程残差之间的相关性，提高了所估计方程的有效性。运用三阶段最小二乘法估计系统模型的基本思路是：第一步：使用二阶段最小二乘法估计模型中的每一个结构方程；第二步：用广义最小二乘法估计整个系统方程。本书将使用非线性三阶段最小二乘法来估计供给面系统模型，这是供给面系统模型的内在要求。三阶段最小二乘法同二阶段最小二乘法相比，具有两个优点：一是前者比后者能得到更有效的参数估计量，因为它考虑了方程间的相关；二是如果联立方程是可识别的，并且非奇异，那么三阶段最小二乘法的估计量是一致的。

不同学者利用以上三种估计模式，采用单方程法、双方程法、系统估计法对一般形式的CES生产函数进行估计，发现使用不同数据或不同估计方法对参数进行估计，结果差异很大。克兰普等（Klump et al.，2007）分析其原因为，一般形式的生产函数对初始值设定十分敏感，稍有差异就会导致结果有很大的差异，而不同学者初始值的设定往往差异很大。为克服这一问题，克兰普等证明，要素增强型技术进步的一般形式的CES生产函数经过标准化处理后，参数估计结果稳健，经济含义明显。克兰普等提出的标准化CES生产函数为：

$$\frac{Y_t}{\overline{Y}} = B\left[\theta\left(\frac{E_{Kt}}{E_K} \cdot \frac{K_t}{\overline{K}}\right)^{\frac{\sigma-1}{\sigma}} + (1-\theta)\left(\frac{E_{Lt}}{E_L} \cdot \frac{L_t}{\overline{L}}\right)^{\frac{\sigma-1}{\sigma}}\right]^{\frac{\sigma}{\sigma-1}} \tag{8-12}$$

式（8-12）与式（8-3）相比，部分字母相同，其指代意义也相同，不再说明，此处仅说明与式（8-3）不同字母的指代意义。B 表示规模因子，修正其引起的不等水平，也有学者认为代表技术进步参数，表示希克斯中性技术进步。$\overline{Y}$、$\overline{K}$、$\overline{L}$、$\overline{E_K}$、$\overline{E_L}$ 表示相应变量的基准值。式（8-12）对应的标准化生产函数，结合资本、劳动的一阶条件，并假定资本、劳动增强型技术进步增长率满足 Box-Cox 型变换，那么标准化供给面系统模型为：

$$\ln\left(\frac{Y_t}{\overline{Y}}\right) = \ln B + \frac{\sigma}{\sigma-1}\ln\left[\overline{\alpha_K}\left(\frac{E_{Kt}}{\overline{E_K}} \cdot \frac{K_t}{\overline{K}}\right)^{\frac{\sigma-1}{\sigma}} + (1-\overline{\alpha_K})\left(\frac{E_{Lt}}{\overline{E_L}} \cdot \frac{L_t}{\overline{L}}\right)^{\frac{\sigma-1}{\sigma}}\right] + \varepsilon_{1t}$$
$$(8-13)$$

$$\ln\left(\frac{r_t Y_t}{Y_t}\right) = \ln\theta + \frac{\sigma-1}{\sigma}\ln B + \frac{\sigma-1}{\sigma}\ln\frac{E_{Kt}}{\overline{E_K}} + \frac{1-\sigma}{\sigma}\ln\left(\frac{Y_t/\overline{Y}}{K_t/\overline{K}}\right) + \varepsilon_{2t} \qquad (8-14)$$

$$\ln\left(\frac{w_t L_t}{Y_t}\right) = \ln(1-\theta) + \frac{\sigma-1}{\sigma}\ln B + \frac{\sigma-1}{\sigma}\ln\left(\frac{E_{Lt}}{\overline{E_L}}\right) + \frac{1-\sigma}{\sigma}\ln\left(\frac{Y_t/\overline{Y}}{L_t/\overline{L}}\right) + \varepsilon_{3t}$$
$$(8-15)$$

其中，Box-Cox 变换为：

$$E_{Kt} = \overline{E_K}exp[\gamma_K(t-\bar{t})], \quad E_{Lt} = \overline{E_L}exp[\gamma_L(t-\bar{t})] \qquad (8-16)$$

线性估计不需要设定初始值，非线性估计需要设定初始值，为避免初始值设定偏误从而导致局部最优估计，本书借鉴克兰普等（2007）的做法，设定初始值如下：在理论上，B 接近 1，故取其初始值为 1；$\overline{\alpha_K}$ 在理论上等于资本收入份额的均值，故取 1978—2012 年中国要素收入中资本收入份额的均值 0.423 为初始值。$\overline{Y}$、$\overline{K}$、$\overline{L}$ 分别取其样本的几何均值，$\bar{t}$ 取其样本的算术平均值。其他参数根据一阶条件的估计结果作为相应参数初始值。

三 变量说明与数据来源

（一）实际国民收入，用实际国内生产总值表示

在《中国国内生产总值历史核算资料（1952—2004）》上可以查到我国 1952 年的国内生产总值为 692.1 亿元。同时在该资料上可以查到 1952—2004 年按不变价格计算的各年国内生产总值指数（以上年=100），据此可以推算出 1952—2004 年以 1952 年不变价计算的国内生产总值。通过查阅 2006—2013 年各期《中国统计年鉴》，可以查到 2005—2012 年按不变价格计算的各年国内生产总值指数（以上年=100），据此可以推算

出 2005—2012 年以 1952 年不变价格计算的国内生产总值。

（二）资本存量

参考大多数学者做法，本书也用永续盘存法来计算 1952—2012 年各年的资本存量，所用公式为：$K_t = I_t + (1-\delta)K_{t-1}$。选定 1952 年为基期。我国学者估算 1952 年的资本存量，结果差异很大。本书认为，张军的结果估计方法较为科学，依据的统计资料翔实可靠，因而采用张军的估计结果，1952 年的资本存量为 807 亿元（1952 年不变价）。折旧率取 9.216%。《中国国内生产总值历史核算资料（1952—2004）》报告了 1952 年的固定资本形成总额为 80.7 亿元，同时报告了 1952—2004 年按不变价格计算的固定资本形成总额指数（以上年＝100），据此可以推算出 1953—2004 年的固定资本形成总额（1952 年不变价），作为当年的投资 I。《中国统计年鉴》2006—2013 年各期列出了按当年价计算的 2005—2012 年各年资本形成总额，通过查阅 2005—2012 年各年固定资产投资价格指数，可以推算出 2005—2012 年各年按不变价格计算的固定资本形成总额指数（上年＝100），继而推算出 2005—2012 年的固定资本形成总额（1952 年不变价），作为 2005—2012 年的当年投资。不过，本书只使用 1978—2012 年的实际国内生产总值与资本存量。

（三）劳动人数

中国 1978—2010 年劳动人数通过 PWT8.0 查得。2011 年、2012 年的劳动人数采用《中国统计年鉴》2012 年、2013 年公布的经济活动人口数。

（四）要素收入中劳动收入份额

要素收入中劳动收入份额 1993—2012 年的结果从本章第二节可以查得，2004—2008 年使用修正值。1978—1992 年要素收入中劳动收入份额，可以通过 Huesh 和 Li（1999）估计的 GDP 中劳动收入份额推算出。因为 1993—2012 年生产税净额在 GDP 中所占的比重均值为 14.4%，将此值粗略作为 1978—1992 年生产税净额每年在 GDP 中的比值，据此可以推算出 1978—1992 年每年要素收入中劳动收入份额。

（五）要素收入中资本收入份额

因为要素收入中劳动收入份额与要素收入中资本收入份额之和为 1，所以用 1 减去要素收入中劳动收入份额即得要素收入中资本收入份额。

四　估计结果及简要分析

本书使用 Eviews 6.0 统计软件，运用非线性三阶段最小二乘法对标准化供给面系统模型，即式（8－13）、式（8－14）、式（8－15）进行估计。估计结果置于表 8－5。

表 8－5　　我国 1978—2012 年标准化供给面系统模型参数估计结果

参数	σ	B	$\overline{\alpha_K}$	θ	γ_K	γ_L	观测值	ADF－Y	ADF－K	ADF－L
估计值	0.784 ** (0.0283)	0.921 *** (0.0081)	0.423 *** (0.0072)	0.423 *** (0.0072)	－0.042 *** (0.0132)	0.112 *** (0.0154)	35	－4.615570 ***	－3.183518 ***	－4.593781 ***

注：（1）括号内的数值为参数的标准误；（2）***、**、*分别表示在1%、5%、10%水平上显著。

从表 8－5 可以看出，我们估计的资本—劳动要素替代弹性为 0.784，大于 0，在理论预设区间内，说明中国 1978—2012 年的资本—劳动要素替代弹性的平均值为 0.784，表明在这一时间段内资本与劳动两种生产要素是互补关系。这一估计结果与戴天仕和徐现祥（2012）、陈晓玲和连玉君（2012）、戴杰（2012）、沈健（2013）的估计结果相近。戴天仕和徐现祥（2010）在完全竞争假设下，运用标准化供给面系统方法，估计出全国 1978—2003 年与 1978—2005 年两个时间段的资本—劳动要素替代弹性分别为 0.736、0.813。陈晓玲和连玉君（2012）在非完全竞争假设下，在估计出 1978—2008 年各省资本—劳动要素替代弹性的基础上，估算出中国整体资本—劳动要素替代弹性的均值为 0.833。戴杰（2012）利用中国 1979—2010 年相关生产要素时间序列数据，通过两阶段 FGNLS 法、Sato 法估计标准化供给面系统方程，资本—劳动要素替代弹性估计值分别为 0.92、0.87。沈健（2013）利用中国 1978—2010 年的相关数据，运用非线性三阶段最小二乘法估计标准化供给面系统方程，所得资本—劳动要素替代弹性估计值为 0.867。

实际上，中国 1978—2012 年，要素收入中劳动收入份额并非呈现出单调递增或单调递减的趋势，而是出现增减大致交替出现的情形，即"增—减—增—减—减"的情形。具体地说，1978—1984 年，从 57.25%

增加到63.61%，增加6.36个百分点；1984—1993年，从63.61%减少到56.03%，减少 7.58 个百分点；1993—1998 年，从 56.03% 增加到59.27%，增加 3.24 个百分点；1998—2008 年，从 59.27% 减少到48.60%，减少10.67个百分点；2009—2012 年，从 54.98% 减少到 2012年的54.21%，减少0.77个百分点。所以，在1978—2012年这个时间段，通过资本—劳动要素替代弹性的大小来解释要素收入中劳动收入份额的一致增加或一致减少，是存在矛盾的。从增减趋势看，选择 1998—2012 年较为合适，但是这一时间段数据较短，不符合统计分析要求，故向前延伸至1993 年。这也有一定的道理。因为我们国家是从 1993 年开始建立社会主义市场经济体制的。从那时起，价格改革获得突破性进展，大部分商品和生产资料的价格放开，企业开始建立现代企业制度，市场在资源配置中逐渐起基础性作用，为提高企业的经济效率与经济效益，企业开始依据生产要素的相对价格来调整生产要素的使用，从而调整生产要素的比例。同上法，对我国 1993—2012 年的资本—劳动要素替代弹性及相关参数进行估计，估计结果置于表8 - 6。

表 8 - 6　　我国 1993—2012 年标准化供给面系统模型参数估计结果

参数	σ	B	$\overline{\alpha_K}$	θ	γ_K	γ_L	观测值	ADF - Y	ADF - K	ADF - L
估计值	0.892 ** (0.0063)	1.019 *** (0.0038)	0.448 *** (0.0054)	0.448 *** (0.0054)	- 0.051 *** (0.0086)	0.126 *** (0.0073)	20	- 3.492043 ***	- 3.816641 ***	- 2.724686 ***

注：（1）括号内的数值为参数的标准误；（2）***、**、*分别表示在1%、5%、10%水平上显著。

对表8 - 6的估计结果进行分析，可以得出如下结论：

第一，1993—2012 年这一时间段是劳动增强型技术进步。因为，资本增强型效率参数所涉及的技术进步率的估计值 $\gamma_K = -0.051$，劳动增强型效率参数所涉及的技术进步率的估计值 $\gamma_L = -0.126$，表明这个时间段，中国劳动要素的效率增长相对较快，资本要素的效率增长相对较慢，并且在这个时间段的终点，资本的效率水平高于劳动的效率水平。由于这一时间段资本—劳动要素替代弹性小于1，即 $\sigma < 1$，所以劳动增强型技术

进步也是偏向资本的技术进步。

第二，1993—2012 年这一时间段，同 1978—2012 年这一时间段相比，资本—劳动要素替代弹性升高，是因为 1993 年我国开始建立社会主义市场经济体制，企业自主权增强，企业可以自主决定投入更多的相对边际产出更高的要素来生产，从而导致资本—劳动要素替代弹性增加。

第三，1993—2012 年这一时间段，人均资本拥有量是增加的。从 1993 年的 3587.2 元（1952 年不变价）单调递增到 2012 年的 30629.8 元（1952 年不变价）。在资本—劳动要素替代弹性小于 1 的情况下，资本—劳动收入比例会下降，从而要素收入中的劳动收入份额会上升。资本—劳动收入比例下降的幅度可以通过式（8-11）的前半部分来计算。计算的结果为 -0.0789，也就是说，人均资本拥有量的增加引起资本—劳动收入比例下降 0.0389。在同一时间段，资本的效率参数与劳动的效率参数的比值是下降的，在 $\sigma < 1$ 的情况下，会导致资本—劳动收入比例上升，通过式（8-11）的后半部分计算，可知上升的具体幅度为 0.0618。所以，1993—2012 年这一时间段，人均资本拥有量的上升，与资本效率参数与劳动效率参数比值的下降，引起资本—劳动收入比例的总效果上升 0.0229，从而劳动—资本收入比例下降 0.0224。这就从偏向性技术进步角度粗略地解释了 1998—2008 年中国要素收入中劳动收入份额下降的原因。

第五节 我国劳动收入份额下降：资本超额利润率

第四节讨论了完全竞争条件下，资本—劳动收入比，从而劳动—资本收入比，要素收入中劳动收入份额下降的原因，但这并不完全切合中国的实际经济运行情况。因为中国的社会主义市场经济体制建立才 20 多年，还有许多不完善的地方。即使中国将来市场经济十分发达，也未必就达到了完全竞争条件，或接近完全竞争条件。所以说，中国目前仍处于不完全竞争阶段，有必要对第四部分的讨论进行修正与补充。

由于中国极为特殊的政治经济体制，诱致中国经济运行当中几个关键性特征：唯 GDP 至上，片面强调赶超，"逆资源禀赋"偏好使用资本等。

这就带来了一系列新问题，其中资本垄断势力问题尤为突出。所谓资本垄断势力问题是指，在劳资双方确定劳动、资本回报过程中，劳方、资方经济地位的不对等，导致劳方"话语权"不足，资方基本能根据劳动力市场的供求状况单方面决定劳方的劳动报酬，企业的经济剩余扣除生产与销售成本外，都为资方所有，作为资本的报酬，当然这其中也包括企业家的劳动报酬。但企业家的劳动报酬与资本报酬相比，是微不足道的，可以忽略不计。可以说，在不完全竞争条件下，资本的报酬包括资本折旧（σK）、资本正常利润（rK）和资本超额利润（πK）三个部分，资本折旧与资本正常利润等于资本的边际产出，劳动报酬就是正常报酬，等于劳动的边际产出。当然，在资本垄断势力相对强大情况下，劳动报酬有可能"缩水"，达不到正常值。于是，资本—劳动收入比可以写成下式：

$$\rho = \frac{1+\varphi_K(t)}{1+\varphi_L(t)} \cdot \frac{F_K}{F_L} = \frac{1+\varphi_K(t)}{1+\varphi_L(t)} \cdot \frac{(r+\sigma)K}{wL} \quad (8-17)$$

式（8-17）中，$\varphi_K(t)$ 表示资本超额利润带来的"资本溢价"部分，$[1+\varphi_K(t)](r+\sigma)K = (r+\sigma+\pi)K$，$\varphi_K(t)$ 是一个变量，不是一个常数，一般情况下大于0，但也可能小于0。$\varphi_L(t)$ 表示劳动谈判力量不足而带来的"劳动亏价"部分，也是一个变量，一般情况下小于或等于0，在特殊情况如政府、工会极度干预或劳动力市场极度供不应求的情况下，也有可能大于0。

考虑数据的可获得性以及工业部门在我国国民经济中的主导性地位及其代表性，下面在说明资本的超额利润率时，仅以工业部门为例来考察。考察资本超额利润对要素收入中劳动收入份额影响的大小，需要弄清楚两个指标：一是工业部门的超额利润率π，二是资本超额利润率对劳动收入份额的影响系数μ。

一 1998—2008年工业部门超额利润率估算

$$\pi = \frac{超额利润}{增加值} = \frac{利润总额 - 所有者权益 \times 资本机会成本}{增加值} \quad (8-18)$$

在2009年的《中国统计年鉴》中，可以直接查到工业部门的利润总额、所有者权益和工业增加值的数据，难点在于确定资本机会成本（除去资本利息外的资本正常利润率）。考林和缪勒（Cowling and Mueller，1978）指出，在大多数学者的研究中，资本的机会成本设定为8%—

12%。在此，我们据此设定中国工业部门的资本机会成本为其平均值
10%。1998—2008 年中国工业部门的利润总额、所有者权益、机会成本、
增加值和超额利润率置于表 8-7。

表 8-7　　　　　我国 1998—2008 年资本超额利润率相关数据

单位：亿元、%

年份	利润总额	所有者权益	机会成本	增加值	超额利润率
1998	1458.11	39445.40	10	19421.93	-12.80
1999	2288.24	44618.80	10	21564.74	-10.10
2000	4393.48	49406.88	10	25394.80	-2.16
2001	4733.43	55424.40	10	28329.37	-2.86
2002	5784.48	60242.01	10	32994.75	-0.73
2003	8337.24	69129.56	10	41990.23	3.39
2004	11929.30	90286.70	10	54805.10	5.29
2005	14802.54	102882.02	10	72186.99	6.25
2006	19504.44	123402.54	10	91075.73	7.87
2007	27155.18	149876.15	10	117048.40	10.40
2008	30562.37	182353.38	10	129112.00	9.55

注：本表价格按当年价格计算。

资料来源：《中国统计年鉴》（2009）。

二　资本超额利润率对劳动收入份额的影响系数

要计算资本超额利润率对劳动收入份额的影响系数 u，首先必须计算
工业部门在劳动报酬、固定资产折旧、资本利息中，固定资产折旧与资本
利息之和在三者之和中的比重。我们参考陈宇峰、贵斌威、陈启清
（2013）对 1999—2004 年工业部门该值的推断值 55%，作为计算的标准
值。所以有 $\mu = 1 - 0.55 = 0.45$。

从表 8-7 可以看出，1998—2008 年我国工业部门的超额利润率增加
了 22.35%，乘以资本超额利润率对劳动收入份额的影响系数 0.45 可知，
其对要素收入中劳动收入份额的影响为 10.06%。同期，要素收入中劳动
收入份额增加了 10.67%。可见，资本超额利润率可以解释要素收入中劳
动收入份额增加的 94.28%。这与陈宇峰等（2013）、白重恩与钱震杰

（2009）的估计结果较为接近。陈宇峰等（2013）认为，垄断利润率对资本收入份额的影响高达 96%。白重恩、钱震杰（2009）的实证研究指出，中国工业部门由于垄断势力加强、国有企业改制等原因造成的超额利润率上升可以解释工业部门劳动收入份额下降的 90%。

综上所述，我国要素收入中劳动收入份额的下降主要是由于资本的市场垄断势力增强，引致资本利润率大幅攀升造成的，可以解释 1998—2008 年劳动收入份额下降的 94.28%。其他影响劳动收入份额的因素如偏向型技术进步，是次要影响因素。

第六节　本章主要结论与对策建议

准确计算我国劳动收入份额，正确判断我国劳动收入份额是否偏低，科学地探索出我国劳动收入份额下降的真正原因，对于我们提出逐步提高我国劳动收入份额的对策建议无疑具有重要的意义。根据上面的实证研究，可以得出如下基本结论：

第一，从 GDP 中劳动收入份额来看，1978—1984 年，呈上升趋势，从 49.1% 增加到 54.45%，增加 5.35 个百分点；1984—2008 年，呈现下降趋势，从 54.45% 下降到 40.57%，下降 13.88 个百分点；1995 年同 1993 年相比，有个小幅增加，增加 1.95 个百分点，1995—2008 年，则一直下降，从 51.44% 下降到 40.57%，下降 10.87 个百分点；2008—2012 年，则呈增加趋势，增加了 5.02 个百分点。从要素收入中劳动收入份额来看，1993—1998 年，呈上升趋势，增加了 3.24 个百分点；1998—2008 年，一直下降，下降了 10.67 个百分点；2008—2012 年，呈上升趋势，增加了 5.6 个百分点。可以看出，GDP 中劳动收入份额下降从 1995 年开始，要素收入中劳动收入份额下降从 1998 年开始，后者延迟了三年，但都是一直降到 2008 年，降幅也接近。

第二，从简单的横向国际比较可以看出，2007 年 20 个经合组织成员国与 35 个发展中国家或地区的 GDP 中劳动收入份额的平均值为 51.51%，比我国 2007 年的该值高 9.8 个百分点。同上述 55 个国家或地区相比，我国 2007 年的 GDP 中的劳动收入份额不仅偏低，而且偏低的幅度较大，约为 8—13 个百分点。本书的实证研究也表明，GDP 中劳动收入份额与经济发展水平之间存在 U 形规律，其顶点为人均 GDP 等于 6229.2 美元（2005 年不变价），2012 年我国人均 GDP 为 3344.54 美元（2005 年不变价），所以我国的 GDP 中劳动收入份额处于下行区间。从"合乎世界规律"的劳动收入份额方程计算出我国 2008 年 GDP 中劳动收入份额应为 51.62%，实际为 41.71%，比前者低 9.91 个百分点，幅度很大。

第三，1993—2012 年这一时间段，我国是劳动增强型技术进步，同时也是偏向资本的技术进步。在这一时间段，人均资本拥有量的增加引起资本—劳动收入比例下降 0.0389。在同一时间段，资本的效率参数与劳动的效率参数的比值是下降的，引起资本—劳动收入比例上升的具体幅度为 0.0618。所以，两者引起资本—劳动收入比例的总效果是上升 0.0229，从而劳动—资本收入比例下降 0.0224。这就从偏向性技术进步的角度粗略地解释了 1998—2008 年中国要素收入中劳动收入份额下降的原因。

第四，2003—2008 年，我国工业部门的资本存在正超额利润。我国要素收入中劳动收入份额的下降主要是由于资本的市场垄断势力增强，引致资本利润率大幅攀升造成的。1998—2008 年我国工业部门的超额利润率增加了 22.35%，可以解释 1998—2008 年我国劳动收入份额下降的 94.28%。这是我国 GDP 中劳动收入份额下降的主要原因。

鉴于以上实证结论，可以提出提高我国 GDP 中劳动收入份额的对策建议。

第一，提高劳动者工资水平。白重恩、钱震杰和武康平（2008）认为，由于我国的资本—劳动替代弹性接近于 1，所以简单地提高工资水平可能导致失业率上升，反而对提高劳动收入份额没有帮助。本书的实证研究结果测算出我国 1993—2012 年的资本—劳动替代弹性为 0.892，表明这一时间段我国的资本与劳动是互补关系，提高工资水平不会导致失业率升高。提高劳动者工资水平，有以下几条途径：一是严格执行国家最低工资制度，使我国的最弱势群体工资能够按时足额发放；二是建立完善政府工资指导线制度，鼓励、引导企业向着工资指导线增资；三是建立正常的工资谈判机制。劳动者除去在劳动力市场根据当时的供求状况接受一个初定的工资外，企业应该制定公司章程，允许满足一定条件的劳动者在工会的组织下，可以根据企业的盈利状况，依照严格的规范与程序，与企业管理层就工资水平进行谈判，达成一个双赢的新的工资水平。

第二，根据资源优化配置要求，改变技术进步方向。许多实证研究认为，导致我国企业过度偏好使用资本的主要原因有：赶超战略与片面GDP考核导向，长期人为地压低资本的使用成本等。我国应该充分发挥市场在资源配置中的决定性作用，有计划、有步骤放开我国信贷市场，让资金利率由市场决定。这样，企业会在劳动力市场与信贷市场价格信号的引导下，依据企业自身、产品市场情况与竞争状况，在利润最大化原则的要求下，自觉调整投入要素比例，自然而然地向着"顺资源禀赋"的方向发展，即多使用相对充裕要素——劳动，少使用相对稀缺要素——资本，使资本偏向性技术进步向劳动偏向性技术进步转变。这对于提高我国经济增长质量与增长速度，提升经济效率，增加劳动收入份额大有裨益。

第九章　地方政府竞争与经济增长方式转变[*]

　　1978 年改革开放以来，中国 30 多年的经济高速增长引起世人瞩目，被誉为"中国奇迹"，但许多学者对中国的经济增长方式持有异议。克鲁格曼 1994 年在其著名论文《亚洲奇迹的神话》中指出，大部分东亚国家和地区的经济增长主要依靠要素投入增加来驱动，技术进步没有发挥重要作用。由此，他断言东亚经济，当然包括中国经济的增长是不可持续的。相当一部分中国经济学者、政府官员及其他各界人士认为中国的经济高速增长呈现出"高消耗、高能耗、高污染、低效率"的"三高一低"特征（卫兴华、侯为民，2007），主要表现为由大量资本、能源和原材料以及劳动力投入推动，而全要素生产率增长对经济增长的贡献比较低（王小鲁、樊纲和刘鹏，2009）。当然，也有与此相反的观点。比如，郑玉歆（1999）从 TFP 内涵的复杂性、方法论的差异等角度论证了劳伦斯·劳、艾尔温·扬等西方经济学家对东亚国家和地区 TFP 估计的不准确性。刘伟、张辉（2008）则指出，1998 年以后，我国要素投入增长的贡献率逐步降低，全要素生产率增长的贡献率不断提升，中国经济增长已经越来越体现出其自身的可持续性。

第一节　文献述评

　　基于研究"中国道路"和转变经济增长方式的新近文献指出，一方面，中国是一个在国民经济运行中十分重视政府主导的国家。在最近几年

---

　　[*]　参见吴振球、王建军《地方政府竞争与经济增长方式转变：1998—2010——基于中国省级面板数据的经验研究》，《经济学家》2013 年第 1 期。

关于"中国道路"论争中，虽然许多学者对"中国道路"称谓、内涵、特质与特征的认识歧异，但不管分歧多大，都不约而同地承认了中国政府在经济发展中的主导作用。学者们认为在中国特色社会主义道路中，政府通过计划、经济、法律、行政、信息等手段，可以运用他们掌握的经济资源、组织资源、法律资源、制度与政策资源等，对经济运行与经济发展施加影响并产生作用。程恩富（2009）认为，经济发展的中国模式区别于其他模式的显著体制特征之一是国家主导型的多结构市场制度，即在廉洁、廉价、民主和高效的前提下，确立"小而强的政府"的主导地位或主脑地位。张宇、张晨和蔡万焕（2011）指出，从经济运行的特点来看，中国改革开放以来形成的市场经济体制是一种计划调节与市场调节、中央集权同地方分权、直接调节与间接调节、供给管理与需求管理、短期目标与长期目标、总量平衡与结构优化有机统一的国家主导型的市场经济模式。林毅夫（2013）指出，在转型过程中，政府应该发挥好的作用，保护产权，维持宏观稳定，克服市场失灵，因势利导地推动技术、产业、制度等结构的变迁。另一方面，许多学者从外在影响因素和内生演进机制、转型动力角度研究中国经济增长方式转型。国内外学者研究经济增长方式及其转变，主要从以下四个层面展开：

一是从宏观角度看，运用定量研究方法，研究市场因素和政策因素等对经济增长方式及其转变的影响。赵彦云、刘思明（2011）考察了发明专利、实用新型专利和外观设计专利对经济增长方式的影响。封思贤、李政军、谢静远（2011）从银行发展、证券市场、金融开放等金融层次探讨了金融支持与经济增长方式转变之间的相互关系。周波（2007）在阐明财政促进经济增长方式转变的理论机制的基础上，在省级层面上度量了财政促进经济增长以及经济增长方式转变的实际效应。郭金龙、张许颖（1998）从数理经济角度，通过建立模型并对参数进行讨论论证了经济结构变动对经济增长方式转变的作用。

二是从宏观角度看，运用定性研究方法，深入分析政府因素、制度因素、体制因素等对经济增长方式转变的影响。刘伟（2006）指出，经济增长方式的转变首先在于技术创新，技术创新的根本又在于制度创新。技术创新和制度创新推动下的经济增长方式的转变，关键是使效率提高成为增长的首要动力。卫兴华、侯为民（2007）指出，中国经济增长方式的转变，需要克服资源供给、投资与消费结构协调、产业优化与扩大就业等难题，通过科技创新和体制创新，实现经济良性增长。

三是从微观角度看，研究中国经济增长的内生演进机理以及如何推进经济增长方式转变。中国经济增长和宏观稳定课题组（2006）从分析"干中学"演进机制入手，得出赶超型的供给曲线，随后对"干中学"引起的套利型—哄而起的低成本竞争模式进行探究，从理论和典型事实上阐释了中国经济增长的内生演进机制和技术要素组合方式，最后提出了通过供给政策和深化市场改革来推进经济增长方式转变的结论。

四是从国际经验借鉴角度看，研究西方发达国家促进经济增长方式转变的动力。李京文（1996）指出，促进西方发达国家经济增长方式由粗放型转变为集约型的动力是：激烈的竞争、大型垄断企业组织在推动技术进步方面所起的作用、企业家作用、政府干预等。受上述"中国道路"与经济增长方式转型研究的启发，本书拟将地方政府竞争与经济增长方式转变结合起来，深入探寻地方政府竞争对经济增长方式转变的作用与影响。

从已有的研究成果可以看出，总体而言，促进经济增长方式转变的研究尚不深入，缺乏足够的深度与说服力。特别是在中国这样一个计划管理明显、十分重视政府主导的国家，地方政府竞争行为对经济增长方式的影响在理论上还没得到应有的重视，研究少之又少。有些学者虽然注意到了政府干预或政府经济政策对推动经济增长方式转变的影响及其作用，但是其研究不够系统，缺乏深度。主要表现在以下两个方面：一是有些学者虽然在较长的经济研究工作中直观地感觉到了政府，特别是地方政府竞争对转变经济增长方式的作用，并且初步地进行了一些量化研究，然而，没有深入地研究地方政府竞争对转变经济增长方式的微观机理，因而其研究结论缺乏足够的可信性。二是有些学者虽然研究了部分经济政策或地方政府某一职能对转变经济增长方式的作用，但部分经济政策的作用或地方政府某一职能毕竟代替不了地方政府干预作为一个整体对经济增长方式转变的作用。

张璟、沈坤荣（2008）研究了财政分权背景下地方政府干预和区域金融发展对经济增长方式转型产生的影响，并探讨了地方政府干预以区域金融发展为媒介，对经济增长方式转变的作用机理。张五常（2009）指出，中国近30年来高速经济增长，是因为一个通常人都没有重视的原因。这个原因是：中国各地方政府的高度自由竞争，导致了中国的高效发展，这是市场的功劳。令人欣喜的是，近年来一些学者从激励理论、增长政治经济学的角度，对政治集权、经济分权背景下地方政府官员与经济增长的关系进行研究（周黎安，2004；杨其静、聂辉华，2008；王贤彬、徐现祥，2008）。这可能是理解地方政府竞争与经济增长方式转变的一个新的视角。

在 20 世纪 80 年代，党中央根据我国经济发展过程中存在的质量与效益低下等问题，提出转变经济增长方式。2007 年，党的十七大进一步提出转变我国国民经济发展方式的重要方针。因此，当前研究我国经济增长方式转型具有特别重要的意义。沿袭政府主导经济增长方式这一分析思路，与前人研究不同，本书关注的问题是，地方政府竞争对经济增长方式究竟有无影响？如有影响，究竟有怎样的影响？其影响的机理是什么？地方政府在不同的省份对经济增长方式的影响程度有无差异？地方政府当期以及滞后期行为对经济增长方式的影响是否相同？本书试图通过解答这些问题提出推动"十三五"时期中国经济增长方式转变的对策建议。

本章的创新之处在于以下三个方面：第一，探讨了中国实施"分税制"改革后地方政府竞争的特点、性质等，这是研究"分税制"改革后地方政府竞争对经济增长方式转变产生影响的前提。第二，结合中国改革开放以来政治集权、经济分权，基于任命制经济体的政治经济特点，从微观经济学一般均衡角度，将技术当作一种不同于人力和资本，与社会基础设施紧密关联的特殊生产要素，将地方政府竞争而采取的各种行为、政策、制度、法规等当作一个整体，构造一个地方政府竞争对技术引进产生影响的数理经济模型，用以阐述地方政府竞争对辖区经济增长方式转变的作用机制。第三，以中国各省区市全要素生产率体现地方经济增长方式，以地区实际生产总值年增长率表示地方政府竞争能力，将地区人力资本、产业结构、市场竞争、对外开放等作为关键控制变量，用中国各省区市1998—2010 年的面板数据定量研究地方政府竞争对经济增长方式转变的影响。我们认为，地方政府在政治竞争与经济竞争中采取的各种手段，包括争取中央政府特殊政策与项目、改善地方投资发展环境、制定合理的包含地方财政金融支持在内的创新政策和产业规划以及政策等，可能是促进经济增长方式转变的重要手段和方法。中央政府在推进中国经济发展方式转型进程中，必须十分重视地方政府竞争的特殊作用。

第二节　理论模型

中国改革开放以来，选择了一条与世界上其他国家不同的政治与经济发展道路。1992 年，中国开始进行社会主义市场经济体制改革。1994 年，中国在财政管理体制方面进行"分税制"改革。中国实施"分税制"改革后，政治经济特点如下：

第一，"分税制"实施以后，地方政府获得了明确的地方税收益，同时获得一定的独立事权，承担相应责任。上级政府对下级政府的调控从计划为主过渡到经济手段为主。地方政府间的关系不再是单纯的"兄弟式关系"，而是两个经济主体之间的关系。但与西方的财政联邦主义不同（周业安，2003）。

第二，实施"分税制"后，中国地方政府间的竞争是一种"双重竞争"，即政治竞争与经济竞争，这是由地方政府的"双重身份"——上级政府的派出机构与地方公众利益代表决定的。政治竞争与经济竞争既对立又统一。在作为"理性人"的地方政府官员看来，经济竞争往往从属于政治竞争（周业安，2003）。

第三，"分税制"改革后的中国，是政治集权、财政分权，基于任命制的经济体。从中国现实国情看，地方政府竞争在促进经济增长方式转型过程中扮演了一个与世界上其他国家不同的独特角色。

本部分基于中国实施"分税制"后的政治经济特点，从微观经济学一般均衡的角度，构造一个用以说明地方政府竞争对辖区内技术水平产生影响的数理经济模型。该数理经济模型借鉴了徐现祥、王贤彬（2010）的建模思想与技巧，但与其有所不同。

基本假设：本书考察一个由 N 个岛屿组成的政治上集权、经济上分权的竞争性经济体。每个岛屿的初始技术水平、初始资本和初始经济活动主体人数相同，分别为 $\bar{a} > 0$，$\bar{k} > 0$ 和 $\bar{l} > 0$，每人提供一单位劳动。经济体的技术总量、资本总量、劳动总量分别为 $T = N\bar{a}$，$K = N\bar{k}$ 和 $L = N\bar{l}$。经济活动主体无法在岛屿间自由流动，但技术、资本可以在岛屿间自由流动。

政治上集权表现为，经济体中存在一个中性社会领导者，任命管辖岛屿经济发展事务的岛主，岛主执行中性社会领导者授予该岛的政策 A_i，岛主发展经济的能力 h_i 不同。岛主们按照中性社会领导者规定的税率 t 对辖区产出征税，取得财政收入，一部分财政收入用于岛主自己消费，记为 c，另一部分用于生产不同种类的社会基础设施，记为 x，包括科学技术研究设施、产品开发设施、优惠的技术创新政策、交通通信水电设施等，以吸引岛屿间技术转移。我们有，$tY_i = c_i + I_i$，其中，Y_i 表示该岛屿产出水平，I_i 表示岛主对社会基础设施的投资（徐现祥、王贤彬，2010）。为计算方便，假定岛主生产社会基础设施的技术为，一单位投资可以生产出一单位社会基础设施，即：

$$I_i = \int_0^{h_i} x_j \mathrm{d}j \tag{9-1}$$

中性社会领导者考核岛主的规则是：辖区内的产出水平越高，岛主的政治收益越大。岛主为了追求政治收益最大化，从而追求辖区产出尽可能大，由此给他带来的效用记为 Y。岛主的在职消费也会带来效用，记为 c。假设两种效用具有可加性，岛主的效用函数可以表示为：$U_i = Y_i + \lambda c_i$，其中，$\lambda > 0$，表示岛主对在职消费的相对偏好程度。

假定岛屿的生产函数是柯布—道格拉斯生产函数，即：

$$Y_i = A_i T_i^{\alpha} L_i^{\beta} K_i^{\gamma} \int_0^{h_i} x_j^{1-\alpha-\beta-\gamma} \mathrm{d}j \tag{9-2}$$

式中，α，β，$\gamma > 0$，$\alpha + \beta + \gamma < 1$，$T_i$ 表示企业生产技术，L_i 表示企业劳动，K_i 表示企业资本。

情形一：不存在经济增长竞争。

首先考察不存在经济增长竞争的情形，技术与资本在岛屿间不流动，经济体里的 N 个岛屿是 N 个分割的小经济体。

社会基础设施投资来源于税收，企业纳税后免费使用社会基础设施。于是企业面临问题可以表述为：

$$\max_{A_i, L_i} (1-t) Y_i - n_i T_i - w_i L_i - \delta_i K_i \tag{9-3}$$

式中，n_i 表示单位技术转移价格，w_i 表示工资率，δ_i 表示利率。当利润最大化时，

$$\frac{\partial Y_i}{\partial T_i} = \frac{n_i}{1-t}, \quad \frac{\partial Y_i}{\partial L_i} = \frac{w_i}{1-t}, \quad \frac{\partial Y_i}{\partial K_i} = \frac{\delta_i}{1-t} \tag{9-4}$$

式（9-4）表明，当企业利润最大化时，企业技术、劳动、资本的

边际产出分别等于边际成本除以（1 - t）。

当不存在经济增长竞争时，岛主便无须吸引技术、资本转移，岛主面临的问题可以表述为：

$\underset{c_i, x_j}{\mathrm{Max}} U_i = Y_i + \lambda c_i$，且满足预算约束和式（9 - 1）。把约束条件代入效用函数，可得岛主效用最大化的一阶条件为：

$$\frac{\partial Y_i}{\partial x_j} = \frac{\lambda}{1 + \lambda t} \tag{9 - 5}$$

式（9 - 5）表明，岛主生产每种社会基础设施的边际成本是相等的，并且每种社会基础设施的边际产出相等。

由式（9 - 5）可知岛主愿意提供的每种社会基础设施为：

$$x_j = \left[A_i \frac{(1 - \alpha - \beta - \gamma)(1 + \lambda t)}{\lambda} \right]^{\frac{1}{\alpha + \beta + \gamma}} (T_i)^{\frac{\alpha}{\alpha + \beta + \lambda}} (L_i)^{\frac{\beta}{\alpha + \beta + \gamma}} (K_i)^{\frac{\gamma}{\alpha + \beta + \gamma}},$$

$$j \in (0,\ h_j) \tag{9 - 6}$$

由式（9 - 6）可知，岛主所提供的每种社会基础设施数量相等。由式（9 - 1）可知，岛屿 i 的社会基础设施投资总量为：

$$I_i = \left[A_i \frac{(1 - \alpha - \beta - \gamma)(1 + \lambda t)}{\lambda} \right]^{\frac{1}{\alpha + \beta + \gamma}} (h_i T_i)^{\frac{\alpha}{\alpha + \beta + \gamma}} (h_i L_i)^{\frac{\beta}{\alpha + \beta + \gamma}} (h_i K_i)^{\frac{\gamma}{\alpha + \beta + \gamma}}$$

$$\tag{9 - 7}$$

式（9 - 7）表明，岛屿上的社会基础设施投入，随着企业技术水平、劳动投入、资本投入的增加而增加。在不存在经济增长竞争时，技术与资本不流动，岛屿上的每个企业实现了利润最大化，岛主实现效用最大化，技术、资本与劳动市场供求平衡，经济体处于均衡状态。

情形二：存在经济增长竞争。

现在考察技术、资本在岛屿间无成本自由流动，存在经济增长竞争的情形。此时经济体的博弈顺序是：第一是中性社会领导者任命岛主；第二是岛主们同时决定生产多少社会基础设施，用于引进技术；第三是经济活动主体决定技术水平。

（一）企业的行为

当技术在岛屿间无成本自由流动时，在均衡状态，如果每个岛屿上都有技术，那么每个岛屿上的单位技术价格相等，把这种价格记为 n。还假定经济体内的岛屿数量足够多，岛屿足够小，每个岛屿在引进技术时都将单位技术价格视为既定，这时企业行为是：

$$n_i = \frac{\partial Y_i}{\partial T_i}(1-t), \ w_i = \frac{\partial Y_i}{\partial L_i}(1-t), \ \delta_i = \frac{\partial Y_i}{\partial K_i}(1-t) \tag{9-8}$$

结合式（9-2）可得：

$$T_i = \left[\frac{1-t}{r} \alpha A_i L_i^{\beta} K_i^{\gamma} \int_0^{h_i} x_j^{1-\alpha-\beta-\gamma} dj \right]^{\frac{1}{1-\alpha}} \tag{9-9}$$

（二）岛主的行为

由式（9-9）可知，岛屿引进技术的规模取决于中性社会领导者授予该岛的政策、岛屿的社会基础设施、劳动力、资本与岛主自身的能力。由于技术流动，岛主面临的问题可以表述为 $\underset{c_i, x_j}{\mathrm{Max}} U_i = Y_i + \lambda c_i$，且满足预算约束，式（9-1）和式（9-9）。把这些约束条件代入效用函数，可得岛主效用最大化的一阶条件为：

$$\frac{\partial Y_i}{\partial x_j} + \frac{\partial Y_i}{\partial T_i} \frac{\partial T_i}{\partial x_j} = \frac{\lambda}{1+\lambda t} \tag{9-10}$$

与式（9-5）相比，式（9-10）左边多出一项，这一项源于式（9-9），它反映了岛主的生产性支出通过引进技术规模从而对产出产生了影响。由式（9-2）和式（9-9）可得：

$$x_j = \left[\frac{1}{1-\alpha} \right]^{\frac{1}{\alpha+\beta+\gamma}} \left[A_i \frac{(1-\alpha-\beta-\gamma)(1+\lambda t)}{\lambda} \right]^{\frac{1}{\alpha+\beta+\gamma}} (T_i)^{\frac{\alpha}{\alpha+\beta+\gamma}} (L_i)^{\frac{\beta}{\alpha+\beta+\gamma}}$$

$$(K_i^{\frac{\gamma}{\alpha+\beta+\gamma}}), \ j \in (0, \ h_j) \tag{9-11}$$

同式（9-6）相比，式（9-11）右边多了一项 $\left(\frac{1}{1-\alpha} \right)^{\frac{1}{\alpha+\beta+\gamma}}$，且大于1。这意味着，在技术流动情况下，岛主进行技术引进竞争，如果经济体的技术、劳动与资本投入都不变，那么每种社会基础设施的供给数量都将增加。式（9-11）还揭示，在技术流动情况下，岛主提供的每种社会基础设施数量还是相等的。相应地，社会基础设施的总投资为：

$$I_i = \left[A_i \frac{(1-\alpha-\beta-\gamma)(1+\lambda t)}{\lambda} \frac{1}{1-\alpha} \right]^{\frac{1}{\alpha+\beta+\gamma}} (h_i T_i)^{\frac{\alpha}{\alpha+\beta+\gamma}} (h_i L_i)^{\frac{\beta}{\alpha+\beta+\gamma}} (h_i K_i)^{\frac{\gamma}{\alpha+\beta+\gamma}}$$

$$\tag{9-12}$$

同式（9-7）相比，在技术流动情况下，当其他条件不变时，岛主为了引进技术，在社会基础设施上的总投资将增加到 $\left(\frac{1}{1-\alpha} \right)^{\frac{1}{\alpha+\beta+\gamma}}$ 倍。

通过情形一与情形二岛屿社会基础设施、技术水平以及产出的比较，可以得出如下命题：

命题1：在存在经济增长竞争时，如果经济体的初始技术水平、劳动与资本初始投入不变，岛主为了引进技术，在岛屿社会基础设施上的投资将比不存在经济增长竞争时增多，技术比不存在经济增长竞争时进步，产出比不存在经济增长竞争时增加。

命题2：在存在经济增长竞争时，如果经济体的初始技术水平、劳动与资本初始投入不变，岛主为了引进技术，将会扩大岛屿社会基础设施投资，产生技术进步的结果。更进一步说，岛主发展经济的能力（即竞争能力）越强，他在社会基础设施上的投资越多，导致该岛的技术进步越快。

第三节　计量模型、数据说明与全要素生产率测算

一　模型设定

虽然我国学者对全要素生产率的内涵存在很大争议（郑玉歆，1999），并且经济增长方式内涵十分丰富，但与大多数学者一样［郑京海、胡鞍钢和比奇顿（A. Bigeton），2008；卢艳、刘治国和刘培林，2008；赵彦云、刘思明，2011］，本书也采用全要素生产率表示经济增长方式。中国全要素生产率的测算仍是近年来国内学者争议较多的一个议题，于永达、吕冰洋（2010）认为，国内近年来使用较多的索洛余值法、数据包络分析法和随机前沿分析法都存在着某种程度的不足。郑京海、胡鞍钢和 A. 比奇顿（2008）指出，尽管索洛余值法在中国全要素生产率的测算中受到了批评，但如果能审慎地选择生产参数，恰当地应用，该方法仍不失为一种有价值的方法。郑京海、胡鞍钢和 A. 比奇顿（2008）、Guariglia 和 Poncet（2008）、赵彦云、刘思明（2011）在中国全要素生产率的测算中都采用了索洛余值法。鉴于此，本书也采用这一方法。为了确保结论的稳健性，首先利用回归分析法估计中国的资本产出弹性，然后利用不同的资本产出弹性计算中国全要素生产率，并进行实证结果比较，以检验结论是否对资本产出弹性敏感。

利用柯布—道格拉斯生产函数测算，在规模报酬不变的假设前提下，模型可表示为：

$$Y_{it} = A_{it} K_{it}^{\alpha} L_{it}^{1-\alpha}, \ 0 < \alpha < 1 \tag{9-13}$$

式中，Y 表示产出，K 表示资本存量，A 表示全要素生产率，L 表示劳动力投入，i 表示地区，t 表示时间。在这里，参考索洛（1957）的做法，进一步将 A_{it} 设置为以 A_{i0} 为初始水平，以固定变化率 λ 变化的形式，则有：

$$A_{it} = A_{i0}e^{\lambda t} \tag{9-14}$$

将式（9-14）代入式（9-13）并进行相应处理，得到：

$$\ln(Y_{it}/L_{it}) = \ln A_{i0} + \lambda t + \alpha \times \ln(K_{it}/L_{it}) \tag{9-15}$$

通过 1998—2010 年中国大陆 30 个省区市的面板数据，我们可以使用 Stata/SE12.0 软件利用面板数据模型估计出式（9-16）中的资本产出弹性 α，再由式（9-13）可以计算得到各省区市在不同时期的全要素生产率 A_{it}。全要素生产率包含除资本和劳动力以外的技术创新、制度与政策创新、组织创新等影响经济增长的因素，无法将其全部罗列出来。

$$\ln(Y_{it}/L_{it}) = \ln A_{i0} + \lambda t + \alpha \times \ln(K_{it}/L_{it}) + \varepsilon_{it} \tag{9-16}$$

二 数据说明

本书以中国大陆 30 个省区市为研究对象。由于西藏地区研究区间统计数据不全，故不包括西藏地区。本书选取的数据区间为 1998—2010 年。产出和资本存量都调整为以 1996 年为不变价的实际值。具体数据说明如下：

（一）产出

本书使用各省区市实际地区生产总值，即用地区 GDP 平减指数对地区 GDP 进行处理。

（二）劳动力投入

从理论上讲，劳动力投入量应该是生产过程中实际投入的劳动力数量，由于中国目前尚未对这一指标进行统计，所以，本书用全社会从业人员数进行粗略替代。由于《中国统计年鉴》相应年份公布的各省区市全社会从业人员数在不同年份相差较大，因此，本书以各省区市统计年鉴公布的全社会从业人员数为准。

（三）资本存量

由于目前官方尚未对中国总资本存量、分省资本存量、分行业资本存量进行统计，所以大多数学者采用永续盘存法对资本存量进行估计，少数学者用投入产出表对资本存量进行估计（薛俊波，2007）。本书也采用永续盘存法，$K_t = (1-\delta)K_{t-1} + I_t$，其中，$K$ 表示资本存量，I 表示投资，δ

表示折旧率，本书折旧率取 0.07。对于 1998 年各省区市资本存量，我们应用张军、吴桂英和张吉鹏（2004）的估算数据。1999—2002 年的资本形成总额用固定资本形成价格指数对《中国国内生产总值核算历史资料（1952—2002）》中各省区市的资本形成总额进行处理，其中，固定资本形成价格指数是以 1996 年为基期的 1999—2002 年的固定资本价格平减指数，对于 2003—2010 年该资料中尚未统计的固定资本形成价格指数，我们借用各省固定资产投资价格指数来替代，2003—2010 年的固定资产投资价格指数调整为以 1996 年为基期的指数。1998—2010 年中国各省区市产出、劳动力投入、资本存量统计特征见表 9 - 1。

表 9 - 1　　　　我国 1998—2010 年各省区市产出、劳动力投入、

资本存量描述性统计　　　单位：亿元、万人

变量	样本	均值	标准差	最小值	最大值
产出	390	6747.89	7114.89	220.92	46013.06
资本存量	390	9949.98	8596.36	521.12	62035.24
劳动力投入	390	2259.7	1500.97	230.40	6041.56

三　全要素生产率测算

面板数据模型包括混合回归模型、固定效应模型和随机效应模型三种。通过 Brusch - Pagan 检验和豪斯曼检验来选择相应的模型。进一步地，由于面板数据模型的估计容易受残差自相关和异方差影响，本书为了控制自相关和异方差对参数估计的影响，使用 Stata/SE12.0 软件中的 Xtscc 命令对固定效应模型进行估计。对于随机效应模型，使用可行广义最小二乘法（FGLS）进行估计。根据豪斯曼检验，F 检验表示固定效应模型显著，因此本书应选择固定效应模型。根据式（9 - 16）来测算各省区市全要素生产率，参数估计结果见表 9 - 2。

表 9 - 2　　我国 1998—2010 年柯布—道格拉斯生产函数的回归结果

变量	系数
$\ln(K/L)$	0.5249 (0.025)***

续表

变量	系数
t	0.0704
	(0.002)***
常数项	4.0231
	(0.256)***
豪斯曼检验	714.74***
F	8741.49***
观测数	390

注：因变量为 ln(Y/L)，***表示在1%显著水平下拒绝原假设；**表示在5%显著水平下拒绝原假设；*表示在10%显著水平下拒绝原假设；括号内为标准误；豪斯曼检验和F分别表示进行豪斯曼检验的卡方统计量和F统计量。

由表 9 - 2 可知，本书测算的 1998—2010 年中国资本产出弹性为 0.5249，这与 OECD（2005）对中国的测算值 0.526 十分接近。因此，可以得到全要素生产率 TFP_{it} 的计算公式为 $TFP_{it} = \dfrac{Y_{it}}{K_{it}^{0.5249} L_{it}^{0.4751}}$。将全国各省区市全要素生产率按简单算术平均值分组，结果见表 9 - 3。进一步地，考虑到不同学者对中国资本产出弹性的测算值有所差异，如 Wang 和 Meng（2001），邹至庄（2008），赵彦云、刘思明（2011）测算的资本产出弹性分别为 0.433、0.601 和 0.5123，但多数学者对中国资本产出弹性的测算结果集中在 0.4—0.6，出于稳健性考虑，本书在全要素生产率影响因素的实证研究中还分别取资本产出弹性为 0.4、0.5、0.6 得到全要素生产率并进行实证结果的比较。

表 9 - 3　我国 1998—2010 年各省区市全要素生产率按算术平均值分组

区间	省份	区间	省份
2.0 以上	上海	1.0—1.2	新疆、山西、海南、湖北、河北
1.50—2.0	天津、广东、北京、山东、浙江、江苏	0.8—1.0	陕西、江西、河南、重庆、湖南、安徽、广西、甘肃、宁夏、云南、四川
1.20—1.50	辽宁、福建、黑龙江、吉林、内蒙古	0.8 以下	青海、贵州

从全国各省区市 1998—2010 年全要素生产率和表 9 - 3 可以看出，中国全要素生产率具有如下特点：

第一，1998—2010 年，全国 30 个省区市除极少数省份极少数年份下降外，全要素生产率总体趋势是上升的。

第二，除北京、天津、上海三个直辖市 1998 年全要素生产率大于 1 外，其余 27 个省区市都小于 1。但到 2010 年，全国 30 个省区市的全要素生产率都大于 1。"十一五"时期的五年，北京、天津、河北、山西、内蒙古、辽宁、吉林、黑龙江、上海、江苏、浙江、福建、江西、山东、河南、湖北、广东、广西、海南、重庆、陕西、甘肃、新疆 23 个省区市的全要素生产率均大于 1。这表明，地方全要素生产率对 GDP 的增长贡献越来越大，中国各省区市经济增长方式正在逐步发生改变。

第三，全要素生产率简单算术平均值在 1.20 以上的省份有上海、天津、广东、北京、山东、浙江、江苏、辽宁、福建、黑龙江、吉林、内蒙古 12 个省区市，其中，东部地区 8 个，东北地区 3 个，西部地区有 1 个。全要素生产率简单算术平均值在 1.0—1.2 的省份有新疆、山西、海南、湖北、河北 5 个，其中，东部地区 2 个，中部地区 2 个，西部地区 1 个。全要素生产率简单算术平均值在 1.0 以下的省份有陕西、江西、河南、重庆、湖南、安徽、广西、甘肃、宁夏、云南、四川、青海、贵州 13 个，其中，西部地区 9 个，中部地区 4 个。表明东部地区、东北地区技术进步较快，经济增长越来越依赖技术进步，经济增长方式转型已成定式。中西部地区技术进步较慢，但经济增长方式转型已初见端倪。东部地区、东北地区与中西部地区经济增长方式转变差异可能的原因是初始禀赋差异和异质性地方官员的经济增长行为差异。在政治集权、经济分权的经济体，即中央任命地方官员、地方官员为增长而竞争的经济体里，不仅会出现现有文献所强调的竞争效应，还会出现极化效应，正是极化效应决定了理性的地方官员在增长竞争中采取不同的经济增长行为（徐现祥和王贤彬，2010）。

第四节　回归方程与结果分析

一　回归模型

从以前研究成果可以得出结论，影响中国 TFP 的因素主要有财政金融政策、专利、研发投入、外资企业技术外溢效应、经济体制、经济结构、市场竞争、国际贸易自由化、劳动力质量、体制创新、制度创新和科技创新等。考虑本书主旨是研究地方政府竞争对经济增长方式的影响，结合中国实际考虑，将这些因素整合并按照另外一个维度划分为：地方政府竞争、市场竞争、人力资本、产业结构、对外开放。因此，本书选取地区 *TFP* 为被解释变量，地方政府竞争为解释变量，人力资本、产业结构、市场竞争度、对外开放度为关键控制变量。具体实证模型如式（9-17）：

$$TFP_{it} = \beta_0 + \beta_1 gdprate_{it-n} + \beta_2 edu_{it} + \beta_3 industry_{it} + \beta_4 assert_{it} + \beta_5 port_{it} + \varepsilon_{it}$$

$$i = 1, 2, \cdots, 30; \quad t = 1998, 1999, \cdots, 2010; \quad n = 0, 1, \cdots, 12$$

$$(9-17)$$

其中，*gdprate* 表示地方政府竞争能力，*edu* 表示人力资本，*industry* 表示产业结构，*assert* 表示市场竞争度，*port* 表示对外开放度，*β* 表示常数项，*ε* 表示随机变量。

二　数据说明

（一）地方政府竞争能力

从中国国情看，地方政府最关心两项指标：地方 GDP 年增长率和财政收入年增长率，这是地方《政府工作报告》中必须报告的两项指标，也是当前上级政府和人民群众实际上最看重的两项指标。尽管近年来对片面追求 GDP 的挞伐之声日浓，但地方政府追求 GDP 增长的趋势尚未得到根本性扭转。本书拟选取地方 GDP 年增长率表示地方政府竞争能力。原因如下：地方 GDP 年增长率和财政收入年增长率具有较强的一致性。张军（2005）认为，中国地方政府之间的竞争关系最终表现为"为 GDP 增长而竞争"。在中国经济以奇迹般速度增长过程中，地方官员对当地经济发展所体现出的兴趣和热情在世界范围内可能也不多见（周黎安、罗凯，2005）。

（二）人力资本

用人均受教育年限来测度人力资本。人均受教育年限的计算公式为：

$$P_i = N_i \sum X_i,$$

其中，X_i 表示各级文化程度分布比例，$i = \{$（小学，初中，高中，大学）；（初中，高中，大学）；（高中，大学）；（大学）$\}$，N_i 表示各级教育规定年限（中国各级教育小学、初中、高中、大学年限分别为 6、3、3、4）。1998—2010 年人均受教育年限根据《中国劳动统计年鉴》相应年份数据计算得出。

（三）产业结构

使用第二产业和第三产业增加值之和占当年地区生产总值的比重来体现产业结构。1998—2010 年产业结构根据《中国统计年鉴》相应年份数据计算得出。

（四）市场竞争度

用经济私有化程度表示，使用固定资产投资中非国有投资所占比重来体现经济私有化程度。非国有投资值等于固定资产投资值减去国有固定资产投资值。1998—2010 年经济私有化程度根据《中国统计年鉴》相应年份数据计算得出。

（五）对外开放度

使用各地区进出口总额占当年地区生产总值的比重来体现地区的对外开放度。在进出口总额的计算过程中，根据当年人民币对美元汇率的年平均价将美元换算成人民币。1998—2010 年对外开放度根据《中国统计年鉴》相应年份数据计算得出。中国地区全要素生产率、地方政府竞争能力、人力资本、产业结构、市场竞争度、对外开放 1998—2010 年的统计特征见表 9-4。

表 9-4　我国 1998—2010 年地区全要素生产率、地方政府竞争能力、
人力资本、产业结构、市场竞争度、对外开放度的统计特征

变量	样本	均值	标准差	最小值	最大值
地区全要素生产率	390	1.16	0.50	0.42	3.34
地方政府竞争能力	390	0.03	0.05	-0.25	0.44
人力资本	390	9.35	1.56	5.27	14.82
产业结构	390	89.29	7.42	63.11	99.40
市场竞争度	390	0.58	0.13	0.16	0.86
对外开放度	390	0.55	1.27	0.00	9.94

三　回归结果

为了考察中国各省区市全要素生产率与地方政府竞争能力间关系，使用 Stata/SE12.0 软件对 1998—2010 年全国 30 个省区市的面板数据进行估计。由于豪斯曼检验显著，所以，表 9-5 中 6 个回归模型都是固定效应模型。固定效应模型，说明地方政府竞争对各省区市经济增长方式转变的影

响是相同的。即各地方政府竞争能力增加一个单位，各地方全要素生产率增加相同个单位。用 Stata/SE12.0 软件中命令 Xttest3 判断出存在异方差，为了控制异方差对参数估计的影响，用稳健性回归处理。对于短面板数据（时间维度 $T <$ 横截面维度 N），由于时间维度 T 较小，每个个体的信息较少，无法讨论扰动项 $\{\varepsilon_{it}\}$ 是否存在自相关，故一般假设 $\{\varepsilon_{it}\}$ 为独立同分布的。本书时间维度 13 < 截面维度 30，故不考虑自相关问题。由于面板数据本身可以减轻多重共线性，所以本书暂不考虑变量间的多重共线性问题。

内生性检验。本书使用滞后一期的地区 TFP 作为工具变量进行内生性豪斯曼检验。结果表明，在 0.01 水平下，地方政府竞争不具有内生性。

特别需要说明的是，表 9-5 中分析结果与以 0.4、0.5、0.6 为资本产出弹性计算出的全要素生产率得到的研究结果高度一致，说明本书研究结果具有稳健性。

表 9-5　我国 1998—2010 年地区全要素生产率与地方政府竞争能力等因素的全样本回归结果

变量	当前期	滞后 1 期	滞后 2 期	滞后 3 期	滞后 4 期	滞后 5 期
gdprate	0.5582 (7.5079) ***					
L1. gdprate		0.1740 (1.9512) *				
L2. gdprate			0.3520 (2.1740) **			
L3. gdprate				0.2100 (1.7088) *		
L4. gdprate					0.4610 (3.7921) ***	
L5. gdprate						0.1889 (1.2613)
人力资本	0.0648 (2.2961) **	0.0907 (3.595) ***	0.1059 (4.173) ***	0.1078 (4.549) ***	0.0850 (4.510) ***	0.0822 (3.678) ***
产业结构	0.0369 (8.884) ***	0.0434 (8.649) ***	0.0478 (8.152) ***	0.0530 (9.219) ***	0.0526 (9.508) ***	0.0554 (9.681) ***

续表

变量	当前期	滞后 1 期	滞后 2 期	滞后 3 期	滞后 4 期	滞后 5 期
市场竞争度	0.8774 (5.799)***	0.8665 (5.281)***	0.7875 (4.292)***	0.7883 (4.406)***	0.7403 (3.975)***	0.6803 (3.133)***
对外开放度	0.0639 (4.588)***	0.0559 (4.384)***	0.0527 (4.229)***	0.0534 (3.997)***	0.0581 (3.985)***	0.0586 (3.789)***
常数项	-4.2454 (13.564)***	-5.0263 (12.636)***	-5.5034 (11.415)***	-5.9659 (11.977)***	-5.6842 (12.639)***	-5.8524 (12.462)***
R^2	0.8798	0.8697	0.8628	0.8426	0.8351	0.7949
F	214.962***	184.867***	166.610***	130.903***	100.222***	80.7456***
Hausman	24.80***	63.05***	74.41***	85.59***	75.99***	62.54***
观测数	390	360	330	300	270	240

注：***表示在 1% 显著水平下拒绝原假设；**表示在 5% 显著水平下拒绝原假设；*表示在 10% 显著水平下拒绝原假设；括号中为 t 统计量。被解释变量为 TFP、L1. gdprate、L2. gdprate、L3. gdprate、L4. gdprate、L5. gdprate 分别为滞后 1—5 期的 GDP 年增长率。R^2、F 和 Hausman 分别为拟合优度、F 统计量和豪斯曼检验的卡方统计量。

四　结果分析

从表 9 - 5 可以看出，1998—2010 年，中国地方政府竞争对全要素生产率有显著的正向作用，且影响关系存在显著的滞后效应，这表明地方政府竞争对经济增长方式转变具有积极作用。这与张璟、沈坤荣（2008）的研究结果是截然相反的。他们认为，在财政分权背景下，地方政府直接或间接地、显性或隐性地干预金融机构的资金运用，会"固化"中国目前依靠资本投入和积累速度提高的"粗放型"经济增长方式，因而对经济增长方式转型会产生极为不利的影响。除地方政府竞争外，人力资本、产业结构、市场竞争与对外开放度均对全要素生产率有显著的正向作用。在比值性变量产业结构、市场竞争度与对外开放度中，市场竞争度的系数大于对外开放度的系数大于产业结构的系数，表明市场竞争对经济增长方式转变的积极推动作用最大，对外开放次之，产业结构最小。

以前一些研究认为，中国地方政府为了追求政绩与 GDP 增长，偏向于采用外延式增长方法（卫兴华、侯为民，2007）。为什么 1998 年以后，地方政府在经济增长中转而偏向于内涵式增长，而且省份越来越多，越来越重视呢？我们认为，原因如下：其一，外延式增长到达一定限度后，会遇到资源、环境、结构、效益、需求等约束，这已为中国许多省份的发展所证实。其二，在约束困境下，中央政府适时提出转变经济增长方式，引领地方经济发展方式转型。中国利用人事权激励地方官员促进地方经济发展，从而晋升激励成为地方官员致力于辖区经济发展的重要激励（Maskin et al.，2000；周黎安，2004；Li and Zhou，2005；徐现祥，2005；张军，2005）。史宇鹏、周黎安（2007）将这种现象概括为政治晋升锦标赛，指出改革开放以来，地方官员间形成的围绕经济增长而展开的政治晋升锦标赛是理解中国经济增长的关键线索。无论地方政府官员进行地方政府竞争的内在出发点是政治晋升，还是地方经济发展，在外在表现上都必须重视地方经济增长。

实际上，新中国成立以来，转变经济增长方式就成为党中央的不懈追求。只不过改革开放前，中国偏好于用"政治运动"解决经济问题。20世纪80年代，党中央就提出转变经济增长方式。1995年，党的十四届五中全会提出，要正确处理速度和效益关系，必须更新发展思路，实现经济增长方式从粗放型向集约型转变。党的十五大提出，调整和优化经济结构，要转变经济增长方式，改变高投入、低产出、高消耗、低效益的状况。党的十六大提出，坚持以信息化带动工业化，以工业化促进信息化，走出一条科技含量高、经济效益好、资源消耗低、环境污染少、人力资源优势得到充分发挥的新型工业化路子。党的十六届五中全会提出，必须加快转变经济增长方式。党的十七大提出转变经济发展方式的重要方针。这是对转变经济增长方式的一脉相承和与时俱进的发展。与这些重要战略思想相呼应，中央政府出台了系列战略和重大政策，进行了若干体制改革。如1988年实施火炬计划，建立高新技术产业园区。1995年提出科教兴国战略，有力推动了创新能力提升、高技术产业发展和科技成果产业化。1999年开始的科研机构管理体制改革，促进了技术与经济的有效结合，企业技术创新主体地位迅速提升。在党中央和中央政府反复推动下，地方政府在没有更好策略性选择的条件下，自觉接受了内涵式增长的方法，并且取得实际成效。

由表9-5可知，地方政府竞争当期、滞后1期、滞后2期、滞后3期、滞后4期的系数分别为0.5582、0.1740、0.3520、0.2100、0.4610，表明对全要素生产率有显著正向作用，但是地方政府竞争滞后五期对全要素生产率的作用不显著。中国地方政府的任期是五年，这说明中国地方政府竞争存在着较为明显的任期效应。这与现有文献的研究结论是一致的。

从地方政府竞争当期、滞后 1 期、滞后 2 期、滞后 3 期、滞后 4 期的系数可以看出，系数呈现出交替特征，即滞后 4 期、滞后 2 期、当期的系数较大，滞后 3 期、滞后 1 期的系数较小，这说明地方政府干预经济运行的行为"忽冷忽热"，力度忽大忽小，政策连续性不强。这是因为：一届政府上任伊始，转变经济增长方式的决心与力度较大，但是转变经济增长方式会遇到增长速度下滑、短期经济效益与就业下降、融资困难等压力，于是改革力度就会降低。这也许是协调矛盾不得已而采取的一种策略。一届政府到了任期最后一年，为了向上级政府交出一份满意的答卷，其《政府工作报告》为了获得人大代表的高票通过，地方政府官员为了职务上的升迁，转变经济增长方式的动机与力度又会有所加强。本书表明，地方政府竞争与经济增长方式的关系在任期内呈现出 W 形特征，这与张军、高远（2007）的研究结论不同。他们从干部交流和任期角度考察了省长、省委书记对辖区经济增长的影响，发现官员交流有利于辖区经济增长，同时发现地方官员经济增长绩效在任期内呈现倒 U 形。

中国地方政府为了追求 GDP 增长，在受到资源、环境、需求等约束情况下，在中央政府引导下，会趋向于借助内涵式增长的手段与方法。

一是向中央政府争取优惠政策和大型项目，改善投资发展软环境。地方政府争取设立经济技术开发区、高新技术产业园区、改革实验区、重点大学、重点实验室等，提高教育培训水平与生活质量，放开户籍限制，提高行政办公效率，减少行政审批事项和降低行政收费标准，减少交易费用，吸引国外省外资金来当地投资，吸引高端人才来当地发展，使技术发展要素向当地聚集。

二是地方政府通过地方财政金融和行政等为手段的创新政策体系支持，诱导企业加大技术创新资金投入力度，促进企业研发新技术、开发新产品，提高经济效益。据调查，中国 30 个省区市都出台了促进地方技术进步的政策。各省区市都结合当地经济发展实际，明确了技术进步重点领域和企业技术进步的主体地位。通过建立健全企业技术进步考核机制和激励机制，建立重大技术进步项目的监督机制及规定企业研发投入额度与比例等手段，提高企业技术开发能力。通过完善政府投入机制、鼓励企业申报国家重点项目、支持企业多渠道融资、有效使用土地出让收入、鼓励外资企业以资本技术和管理等要素投资当地企业等手段，加大企业技术进步投资力度。通过产学研结合，提高技术成果转化率，以良好的经济效益促进企业技术研发进入良性循环的轨道。

三是地方政府制定科学的产业规划与产业政策，引导产业结构优化升级和产业集聚，提高资源配置效率，发挥规模经济效应。国际金融危机期间，中央政府出台十大产业振兴规划后，绝大部分省区市出台了地方产业振兴规划，通过兼并重组等加快产业结构调整，促进生产要素空间聚集，转变经济发展方式，全面提升了产业技术进步率和核心竞争力。

第五节　本章主要结论与政策建议

"十三五"时期，中国转变经济增长方式的力度必须持续加大，这是中国经济有质量有效益可持续发展的内在要求。地方政府竞争对经济增长方式转变有重要的推动作用。本书从地方政府竞争的角度，运用1998—2010年中国30个省区市的面板数据，以全要素生产率体现经济增长方式，实证考察了地方政府竞争对全要素生产率的影响。结果表明，地方政府竞争当期、滞后1期、滞后2期、滞后3期、滞后4期对全要素生产率有显著的正向作用，当期、滞后2期、滞后4期对全要素生产率的影响较大，地方政府存在任期效应，地方政府竞争对各省区市经济增长方式转变的影响是相同的。本书论证了地方政府竞争在中国现阶段经济增长方式转变中的重要性，并进一步发现地方政府争取中央政府特殊政策与项目、改善地方投资发展环境、制定合理的包含地方财政金融支持在内的创新政策和产业规划以及政策等，是促进经济增长方式转变的重要手段和方法。根据前文的分析，我们仅从地方政府竞争的角度，提出促进中国经济增长方式转变的对策建议。

第一，中央政府要适时提出与转变经济发展方式相适应的战略、政策与体制改革措施，引导地方政府转变经济增长方式。在当前中国的政治结构与经济结构下，中央政府引领地方政府转变经济增长方式的功能不可忽视。中央政府要继续出台促进创新能力成长、高技术产业发展、科技成果转化、技术与经济有效结合的战略和政策措施。特殊政策和中央大型项目要通过向地方政府招标的形式，安排到有制度与资源条件发挥其作用的地区，让其最大限度地促进地方经济增长方式转型。

第二，地方政府要切实改善投资发展软环境，吸引国外省外项目与人才。地方政府要大力发展当地教育，提高当地居民科学文化素质和道德修养。减少行政审批事项，简化办事程序，降低行政收费标准，提高行政办公效率，改善交通和生活环境，坚决遏制住房价格过快上涨，深入推进收入分配制度改革，提升人民群众生活质量、幸福指数与尊严感，吸引国外、省外项目和人才到当地落户，提高物质型技术进步和相对前沿技术效率。

第三，进一步发挥地方政府在技术创新中的重要职能。中国与欧美发达国家的国情不同，地方政府在国家创新体系中的地位相当重要。地方政府在以企业自主创新为基础的前提下，通过对国有企业的直接或间接管理和财政金融行政等创新政策，营造出更为有利的创新条件与创新环境，充分发挥地方政府组织创新、管理创新等非技术创新的作用，以非技术创新推动与引领辖区内企业自主创新，并且采取有效措施提高企业自主创新的技术转化率。

第四，地方政府要制定科学的产业规划与政策，提高资源配置效率与规模经济效率。地方政府要结合中央全国产业布局和当地的资源优势，研判国际国内产业优化升级新趋势，合理制定地方产业规划与政策，促进地方产业结构调整与优化升级。并通过适度产业集中、产业集群与做强做大区域内企业，提高规模经济效率。最后需要注意的是，地方政府促进经济增长方式转型的制度和政策措施要有稳定性与连续性，切忌朝令夕改，忽冷忽热，波动过大，挫伤市场主体积极性。

第十章　我国产出缺口价格效应的
部门差异[①]

　　为了应对 2007 年由美国次贷危机所引爆的全球性金融危机对中国经济运行所造成的巨大冲击，从 2009 年年初起，中央政府实施了为期两年的 4 万亿元新增公共投资计划。随着这些海量政府公共投资的经济推动效应逐渐释放，中国的宏观经济也不得不面临着巨大的国内通货膨胀压力。在中央政府对通货膨胀的宏观调控下，2010 年 1 月到 2013 年 12 月 CPI 经历了三个小周期：从 2010 年 1 月的 1.5% 跃升到 2011 年 7 月的峰值 6.5% 而后下降到 2012 年 7 月的谷值 1.8%；从 2012 年 7 月的谷值 1.8% 缓升到 2013 年 2 月的峰值 3.2% 而后下降到 2013 年 5 月的谷值 2.1%；从 2013 年 5 月的谷值 2.1% 缓升到 2013 年 10 月的峰值 3.2% 而后下降到 2013 年 12 月的 2.5%。2013 年第四季度的 CPI 同比仍上涨 2.9%，十分接近 3.0%。进入 2014 年后，由于经济企稳、输入性通胀压力较轻、粮食丰收和产能过剩等因素会抑制 CPI 涨幅，所以 2014 年第一季度，全国 CPI 同比上涨 2.3%，比 2013 年第四季度全国 CPI 同比上涨率低 0.6 个百分点，显示出国内通货膨胀的压力已有所缓解。但是，2014 年蔬菜和猪肉价格回升、出口增速加快、房价上涨引致的房租上涨、单位劳动力成本上升、货币环境稳中偏松、翘尾因素、通胀预期增强、地方政府大规模的投资冲动、稀缺资源与能源等领域的价格彻底放开等，会推高 CPI，使得一些经济学家预期 2014 年整体的 CPI 发展态势仍不容乐观（胡健，2013）。2014 年公布的《政府工作报告》更是直接把全年居民消费价格涨幅控制在 3.5% 左右作为其重要任务。很显然，这一时期的中国宏观经济运行面临较大的经济下行压力与较强的通胀压力同时并存的发展瓶颈。如

[①]　参见陈宇峰、吴振球、郭妍《中国产业缺口价格效应的部门差异性研究》，《世界经济》2015 年第 3 期。

何有效协调经济增长速度和物价稳定关系，不仅是理论界一直悬而未决的理论难题，更是中央政策制定者当前亟须解决的一大政策困境。

产出缺口价格效应就是凯恩斯主义对上述问题的一个分析基准，清晰刻画出经济增长和物价稳定之间的内在关联效应。根据"产出—物价"菲利普斯曲线的基本观点，产出缺口和物价上涨之间会呈现同向变动关系：当产出缺口为正值时，通胀压力会不断增大；反之则相反。从理论上讲，在完全的市场经济条件下，价格机制能对供需变化作出实时的准确反应。然而，新凯恩斯主义者则认为，在随机冲击下，商品价格不能随总需求变化而迅速变动，不同商品的价格调整具有一定的时滞黏性和异质性。对于当前已初步完成社会主义市场经济体制的中国来说，不同部门由于市场结构、技术水平、市场化程度、市场管理体制和制度环境的差异，不同的商品价格调整速度也会呈现出显著的差异性，尤其是在进入 21 世纪之后的十余年间表现得更为明显。自 2003 年以来，国内宏观经济出现了新一轮的上升周期，随之而来的通货膨胀也表现出明显的结构性特点，8 大类商品的价格涨幅差异十分明显。以 2007 年的物价上涨为例，期间食品价格上涨 12.3%，带动了国内 83% 的通货膨胀，而同期居住的价格涨幅仅为 4.5%，烟酒及用品、家庭设备用品及服务、医疗保健和个人用品的涨幅都在 3% 以内，交通和通信、文教娱乐用品及服务、衣着的价格则出现了不同程度的下降情况。[①]

由此，可引申出一个讨论中国现实问题的理论思路及其相关的政策含义：在产出缺口价格效应的作用下，在测定 CPI 的"一篮子"商品中，不同类别的商品由于其价格变化速度不同，即价格的不平衡变化，必然对 CPI 产生推高或拉低的影响程度各有差异。同时，调整速度的差异性是否会直接作用于居民消费价格指数所涉及的产品部门产生不同的影响？如果这一部门差异性存在，那么有何实际效应？这些差异性的效应对于制定反通胀的宏观调控政策有何指导意义？鉴于以上考虑，本书试图借助于戈登（Gordon）三角模型对食品、工业消费品和服务三个部门产出缺口的价格效应进行分解，这一分解将有助于探究衡量供需矛盾的产出缺口对国内居民消费价格指数所涉及的各类产品部门所产生的不同影响，进而从产出缺口的角度来重新理解中国居民消费通货膨胀的特点和成因。

---

①　上述数据根据吴军、田娟（2008）的相关论述及国家统计局网站公布的数据整理而成。

第一节　文献述评

　　"产出—物价"菲利普斯曲线是当前理论界研究产出缺口价格效应的基础模型。最早的菲利普斯曲线是由菲利普斯（Phillips，1958）提出，主要描述货币工资变化率与失业率之间的负相关关系，又称之为"失业—工资"菲利普斯曲线。此后，萨缪尔森和索洛（Samuelson and Solow，1960）则用物价上涨率替代工资变化率，构建出"失业—物价"菲利普斯曲线；而弗里德曼（Friedman，1968）和菲尔普斯（Phelps，1967，1969）引入通胀预期和自然失业率等概念，又对"失业—物价"菲利普斯曲线进行修正，提出了附加预期的菲利普斯曲线。在此基础上，人们结合奥肯定律，用经济增长率代替失业率，构造出反映经济增长率与通胀率关系的"产出—物价"菲利普斯曲线。其中，经济增长率采用的指标是实际产出对潜在产出的偏离，即产出缺口。

　　以上三种菲利普斯曲线是基本的菲利普斯曲线。随着时间的推移，世界各国的宏观经济运行态势也在不断变化，在这些错综复杂的实践基础上又延伸出各种菲利普斯曲线的改进模型。其中，比较有代表性的有戈登（1996）的三角模型、泰勒（Taylor，1980）的交错工资合同模型、卡尔沃（Calvo，1983）的前向模型、富勒和穆尔（Fuhrer and Moore，1995）的两期模型、加利和格特勒（Gali and Gertler，1999）的混合模型以及曼昆和里斯（Mankiw and Reis，2002）的信息黏性模型。在上述模型中，后五个模型都借鉴了新凯恩斯主义理论关于价格黏性假设，但侧重于从微观层面研究厂商的定价机制和调价行为，这与本书的研究主旨不尽相同。相反的是，戈登三角模型则侧重于从宏观上研究外生冲击与通胀惯性对价格的影响，这与本书研究视角是契合的，本书就是借助这一模型来建立分析模型。本书选择戈登三角模型还有以下两个理由：其一，戈登三角模型可以获得较好的拟合结果，其成功之处是在模型中引入滞后多期的通货膨胀率。其二，虽然戈登三角模型的缺点是没有克服"卢卡斯批判"，但"卢卡斯批判"所说的是"理性经济人"对"预料中的经济政策"采取对策会使经济政策失效，而"预料外的经济政策"，"理性经济人"却无法提前知晓并采取对策，从而使得"预料外的经济政策"能够取得一定的政策效果。实际上，本书之后所提出的部分政策含义就具有"预料外的经济政策"的效果，比如提高工业消费品和服务两个部门的比重等。从这些意义上讲，本书所采用的戈登三角模型还是有一定道理的。根据戈登三角模型，影响通货膨胀的因素来自三方面：一是需求推动因素，用产出缺口、资本利用率或失业率对自然失业率的偏离来表示；二是供给冲击因素，用汇率波动、能源冲击、国际市场大宗商品价格波动来表示；三是通胀惯性因素，用价格变化率的滞后指标表示。因此，戈登三角模型可表达为：

$$P_t = a(L)P_{t-1} + b(L)y_t^c + c(L)S_t + \varepsilon_t$$

其中，P、S 分别表示价格和供给冲击，取相应指标对数的一阶差分；y^c 表示产出缺口，取指标的对数形式；$a(L)$、$b(L)$ 和 $c(L)$ 分别表示滞后多项式。

在实证层面，国外关于产出缺口价格效应的研究文献比较丰富，归纳起来主要有三个研究方向：其一，对产出缺口估计方法进行优化，以期更准确地分析它对通胀率的影响。较为成功的方法是把菲利普斯曲线引入到不可观测模型中，构建多变量状态空间模型来估计产出缺口（Orphanides and Norden，2005）。其二，对产出缺口价格效应的强度进行研究，但得出不同的结论：有人认为，产出缺口对通胀率具有明显影响（Claus，2000）；有人则认为，产出缺口与通货膨胀之间是一种较弱的替代关系（Lee，1999）；也有人认为，产出缺口的价格效应在有的部门有效，但在有的部门则无效（Mohammad and Khan，2006）。其三，根据产出缺口的价格效应讨论最优调控政策的设计问题。Fuhrher（1997）认为，产出缺口和通胀率变异性之间存在替代关系，中央银行应当运用这种替代关系作为实施货币政策的必要参考。

国内关于产出缺口价格效应的研究方向和国外的类似。同时，还延伸出具有国别特色的研究成果，即菲利普斯曲线对中国经济的适应性问题，由此形成了两种截然不同的观点：一种观点认为，菲利普斯曲线在中国仍然有效，产出缺口对通胀率具有正向效应（王明舰，2001；刘斌、张怀清，2001；石柱鲜、黄红梅和石庆华，2004）；另一种观点则认为，菲利普斯曲线对中国经济的解释能力较差（陈学彬，1996；钱宥妮，2005）。在此基础上，也有学者尝试推导符合中国国情的菲利普斯曲线。陈彦斌（2008）在加利和格特勒（1999）混合模型基础上，构建了一个由超额需求、供给冲击、通胀预期、通胀惯性等共同组成的四因素菲利普斯曲线，并使用中国 2000—2007 年的季度数据验证了这一模型的稳健性。

综上所述，国内外已有研究文献大大丰富了对产出缺口价格效应的理解，具有重要的借鉴价值。但是，这些研究文献的分析视角主要集中于产出缺口对市场总体价格的影响，而没有对部门展开细化分析。从目前研究文献来看，仅有 Mohammad 和 Khan（2006）分部门研究了产出缺口对通胀率的影响及其效应。不过，这一研究分析主要侧重于产出缺口对服务业、制造业部门及耐用消费品、非耐用消费品部门工资变化率的影响，而非对最终产品价格的影响。

如前所述，在随机冲击下，各种商品的价格调整速度不同，产出缺口对不同部门价格的影响力存在差别。具体到中国，自改革开放以来，中国的市场化程度不断提高，但不同部门价格调整速度往往表现出差异性，这在最近十年通货膨胀问题上得到了很明显的验证。由此可见，关于产出缺口价格效应的部门差异研究具有合理性和必要性，有助于进一步理解中国居民消费通货膨胀的特点及成因。

总结起来，本书的研究贡献可能体现在以下两点：一是将中国 CPI 体系下的 8 大类商品合并为食品、工业消费品与服务三个部门，分别计算这几个部门的季度环比相对价格，进而引入戈登三角模型来分析产出缺口对它们影响程度的差异性；二是根据代表供需矛盾的产出缺口对涉及居民消费的各部门季度环比相对价格影响程度的差异性，对我国产出缺口引致的居民消费通货膨胀问题作出一个较为深入的理论解释，为国内经济调控政策的设计提供一个新的思路。

第二节 模型框架与变量说明

本书根据戈登（Gordon）三角模型，研究通胀惯性、产出缺口与供给冲击对通货膨胀的影响，侧重于研究产出缺口的价格效应。因此，模型的基本形式为：

$$P_t = C + \sum_{i=1}^{m} \alpha_i P_{t-i} + \sum_{i=0}^{p} \beta_i y_{t-i}^c + \sum_{i=0}^{q} \gamma_i S_{t-i} + \varepsilon_t \qquad (10-1)$$

式（10-1）中，下标 t 表示时间。由于我国从 2001 年才开始公布

CPI 中 8 类商品的月度环比价格，因此考虑到数据的可获得性，本书选取 2001 年第一季度到 2012 年第四季度为样本区间。

P 表示产品价格，采用居民消费价格指数涉及的几类商品的季度环比相对价格（即以上期为 100，本期的相对价格）来表示。由于中经网数据库目前只公布了我国 8 类商品的月度环比数据，因此，本书参照陈彦斌 (2008) 的做法，将 8 类商品每个季度内三个月的月度环比价格指数相乘，由此得到的数据作为相应的季度环比相对价格。在此基础上，对食品、工业消费品和服务部门进行加权合成，从而推算出食品、工业消费品和服务部门的季度环比相对价格。$P_{t-i}(i=1, 2, \cdots, m)$ 则表示 P 的 m 期滞后指标，引入这一解释变量的目的在于控制价格自身的惯性调整力量。

y^c 表示产出缺口，用对数实际 GDP 减去对数潜在 GDP 表示。首先，从国家统计局网站国家数据库获取我国 2001 年第一季度至 2012 年第四季度的名义 GDP；然后，参照郭红兵、陈平 (2010) 和马文涛、魏福成 (2011) 的做法，采用季度定基 CPI 表征季度 GDP 平减指数，根据季度定基 CPI 把名义 GDP 转换成实际 GDP。[①] 由于季度 GDP 存在较强的季节波动性，本书采用 Cencus X12 方法对数据进行季节调整，可得到剔除季节性因素后的实际 GDP。在此基础上，即可推算出产出缺口。

S 表示外生供给冲击，主要用布伦特原油期货的季度环比相对价格表示。戈登三角模型中的供给冲击包括汇率波动、能源冲击、国际市场大宗商品价格波动等。其中，对中国影响最大的莫过于国际石油价格的波动。因为，为适应国内经济高速发展的内在需要，中国能源进口量不断增加，2012 年原油对外依存度达到 56.4%，因此国际石油价格的剧烈震荡势必影响国内的物价水平。目前，对国际原油价格影响最大的是布伦特原油期货价格，因此本书将以布伦特原油期货的季度环比价格来表示外生供给冲击。先从中国石油天然气集团公司网站获得布伦特原油每日期货价格，再计算价格季度平均值，继而算出季度环比相对价格。

菲利普斯曲线模型的一个重要问题是解释变量滞后期数的选择。对于产出缺口的滞后影响，一般认为不超过 4 个季度（Gali and Gertler, 1999;

---

① 这里的季度定基 CPI 以 2001 年为基期，具体的推算方法是：设 2001 年 1 月的 CPI 为 100，依次计算 2001 年 2 月至 2012 年 12 月的月度定基 CPI，然后取每个季度内三个月份的月度定基 CPI 平均值，由此就可得到 2001 年第一季度至 2012 年第四季度各个季度的定基 CPI。

Scheibe and Vines，2005；陈玉宇、谭松涛，2005），因此，本书参照业内流行的这一做法，取产出缺口的滞后期数为 4。同样，P 和 S 的滞后期数也取 4，这样，本书的最终模型框架为：

$$P_t = C + \sum_{i=1}^{4} \alpha_i P_{t-i} + \sum_{i=0}^{4} \beta_i y_{t-i}^c + \sum_{i=0}^{4} \gamma_i S_{t-i} + \varepsilon_t \qquad (10-2)$$

当然，y^c、P 和 S 滞后期数最终取值多少，还要根据回归方程的检验情况来确定，在这里的滞后期数取值也只是一个经验预设而已。

第三节　中国产出缺口与三部门季度环比相对价格的估算

一　产出缺口的估算

产出缺口衡量的是实际产出对潜在产出的偏离程度，因此估计产出缺口的关键在于估计潜在产出。根据利维（Levy，1962）最早提出这一概念时给出的定义，潜在产出是指在合理稳定的价格水平上，使用最佳可利用技术、最低成本的投入组合并且资本和劳动力的利用率达到充分就业要求所能生产出来的物品和服务。目前，关于潜在产出和产出缺口的估计方法有三种：趋势分解法（总量法）、生产函数法和动态随机一般均衡法（DSGE）（Mishkin，2007）。其中，趋势分解法只使用 GDP 数据本身，将实际产出分解为趋势成分和周期成分，分别代表潜在产出和产出缺口，这一方法包括 HP 滤波、BK 滤波、CF 滤波、卡尔曼滤波法等。生产函数法借助实际产出以及劳动、资本等生产要素构建生产函数模型，估计出模型的具体参数，再将充分就业状态下的劳动力数量与全部资本存量代入模型，得到潜在产出与对应的产出缺口。这一研究方法对数据要求很高，且稳定性不强，易受经济结构变迁的影响。动态随机一般均衡法将主要宏观经济变量间的关系构筑在代表微观个体的最优化行为之上，使得宏观经济变量获得微观行为的诠释，但由于这一方法的模型结构过于复杂，包含了太多的外生冲击与微观个体的行为设定，因而实际的测度结果与传统方法差异较大（Hirose and Naganuma，2007）。

产出缺口作为本书模型中的一个重要解释变量，为保证模型的稳健性，本书将使用两种方法来估计产出缺口：HP 滤波法和 UC 卡尔曼滤波法。

（一）HP 滤波法

HP 滤波可以将产出序列分解成趋势成分和周期成分，同时又不损失序列首尾的数据。在这一方法下，实际产出序列 y_t 中的潜在产出 y_t^T 被定义为最小化问题的优化解：

$$\min \sum_{t=1}^{T} \{ (y_t - y_t^T)^2 + \lambda [c(L) y_t^T]^2 \} \qquad (10-3)$$

其中，$c(L)$ 表示延迟算子多项式：

$$c(L) = (L^{-1} - 1) - (1 - L) \qquad (10-4)$$

再将式（10-4）代入式（10-3）中，这样 HP 滤波的问题也就归结为使下面的损失函数最小：

$$\min \{ \sum_{t=1}^{T} (y_t - y_t^T)^2 + \lambda \sum_{t=1}^{T} (y_{t+1}^T - 2y_t^T + y_{t-1}^T)^2 \} \qquad (10-5)$$

上述两式中，$\lambda > 0$ 表示平滑参数，λ 值越大，潜在产出序列越光滑；当 λ 趋于无穷大时，潜在产出序列将接近于线性函数。对于季度数据，λ 取值设为 1600。

（二）UC 卡尔曼滤波法

UC 卡尔曼滤波把模型表示成状态空间形式，并对其运用一些重要的算法求解。借鉴赵留彦（2006）的做法，设经过季节调整的实际产出对数序列 y 服从如下非观测成分模型：

$$y_t = y_t^T + y_t^c \qquad (10-6)$$

$$y_t^T = c + y_{t-1}^T + e_t, \quad e_t \sim i.i.d. N(0, \delta_e^2) \qquad (10-7)$$

$$\Phi(L) y_t^c = w_t, \quad w_t \sim i.i.d. N(0, \sigma_w^2) \qquad (10-8)$$

其中，y_t、y_t^T、y_t^c 分别表示实际产出、潜在产出及周期性成分（产出缺口）；$\Phi(L) = 1 - \Phi_1 L - \Phi_2 L^2 - \cdots - \Phi_p L^p$，表示滞后算子 L 的 p 阶滞后多项式，再参照赵留彦（2006）的处理，设定 $\Phi(L)$ 为二阶滞后多项式，则 y_t 为 $AR(2)$ 过程；e_t、w_t 满足白噪声条件，且两者相互独立。

根据式（10-6）至式（10-8）式，可构建如下状态空间形式：

量测方程：

$$y_t = Z\alpha_t \qquad (10-9)$$

状态方程：

$$\alpha_t = T\alpha_{t-2} + \varepsilon_t \qquad (10-10)$$

其中，量测矩阵 Z

$$Z = (0, 1, 1, 0) \qquad\qquad (10-11)$$

状态向量 α_t

$$\alpha = (c,\ y_t^T,\ y_t^c,\ y_{t-2}^c)' \qquad\qquad (10-12)$$

状态矩阵 T

$$T = \begin{pmatrix} 1 & 0 & 0 & 0 \\ 1 & 1 & 0 & 0 \\ 0 & 0 & \Phi_1 & \Phi_2 \\ 0 & 0 & 1 & 0 \end{pmatrix} \qquad\qquad (10-13)$$

再记状态方程的协方差矩阵为 Q，则

$$Q = E(\varepsilon_t \varepsilon_t') = \begin{pmatrix} 0 & 0 & 0 & 0 \\ 0 & \sigma_\varepsilon^2 & 0 & 0 \\ 0 & 0 & \sigma_w^2 & 0 \\ 0 & 0 & 0 & 0 \end{pmatrix} \qquad\qquad (10-14)$$

运用 HP 滤波法和 UC 卡尔曼滤波法来估计产出缺口，结果如图10-1所示。从图 10-1 可以看出，通过两种方法得出的产出缺口变化趋势一致，且与我国宏观经济发展的现实特征事实大致吻合。2001—2002 年，我国处于严重的经济衰退期，大量企业倒闭，失业率居高不下，国内需求严重不足。从 2003 年起，中国国内经济开始复苏，并持续性地高速增长，投资需求日益旺盛，这一经济状况在 2008 年国际经济危机爆发之前达到顶峰。2008 年下半年，受全球金融危机的影响，国内经济转而下滑，这种经济增长乏力的现象一直持续到现在。

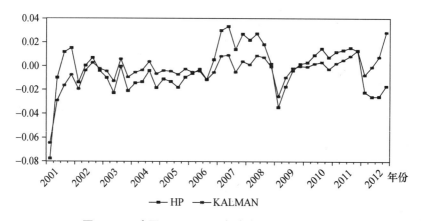

图 10-1 我国 2001—2012 年产出缺口的平滑推断

二　三部门季度环比相对价格的估算

中国国家统计局编制的 CPI 是由 8 类价格指数组成，即食品、烟酒及用品、衣着、家庭设备用品及维修服务、医疗保健和个人用品、交通和通信、娱乐教育文化、居住。本书参照渠慎宁、吴利学和夏杰长（2012）的做法，把上述 8 类商品归为食品、工业消费品与服务三类。其中，工业消费品包括烟酒及用品、衣着、家庭设备及维修服务，服务包括医疗保健和个人用品、交通和通信、娱乐教育文化、居住。[①] 因此，这三个部门季度环比相对价格的计算公式为：

$$P = \sum w_i p_i \tag{10-15}$$

式（10-15）中，P 表示三个部门的季度环比相对价格。为进一步区分，食品、工业消费品、服务的季度环比相对价格分别用 P_sp、P_gy、P_fw 表示；w_i 表示各种商品在其所属部门内的权重，每年调整一次[②]；p_i 表示各种商品的季度环比相对价格。

也就是说，以上 8 类商品的季度环比相对价格可由月度环比相对价格推算而得，而权重则需要进一步估算。本书参照国家统计局编制方法，根据居民家庭用于各种商品或服务的开支在其对应部门商品或服务消费总开支中所占的比重来推算相应的权重。根据国家统计局提供的数据，城镇和农村居民人均消费支出由 8 类构成，即食品、衣着、家庭设备用品及服务、医疗保健、交通和通信、娱乐教育文化服务、居住、杂项商品和服务。对比 CPI 的分类，可发现居民人均消费支出和消费价格指数的分类基本是对应的，但居民人均消费支出中的杂项商品和服务、消费价格指数中的烟酒及用品缺少对应项。由此，本书主要参照何新华（2011）做法，将居民人均消费支出中杂项商品及服务的一半归为烟酒及用品，另一半并入医疗保健，使两种分类对应起来。在此基础上，分别计算城镇和农村 8 类商品的 CPI 权重，再结合城乡人口比重得到全国范围内 8 类商品的 CPI 权重（见表 10-1）。最后，根据各类商品的 CPI 权重与其对应部门的 CPI

---

①　虽然家庭设备用品及维修服务中都含有部分服务项目，但由于分离难度大，没法计入服务业中，而是近似地计入工业消费品之中。同理，医疗保健及个人用品中的工业消费品部分近似计入服务中。

②　根据国家统计局 CPI 的编制规则，8 类商品的权重每年调整一次。参照这一规则，本书估算的权重为年度权重。

权重，计算各部门内商品的权重（见表10-2和表10-3）。①

表 10-1　　　　　2001—2012 年中国国内 8 类商品 CPI 权重　　　　单位:%

年份	食品	烟酒及用品	衣着	家庭设备用品及维修服务	医疗保健和个人用品	交通和通信	娱乐教育文化	居住
2001	44.03	2.02	7.32	5.87	7.91	7.18	11.79	13.88
2002	42.90	1.59	7.32	5.19	7.83	8.33	12.83	14.01
2003	42.16	1.33	7.34	5.05	7.83	9.46	13.03	13.79
2004	43.26	1.34	7.20	4.75	7.89	10.04	12.61	12.91
2005	41.70	1.36	7.65	4.90	8.36	10.86	12.53	12.63
2006	39.81	1.41	7.90	5.03	8.34	11.53	12.14	13.84
2007	39.97	1.44	8.03	5.27	8.18	11.74	11.23	14.14
2008	40.96	1.43	7.94	5.41	8.28	11.14	10.23	14.62
2009	38.82	1.48	8.07	5.75	8.57	11.84	10.21	15.26
2010	38.38	1.46	8.37	6.04	8.42	12.62	10.22	14.48
2011	38.29	1.55	8.85	6.34	8.91	12.38	9.96	13.72
2012	38.29	1.55	8.85	6.34	8.91	12.38	9.96	13.72

注：由于缺乏 2012 年数据，2012 年权重近似等于 2011 年。

表 10-2　　　　　　2001—2012 年工业消费品部门商品权重　　　　单位:%

年份	烟酒及用品	衣着	家庭设备用品及维修服务
2001	13.27	48.13	38.60
2002	11.29	51.91	36.80
2003	9.67	53.51	36.82
2004	10.10	54.17	35.73
2005	9.78	54.98	35.25
2006	9.83	55.10	35.08
2007	9.79	54.48	35.72
2008	9.67	53.72	36.61
2009	9.66	52.74	37.59
2010	9.21	52.74	38.05
2011	9.27	52.85	37.88
2012	9.27	52.85	37.88

①　由于食品类的季度环比相对价格可直接算出，不需要合成，因此本书计算的仅为工业消费品部门和服务部门的权重。

表 10 –3		2001—2012 年服务部门商品权重		单位:%
年份	医疗保健和个人用品	交通和通信	娱乐教育文化	居住
2001	19.41	17.61	28.93	34.05
2002	18.21	19.36	29.84	32.59
2003	17.76	21.45	29.53	31.26
2004	18.17	23.11	29.01	29.71
2005	18.84	24.47	28.23	28.46
2006	18.19	25.15	26.47	30.18
2007	18.06	25.92	24.80	31.22
2008	18.70	25.16	23.11	33.02
2009	18.69	25.81	22.25	33.25
2010	18.40	27.59	22.35	31.65
2011	19.80	27.52	22.15	30.52
2012	19.80	27.52	22.15	30.52

根据式（10 –15），可估算出中国工业消费品部门和服务部门的季度环比相对价格，如图 10 –2 所示。图 10 –2 可看出，中国国内的 CPI 和食品价格的变化轨迹表现出高度的一致性，而工业消费品和服务部门的价格对 CPI 的影响则不那么显著。这在 2003—2005 年、2006—2008 年以及 2010 年以来的物价上涨过程中尤其明显。在这些阶段，食品价格上涨明显，工业消费品和服务部门的价格则保持温和上涨，态势平稳，CPI 的上涨主要靠食品价格的上涨推动。

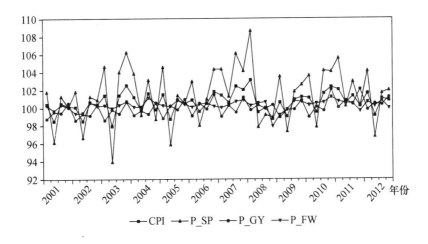

图 10 –2 2001—2012 年我国居民消费价格变动情况

第四节　产出缺口价格效应的部门差异性影响

一　单位根检验

为了避免时间序列的"伪回归"问题，首先对各变量平稳性进行检验，检验结果如表 10 - 4 所示。从表 10 - 4 中可以看出，所有变量都是平稳的时间序列，因此都可以直接用来作回归分析。

表 10 - 4　　　　　　　　　　各变量的 ADF 检验结果

检验变量	检验类型	ADF 检验值	1% 临界值	5% 临界值	10% 临界值	结论
P_sp	(0, 0, 3)	- 1.3466	- 2.6186	- 1.9485	- 1.6121	不平稳
P_sp	(c, 0, 3)	- 4.3616	- 3.6010	- 2.9350	- 2.6058	平稳***
P_gy	(0, 0, 4)	- 1.7834	- 2.6199	- 1.9487	- 1.6120	平稳*
P_fw	(0, 0, 1)	- 4.5049	- 2.6151	- 1.9480	- 1.6124	平稳***
S	(0, 0, 1)	- 5.7811	- 2.6162	- 1.9481	- 1.6123	平稳***
y^c_hp	(0, 0, 1)	- 8.0315	- 2.6162	- 1.9481	- 1.6123	平稳***
y^c_kalman	(0, 0, 3)	- 3.8668	- 2.6186	- 1.9485	- 1.6121	平稳***

注：（1）上表中 P_sp、P_gy、P_fw 分别代表食品、工业消费品和服务部门的季度环比相对价格，S 代表北海布伦特原油期货的季度环比相对价格，y^c_hp 代表 HP 滤波法估算的产出缺口，y^c_kalman 代表 UC_kalman 滤波法估算的产出缺口；（2）检验类型中的数字依次代表常数项、趋势项和滞后阶数，P_sp 中 c 不为 0，说明它不是围绕 0 上下波动；（3）*表示在 10% 的显著性水平下平稳，***表示在 1% 的显著性水平下平稳；（4）滞后阶数根据 SIC 准则选择。

二　回归分析

为了更好探讨产出缺口价格效应的部门差异，本书参照陈彦斌（2008）、丁守海（2012）的研究方法，分别对食品、工业消费品和服务部门进行回归分析。具体的回归结果如表 10 - 5 所示。其中，第 2 列到第 4 列为根据 HP 滤波法估算的产出缺口，分别对食品、工业消费品和服务部门当期的季度环比相对价格除以 100 取自然对数做回归，还包括其他解释变量，第 5 列到第 7 列则根据卡尔曼（Kalman）滤波法得出的产出缺口来对三个部门当期的季度环比相对价格除以 100 取对数做回归，还包括其他解释变量。从 F 统计量来看，上述模型整体上都是显著的。虽然各个方程的判定系数差别很大，但考虑食品、工业消费品和服务的季度环比相对价格变化轨迹各有差异，这一结果是合理的。另外，怀特（White）检验用于判别模型的异方差性，第 4 列和第 7 列中由于服务部门存在异方差，故采用 Newey – West 异方差自相关一致协方差进行估计，其余各列则采取标准 OLS 方法进行计算。LM 指标用于检验序列的自相关性，其中第 3 列和第 6 列的回归结果存在序列相关，因此，第 3 列和第 6 列分别进行 AR（1）修正。最后一行对各模型的回归残差进行 ADF 检验，它们均能在 1% 的显著性水平上拒绝残差存在单位根的原假设，说明模型中各变量之间的关系是协整的。

表 10 – 5　　　　　　　　　产出缺口价格效应的部门差异

被解释变量　解释变量	HP 滤波法			Kalman 滤波法		
	P_ sp	P_ gy	P_ fw	P_ sp	P_ gy	P_ fw
c	0.0109 *** (0.0037)	0.0001 (0.0004)	0.0016 *** (0.0006)	0.0169 ** (0.0066)	0.0011 (0.0009)	0.0014 * (0.0010)
P_sp_{t-1}	0.2360 * (0.1702)			0.2195 * (0.1686)		
P_gy_{t-1}		0.9036 *** (0.0827)			0.8109 *** (0.0979)	
P_fw_{t-1}			0.5031 *** (0.1506)			0.6320 *** (0.1492)
S	0.0051 ** (0.0022)	0.0074 * (0.0038)	0.0040 *** (0.0006)	0.0053 ** (0.0021)	0.0087 ** (0.0037)	0.0044 *** (0.0006)
S_{t-1}	− 0.0160 (0.0218)	− 0.0042 (0.0041)	0.0075 (0.0059)	− 0.0165 (0.0218)	− 0.0038 (0.0041)	0.0068 (0.0056)
S_{t-2}	− 0.0015 * (0.0209)	0.0014 *** (0.0004)	0.0063 (0.0059)	− 0.0050 (0.0218)	0.0006 * (0.0004)	0.0059 (0.0049)
y_c	0.1466 *** (0.0501)	0.0547 *** (0.0078)	0.0009 *** (0.0005)	0.1727 * (0.1256)	0.0861 *** (0.0212)	0.0028 * (0.0021)
y_{t-1}^c	0.1477 *** (0.0481)	− 0.0573 *** (0.0072)	0.0190 *** (0.0065)	0.2742 ** (0.1262)	− 0.0190 (0.0250)	− 0.0060 (0.0204)
y_{t-2}^c	− 0.1337 ** (0.0554)	0.0172 ** (0.0075)	− 0.0164 ** (0.0079)	− 0.0067 (0.1292)	0.0478 ** (0.0208)	− 0.0128 (0.0200)

被解释变量 解释变量	HP 滤波法			Kalman 滤波法		
	P_ sp	P_ gy	P_ fw	P_ sp	P_ gy	P_ fw
y_{t-3}^c	0.0471 (0.0496)	−0.0138*** (0.0073)	0.0011 (0.0079)	0.1708 (0.1482)	0.0199 (0.0217)	0.0057*** (0.0021)
判定系数 R^2	0.6993	0.8759	0.6887	0.7013	0.8808	0.6855
回归标准误	0.0187	0.0033	0.0035	0.0186	0.0033	0.0035
F 统计量	10.4649***	26.6622***	9.9541***	10.5655***	27.9097***	9.8068***
怀特检验的 P 值	0.7457	0.8602	0.0485	0.4652	0.4184	0.0779
LM 检验的 P 值	0.5258	0.0308	0.4910	0.5243	0.0125	0.6614
AR (p)	否	AR (1)	否	否	AR (1)	否
回归残差 ADF 检验	−6.8050***	−6.2341***	−7.0805***	−6.8167***	−5.9774***	−6.9446***

注:(1)括号内数值为标准误,∗表示在10%的水平下通过显著性检验,∗∗表示在5%的水平下通过显著性检验,∗∗∗表示在1%的水平下通过显著性检验;(2)AR(p)中p表示残差自相关的阶数;(3)否表示序列不存在自相关;(4)被解释变量、P_ sp$_{t-1}$、P_ gy$_{t-1}$、P_ fw$_{t-1}$、S、S$_{t-1}$、S$_{t-2}$除以100后取自然对数,产出缺口当期、滞后1期、滞后2期、滞后3期为[ln(实际GDP) −ln(潜在GDP)]。

将表10 −5中第2到第4列的结果与第5列到第7列的结果进行对比发现,对 HP 滤波法得出的产出缺口与卡尔曼滤波法得出的产出缺口进行回归分析,虽然所得方程判定系数不同,各项具体系数与是否通过显著性检验不同,但结果却是稳健的。

(一)食品、工业品、服务部门滞后1期价格对当期价格的影响

在 HP 滤波法与卡尔曼滤波法中,P_ sp$_{t-1}$、P_ gy$_{t-1}$、P_ fw$_{t-1}$对当期的季度环比相对价格都有显著的正向影响,但 P_ gy$_{t-1}$的影响最大,系数分别高达 0.9036、0.8109,P_ fw$_{t-1}$的影响居中,系数分别为 0.5031、0.6320,而 P_ sp$_{t-1}$的影响最小,系数分别为 0.2360、0.2195。这说明在本书的框架模型中,工业品的价格惯性最大,服务的价格惯性居中,食品的价格惯性最小。其中,可能的原因则在于中国当前的市场经济体系与价格形成机制中,食品部门以小规模生产为主,受政府规制比较少,价格由市场机制决定,因此价格波动比较剧烈;而烟草、酒等行业多由政府垄断,教育、医疗、交通等服务价格受政府管制,价格变化则比较平缓。

（二）国际原油价格当期、滞后期对食品、工业品、服务部门当期价格的影响

在 HP 滤波法与卡尔曼滤波法中，S 的系数在三个部门的模型中都显著为正，但系数较小，这说明以北海布伦特原油期货价格为代表的国际石油季度环比相对价格变化率与三个部门的季度环比相对价格变化率呈正相关关系，国际石油季度环比相对价格变化会导致三个部门季度环比相对价格的正向变化。但是，由于我国对国际原油价格变化所引致的国内批发或零售油价的变化进行了政府管制与财政补贴，所以对三个部门的价格影响较小。

S_{t-1} 的系数在三个部门中都没有通过显著性检验。S_{t-2} 的系数在 HP 滤波中，食品与工业部门通过了显著性检验，服务没有通过显著性检验。而在卡尔曼滤波法中，工业部门通过了显著性检验，食品与服务部门没有通过显著性检验。

在 HP 滤波法中，食品部门、工业品部门、服务部门的长期乘数等于 0.0036、0.0088、0.0040（即 0.0051 + 0 − 0.0015、0.0074 + 0 + 0.0014、0.0040 + 0 + 0，系数不显著的以零计，下同），表示国际石油价格变动 1 个百分点，由于滞后效应而形成的对食品部门、工业品部门、服务部门季度环比相对价格平均值的总影响为 0.0036、0.0088、0.0040 个百分点。

在卡尔曼滤波法中，食品部门、工业品部门、服务部门的长期乘数等于 0.0053、0.0093、0.0044，表示国际石油价格变动 1 个百分点，由于滞后效应而形成的对食品部门、工业品部门、服务部门季度环比相对价格平均值的总影响为 0.0053、0.0093、0.0044 个百分点。

也就是说，在国际原油季度环比相对价格对食品部门、工业品部门、服务部门季度环比相对价格影响中，不论是短期乘数，还是长期乘数，工业品部门的乘数效应都是最大的，该部门的短期乘数为 0.0074、0.0087，长期乘数为 0.0088、0.0093。这说明国际原油季度环比相对价格的变化，对工业品季度环比相对价格的变化影响是最大的。这一结论与工业品较多地消耗能源的经济现实情况是一致的。食品主要是由农业和轻工业部门生产，依靠劳动力和土地产出物的投入为主，能源投入比较少。服务则主要是知识和创新投入，能源投入也比较少。相反，工业品生产则要求资源与能源投入会相对比较大。所以，国际原油季度环比相对价格对食品、服务部门成本从而价格影响较小，而对工业品部门成本从而对价格的影响是比

较大的。

（三）产出缺口当期与滞后期对食品、工业品、服务部门当期价格的影响

在 HP 滤波法与卡尔曼滤波法中，从短期来看，当期产出缺口对三个部门季度环比相对价格都有显著的正向影响，这与经典理论的研究结论是一致的。其中，食品部门的系数最大，分别为 0.1466、0.1727，表示当期产出缺口每增加 1 个单位，食品部门季度环比相对价格（除以 100）对数的平均值就会增加 0.1466 或 0.1727 个单位。工业品部门的系数居中，分别为 0.0547、0.0861。服务部门的系数最小，分别为 0.0009、0.0028。这说明，从短期来看，食品部门的季度环比相对价格对产出缺口变化最敏感，工业品季度环比相对价格敏感性次之，服务的季度环比相对价格敏感性最小。

从长期来看，食品部门季度环比相对价格当期、滞后 1 期、滞后 2 期、滞后 3 期的系数之和等于 0.1606、0.4469（即 0.1466 + 0.1477 − 0.1337 = 0.1606，0.1727 + 0.2742 = 0.4469，系数不显著的以零计），即食品部门的长期乘数为 0.1606、0.4469。这表示从长期来看，产出缺口变动 1 个单位，由于滞后效应而形成的对食品部门季度环比相对价格（除以 100）对数的平均值的总影响为同方向变化 0.1606、0.4469 个单位。

工业品部门季度环比相对价格当期、滞后 1 期、滞后 2 期、滞后 3 期的系数之和等于 0.0008、0.1339，即工业品部门的长期乘数为 0.0008、0.1339。这表示从长期来看，产出缺口变动 1 个单位，由于滞后效应而形成的对工业品部门季度环比相对价格（除以 100）对数的平均值的总影响为同方向变化 0.0008、0.1339 个单位。

服务部门季度环比相对价格当期、滞后 1 期、滞后 2 期、滞后 3 期的系数之和等于 0.0035、0.0085，即服务部门的长期乘数为 0.0035、0.0085。表示从长期来看，产出缺口变动 1 个单位，由于滞后效应而形成的对服务部门季度环比相对价格（除以 100）对数的平均值的总影响为同方向变化 0.0035、0.0085 个单位。

综上所述，无论短期还是长期，食品季度环比相对价格对产出缺口的变化最为敏感，工业品和服务部门的季度环比相对价格对产出缺口的敏感度都没有食品那么大。

中国产出缺口对物价的影响之所以存在部门间的差异，较为合理的解释包括部门瓶颈制约（吴军、田媚，2008）、劳动生产率增长水平差异（申建文、王立平，2011）、流动性过剩（李斌，2010）等。而从市场本身来看，各部门市场化程度的差别则是造成这种差异的主因。渠慎宁、吴利学和夏杰长等（2012）对食品、工业消费品和服务的增长率进行分解发现，食品价格与状态相关，工业消费品价格与状态弱相关，服务价格与时间相关，这也说明，食品部门的市场化程度最高，而工业消费品和服务部门则更低。

第五节　本章主要结论与政策含义

近几年来，中国物价的高位运行引起广泛关注和热议，如何有效抑制通货膨胀也成为摆在政策制定者面前一道不可逾越的难题。居民消费品价格直接牵动着国内绝大多数居民的日常生活。当前，我国居民消费价格上涨的一个重要特征是商品间的价格波动幅度存在差异。鉴于供求失衡是引起通货膨胀的首要因素，而产出缺口是衡量供求矛盾的重要指标。因此，在居民消费价格方面分析产出缺口价格效应的部门差异性具有重要理论和政策意义。

本章将 CPI 的商品体系分解为食品、工业消费品和服务三个部门，并估算三个部门的季度环比相对价格，在此基础上分别检验了产出缺口对这三个部门季度环比相对价格的影响。结果表明，产出缺口的价格效应在涉及居民消费的部门间存在部门差异。

具体来说，无论是短期还是长期，食品季度环比相对价格对产出缺口变化最为敏感，工业品和服务的季度环比相对价格对产出缺口敏感度都较小。也就是说，在面对相同的产出缺口当期与滞后期冲击时，居民消费价格中的食品类价格变动幅度较大，工业品类、服务类价格变动幅度较小。即仅仅考虑经济体面对产出缺口当期与滞后期冲击时，由于三个部门当期价格对产出缺口当期与滞后期冲击敏感度不同，从而造成当期价格变化速度各不相同，导致中国居民消费价格指数内部的不平衡增长。从短期来看，食品部门的回归系数分别（HP 滤波法、卡尔曼滤波法）是服务部门回归系数的 162.9 倍、61.68 倍，分别是工业品部门的 2.7 倍、2.0 倍；

从长期来看，食品部门的回归系数分别是服务部门回归系数的 45.9 倍、52.6 倍，是工业品部门的 200.8 倍、3.3 倍。并且从表 10 - 1 可以计算出，2001—2012 年，食品部门权重除以工业品部门权重的值在 2.3—3.3，食品部门权重除以服务部门权重的值在 0.84—1.08。所以在其他条件不变，仅仅考虑经济体面对产出缺口当期与滞后期冲击时，即不论短期还是长期，在测定中国 CPI 的"一篮子"商品中，食品类商品价格变化对 CPI 的升高与降低的贡献率最大，占绝大部分。

上述这一结论的政策含义在于当经济体面临产出缺口当期与滞后期导致的高通胀风险时，工业消费品和服务部门可在一定程度上缓冲因食品价格快速上涨带来的整体居民消费价格上涨，经济体中工业消费品和服务的比重越大，由此产生的缓冲作用越大，居民消费价格上涨的幅度也越小。因此，相关政府部门在调控因产出缺口当期与滞后期导致的高通胀过程中，可适当加大对工业消费品部门和服务部门的支持力度，提高这两者的比重，或者采取正确措施重点调控食品部门的价格，以期通过食品价格的下降拉下居民消费整体价格，将此作为一种政策调控思路是可行的。

此外，国际原油当期价格与食品、工业品和服务部门的当期价格正相关，表明能源、外汇、国际市场大宗商品价格波动等供给冲击会对当期居民消费价格造成正向影响。如能源、外汇、国际市场大宗商品等的价格上涨过快，势必对居民消费价格造成大的影响，甚至造成恶性通货膨胀。因此，政府必须采取财税政策和包含汇率在内的对外经济政策，防止居民消费价格过快增长。

第十一章　提高我国居民消费能力
长效机制的构建

　　根据居民消费能力长效机制的概念界定与机制理论分析以及机制长效性分析，基于我们构建的"需求侧—供给侧消费理论模型"及其在我国的实证结论，结合美国、日本保持高居民消费率的经验及其对我国扩大居民消费的启示，本章构建提高我国居民消费能力的长效机制。这些提高我国居民消费能力的长效机制，是对我国现有居民消费能力的机制施加作用，并将这些作用制度化。主要包括六个部分的内容：一是改善居民获取收入的主观条件；二是增强推动机制；三是加强拉动机制；四是减弱制约机制；五是正向利用调节机制；六是强化制度保障与监督等。

第一节　改善居民获取收入的主观条件

　　居民拥有收入，是进行消费的基础。我国居民获取收入，固然同要素收入分配制度有关，但个人获取收入的主观条件也不可或缺。为构建提高我国居民消费能力的长效机制，首先必须改善居民获取收入的主观条件。居民获取收入的主观条件，包括居民"有消费欲望、有得到收入的能力、愿意消费"等。居民获取收入的能力是得到收入的能力中最核心的能力，本节着重讨论居民获取收入的能力。当然，居民这种能力的获得需要教育培训体系和制度来保障。

　　新中国成立60多年来，基础教育、高等教育与职业教育都得到了长足发展，但教育发展与经济建设之间仍然存在脱节的现象。具体表现在教育结构与经济结构不匹配、人才知识能力结构与岗位知识能力结构不匹配等方面。为了更好地发挥教育育人、促进经济发展、增加居民收入的作用，我国应该健全学术专业教育与职业技能教育相结合、知识教育与创新教育相结合、职前教育与职后培训相结合的教育培训制度与体系。运用这种教育培训制度与体系，改善我国居民获取收入的主观条件，即大力培养和提高居民的职业技能、创业创新能力与理财能力。

一　大力培养和提高居民的职业技能

现代社会是一个高度细化、高度分工协作的社会，每个工作岗位都有一定的职业技能要求。一般而言，岗位职业技能要求较高的岗位收入也较高。当前，我国职业技能人才相当缺乏，而一般性人才供过于求，这就客观上要求我国的教育体系进行深刻的转型。除高中阶段的职业教育外，大学阶段、研究生阶段也要大力兴办职业教育，大幅度提高大学阶段、研究生阶段职业教育的比重，培养学生的职业技能，以适应当前社会对职业技能人才的旺盛需求。在大学阶段、研究生阶段接受学术专业教育的学生，入职前或入职后也必须接受一定的职业技能教育，以迅速对接岗位工作，缩短适应期，提高工作质量和水平。

二　大力培养和提高居民的创业创新能力

推进"大众创业、万众创新"，是发展动力之源、富民之道。近几年来，尽管我国的就业工作取得了不凡的成绩，但我国的就业形势依然相当严峻，始终有部分居民不能就业。居民就业是获取收入的前提。居民创业是增加自身就业、带动其他人就业的一条重要途径。大力培养和提高居民的创业能力，一要大力培养和提高学生或工作人员的职业技能专长；二要大力培养和提高学生或工作人员的市场调研能力和市场前景预测力；三要大力培养和提升学生或工作人员吃苦耐劳、艰苦奋斗、拼搏进取的精神等。

创新能力对于一个国家的重要性不言而喻，特别是在世界各国间竞争白热化的当代，其重要性怎么强调都不为过。不仅国家研究部门、大专院校、企业研发部门的工作人员需要创新能力，其他非研究人员也需要创新能力。因为创新能够发现新理论，丰富完善原理论，发明新事物，改善制度体制机制，提升技术水平，从而提升经济效率和经济效益。大力培养与提高创新能力，一要大力培养和提升学生或工作人员的创新意识与创新思维能力；二要让学生或工作人员掌握创新的方法、手段和工具；三要大力培养和提高学生或工作人员查阅中外文献的能力；四要大力培养和提高学生或工作人员善于捕捉或发现以及分析解决问题的能力等。

三 大力培养和提高居民的理财能力

我国居民随着国家经济的发展，财富有一定程度的积累。实现财富的保值增值，迫切需要提高居民的理财能力。同时，我国社会主义市场经济的不断发展，为居民理财提供了许多渠道和机会。大力培养和提高居民的理财能力，一要大力培养和提升学生或工作人员的风险意识，明确投资的权责关系；二要熟练掌握投资理财的相关知识，并不断更新；三要大力培养和提高投资理财中所需的分析与判断能力等。

第二节　增强推动机制

增强居民消费能力的推动机制，包括扩大劳动收入份额、降低收入分配差距、提高全要素生产率、适度提高当期居民消费价格等。

一　扩大劳动收入份额

西方消费理论林林总总，主要的有十多种，还没有哪一种理论否认收入对消费的决定性作用，只不过每种理论所说的收入内涵和外延不同而已，收入的作用不同而已。有的理论说的收入是当期收入，有的理论说的是持久收入，有的理论说的是一生的收入，我们建立的"需求侧—供给侧消费理论模型"说的是某一阶段的收入等。有的理论说收入要当期消费，有的理论说收入要使若干期平滑消费，有的理论说收入要用于预防等。可以说，收入是消费的"源头活水"。我国的 GDP 中劳动收入份额，1995 年以来开始下降，一直下降到 2008 年，2009 年升高，之后又趋于下降。根据我们第八章建立的劳动收入份额的回归方程的计算结果可以得出，2008 年，我国的 GDP 中劳动收入份额应为 51.62%，而我国的实际值仅为 41.71%，偏低 9.91 个百分点。2012 年，我国的 GDP 中劳动收入份额应为 50.63%，实际值仅为 45.59%，偏低 5.04 个百分点。

如前文所述，无论从简单横向比较的角度来看，还是从劳动收入份额回归方程的角度来看，我国的劳动收入份额均偏低，而且偏低的幅度较大，2008 年偏低 10 个百分点左右。虽然劳动收入份额与人均 GDP 之间呈现出 U 形规律，我国当前一段时间的劳动收入份额处于下行区间，但我国扩大劳动收入份额仍然有很大的空间。为增强居民消费能力的推动机制，扩大居民消费，必须采取措施，扩大我国劳动收入份额。

（一）增加居民就业

就业是保障和改善民生的根本，一个居民不就业，就没有收入，所以增加居民就业是扩大劳动收入份额的前提。保障就业的措施有：其一，大力发展第三产业，充分发挥第三产业"就业机器"的功能。这不仅是扩大居民就业的客观需要，而且是产业结构优化升级的内在要求。其二，大力推进产业结构合理化与高级化，发挥产业结构高级化与转变经济增长方式的协同作用，降低失业率（吴振球、程婷、王振，2013）。其三，采取需求管理与供给管理政策等，使总支出增加。

（二）提高劳动者工资水平

改革开放以来，我国的资本与劳动是互补关系，因而提高工资水平不会导致失业率升高。那种认为提高劳动者工资水平会导致更高的失业率的担忧是没有必要的。提高劳动者工资水平，必须做到：一是严格执行国家最低工资制度，使我国最弱势群体的工资能够按时足额发放；二是建立完善政府工资指导线制度，鼓励、引导企业向着工资指导线增资；三是建立正常的工资谈判机制。劳动者除在劳动力市场根据当时的供求状况接受一个初定的工资外，企业应该制定公司章程，允许满足一定条件的劳动者在工会的组织下，可以根据企业的盈利状况，依照严格的规范与程序，与企业管理层就工资水平进行谈判，达成一个双赢的新的工资水平，最大限度地防止"垄断利润侵蚀工资"。

（三）根据资源优化配置要求，改变技术进步方向

我国应该充分发挥市场在资源配置中的决定性作用，有计划、有步骤地放开我国信贷市场，让资金利率由市场决定。这样，企业会在劳动力市场与信贷市场价格信号的引导下，依据企业自身、产品市场情况与竞争状况，在利润最大化原则的要求下，自觉地调整投入要素比例，自然而然地朝着"顺资源禀赋"的方向发展，使资本偏向性技术进步向劳动偏向性技术进步转变，从而提高我国劳动收入份额。

（四）增加劳动者个体经营性收入与转移性收入

上面所说的劳动收入份额，仅仅指劳动者依靠劳动所挣得的收入。进一步地，我们可以将劳动收入理解为劳动者所得到的收入，不必仅仅限于依靠劳动挣得的收入。从这个意义上说，扩大劳动收入份额，必须采取如下措施：

第一，协助居民创业。简化行政管理程序，畅通审批渠道，推进居民

创业，从而促进劳动者个体经营性收入的增加，尽管其中有部分收入是投资利润，不完全是劳动收入。

第二，政府加大转移支付力度。要通过"三公"原则和严格规范的程序，合理确定转移支付与捐助资金受助对象，并适时监督与动态化调整，保证转移支付资金与捐助资金及时、足额到达受助对象手中，从而增加居民收入。

二　降低收入分配差距

从凯恩斯的绝对收入假说出发可知，当期消费由当期收入决定；一个居民的收入增加了，消费随着增加，但消费的增加没有收入增加那么多。这可以得出若干推论：第一，同一个居民，收入低时的消费倾向比收入高时的消费倾向要高；第二，当平均分配收入时，经济社会的平均消费倾向最高；第三，高收入者的平均消费倾向要低于低收入者的平均消费倾向。但是，这些推论，在不同的国家或者相同的国家不同的发展阶段，有时被证实，有时被证伪，并不必然是正确的，也不必然是不正确的。收入分配不均，导致名义居民消费额降低，存在于这样的一种情形中：低收入者减少的消费相对较多，高收入者增加的消费相对较少。从我国 1978—2012年全国水平的实证结果来看，随着基尼系数的增加，当期名义居民消费额降低。因此，为增强居民消费能力的推动机制，从而扩大居民消费，需要降低收入分配差距。

1978 年，我国的基尼系数为 0.317，2000 年开始越过 0.40 的"警戒线"，并逐年上升。虽然党和政府在 20 世纪 90 年代就已经注意到我国的收入分配悬殊问题，并采取措施加以矫正，但收效甚微。国家统计局从 2004 年开始，便不再公布我国的基尼系数。由于我国存在的二元经济结构以及获取居民收入数据的局限性，使得计算我国的基尼系数是摆在经济学界面前的一个极大的难题。尽管如此，一些经济学者对计算我国的基尼系数仍孜孜以求，给出了差异甚大的计算结果。2012 年 12 月，西南财经大学中国家庭金融调研中心发布报告称，2010 年中国基尼系数为 0.61。这是一个惊人的数字，也是目前公开发布的我所见到的最高数字，刚一发表就再次引发了人们对我国收入分配悬殊的深度担忧。在此背景下，2013年 1 月，国家统计局公布了我国 2003—2012 年全国居民收入基尼系数，分别是：2003 年 0.479、2004 年 0.473、2005 年 0.485、2006 年 0.487、2007 年 0.484、2008 年 0.491、2009 年 0.490、2010 年 0.481、2011 年

0.477、2012 年 0.474。2014 年、2015 年国家统计局公布我国 2013 年、2014 的基尼系数为 0.473、0.469。从国家统计局公布的基尼系数来看，我国的基尼系数从 2009 年开始逐年下降，但仍处于高位，超过世界平均水平，在世界收入分配差距排名榜上靠后。按照国际标准，属于收入分配差距较大的国家。降低我国的收入分配差距，主要有如下措施：

第一，健全我国的要素收入分配制度。提高劳动报酬占国内生产总值的份额，提升劳动报酬在初次分配总收入中的比重。

第二，坚决缩小居民收入分配差距。一是采取强有力措施，缩小城乡、地区和行业三大差别。通过支持农民多种经营、加大对农民转移支付、保护农民打工收入，缩小城乡差别。通过鼓励生产要素合理流动，缩小地区差别。通过引入竞争机制与价格听证等手段，缩小垄断部门与非垄断部门差别。二是降低国有企业经理人员的年薪。其年薪采取"公务员工资 + 风险工资"模式。国有企业经理人员承担的经营风险远没有民营企业职业经理承担的风险大，所谓国有企业经理"高风险高工资"的论调是没有理论与事实依据的。三是限制国有垄断企业职工收入的过快增长。国有垄断企业的所有权在于人民，不在于国有垄断企业。国有垄断企业职工的年收入不应由国有垄断企业决定，而应由国有垄断企业的所有者——人民，通过人民代表大会以法律的形式加以确定，具体由国有资产管理委员会来执行。国有垄断企业的部分利润应该以公共财政的形式，让其所有者共享。四是严格执行最低工资制度。劳动部门要经常地检查最低工资落实情况，对于不落实或变相不落实该制度的单位要限期整改或给予有惩处力度的经济处罚。五是加大二次调节力度。坚决取缔非法收入，大力调节过高收入，补助过低收入。特别应该重视将社会高收入者如个体经营者、财务制度不健全公司的所有者的应纳税款尽最大努力收缴国库，防止跑冒滴漏。

第三，规范收入分配秩序。坚决做到同工同酬，规范工资津贴补贴支付，杜绝灰色收入，重拳打击制假售价、以次充好、以劣充优等行为。

三 提高全要素生产率

提高全要素生产率，对居民消费能力的影响有几个途径，这些途径之间也有相互矛盾的一面。有的途径提高居民消费能力，有的途径则抑制居民消费能力。提高全要素生产率，一方面，生产率提高了，带来商品价格的降低，促使消费者愿意购买。另一方面，商品价格的降低，企业的利润降低，居民的固定工资收入部分不会受到影响，但是，居民的企业利润分成部分不可避免地要降低，这会导致抑制居民消费能力。再一方面，全要素生产率提高了，我国是偏向资本的技术进步，会导致就业减少，带来居民收入的降低。从我们的实证结果来看，全要素生产率的提高，有利于扩大居民消费能力，从而扩大居民消费。从世界发达国家的情况来看，它们的相对全要素生产率水平比我国高，居民消费率也比我国高。因此，为增强居民消费能力的推动机制，从而扩大居民消费，必须提高全要素生产率。

改革开放以来，我国的全要素生产率有显著提高。如果将我国1978年的全要素生产率设为1，那么我国2012年的全要素生产率为4.53，平均每年增长4.54%。从纵向平均增长率来看，我国的全要素生产率似乎还可接受。但从横向比较来看，情况则不容乐观。Inkiaar 和 Timmer（2013）关于相对TFP的计算结果指出，以美国1992年以来历年的TFP为1，中国的TFP只有美国TFP的1/4到1/3，而且在全世界167个样本国家中处于极靠后的位置。当然，这同时也说明，我国的全要素生产率还有极大的提升空间。提高我国的全要素生产率，政府与企业都有任务和责任，要分工明确，各司其职，各负其责。在研究工作中，政府应该在基础研究中居于主体主导地位。在应用与开发研究中，企业应该居于主体地位。此外，政府在提高全要素生产率的过程中，还应发挥引导与调节功能，适时供给企业所需政策，创造良好的提高全要素生产率的环境，为企业发展提供必要的帮助与支持，为企业排忧解难。

首先，从政府层面来看，政府提高全要素生产率的措施主要包括：

第一，中央政府要适时提出与转变经济发展方式相适应的战略、政策与体制改革措施，引导地方政府转变经济增长方式。中央政府要继续出台促进创新能力成长、高技术产业发展、科技成果转化、技术与经济有效结合的战略和制度。中央政府要加大研发投入，提高科研资金使用效益，多出创造性基础性科研成果，为企业创新与技术进步打下坚实的基础。

第二，地方政府要切实改善投资发展软环境，吸引国外省外项目与人才。减少行政审批事项，简化办事程序，降低行政收费标准，提高行政办公效率，改善交通和生活环境，坚决遏制住房价格过快上涨，深入推进收入分配制度改革，提升人民群众的生活质量、幸福指数与尊严感，吸引国外省外项目和人才到当地落户。

第三，进一步发挥地方政府在技术创新中的重要职能。充分发挥地方政府组织创新、管理创新等非技术创新的作用，以非技术创新推动与引领辖区内企业自主创新，并且采取有效措施，提高企业自主创新的技术转化率。

第四，地方政府要制定科学的产业规划与政策，提高资源配置效率与规模经济效率。地方政府要结合国家产业布局和当地的资源优势，研判国际国内产业优化升级新趋势，合理制定地方产业规划与政策，促进地方产业结构调整与优化升级，提升资源配置效率。并通过适度产业集中、产业集群与做强做大区域内企业，提高规模经济效率。

第五，地方政府要有效地保护科研成果的知识产权。地方要以法规的形式，合理界定科研成果的知识产权，允许科研人员以知识产权入股并获取收益，激发科研人员的科研积极性与创造活力。

其次，从企业层面来说，应该采取如下措施来提高企业的全要素生产率。

第一，企业要充分发挥在应用与开发研究中的主体作用。要加大研发投入，不断提高科研资金使用效益，多出应用性研究成果，并做好研究成果商品化与市场化的转化工作。

第二，企业要利用 FDI 技术溢出的各种机制与路径，通过承接技术溢出，提高技术进步。

第三，企业在激烈的市场竞争环境下，可以通过改善经营管理方式，优化生产与管理流程，向产业链、价值链两端延伸等手段提高技术效率、规模效率与资源配置效率等，使效率获得提升。

四　适度提高居民消费价格

当期居民消费价格对当期居民消费能力，从而对当期居民消费的影响也是"双重"的：一方面，居民消费价格提高，存在价格效应，即在居民收入一定的条件下，居民的收入降低，会导致居民愿意减少消费。另一方面，居民消费价格提高，企业生产积极性增加，企业利润增加，企业给工人的利润分成额也会增加，导致工人的收入增加，进而导致居民愿意增加消费。从我们的实证结果来看，居民消费价格与居民名义消费额呈正向关系。所以，为增强居民消费能力的推动机制，从而扩大居民消费，应当采取措施，适度提高当期居民消费价格。结合我国近十年来的情况看，我国的通货膨胀率定在 3% 左右较为适宜，但我们坚决反对使用恶性或严重的通货膨胀来刺激居民消费。恶性或严重的通货膨胀从短期来看有刺激居民消费的作用，但从长期来看，会使国民经济运行发生紊乱，甚至引发社会动荡，得不偿失。如果经济运行中出现了过度的通货紧缩，会导致物价总水平长时间、大范围下降，市场销售不振，影响企业生产投资的积极性，强化居民"买涨不买跌"的心理，导致居民"惜购"。

为了适度提高居民消费价格水平，政府可以适当调高能源、国际大宗商品、交通运输、外汇等的价格。如果经济运行中出现了产出缺口导致的较高通货膨胀率，政府可采取如下措施降低通货膨胀率：加大对工业消费品部门和服务部门的支持力度，提高这两者的比重，或者采取措施，重点调控食品部门的价格，通过食品价格的下降来降低居民消费整体价格等。

第三节　加强拉动机制

从我们的理论分析与实证研究结果可以看出，商店形形色色、令人眼花缭乱的各种商品带来的感官刺激和极富煽动性的广告以及富有诱惑力的促销活动唤起的消费者欲求，确实拉动消费者增加了消费。加强居民消费能力的拉动机制，从而扩大居民消费，必须采取措施，加大商品吸引消费者的力度。

第一，做好城镇发展规划。按照城镇发展规划，搞好城镇基础设施建设（包括道路、交通设施、电信、网络、有线电视、供水供电供气等），便于消费者接近商店，接触有关广告与促销信息及活动等。

第二，搞好城镇商业规划与建设。结合城镇交通体系的发展变化，优化商业网点布局，改善商店条件与陈列方式，巩固主力业态，提高购物的便利性，加大促销力度，拓展新型业态，着力发展网络购物等。大城市的商品流通体系要包括商业街、购物中心、大型综合超市、便民超市、专业专门店、专业市场、直销店等。中小城市的商品流通体系要包括大型百货店、大型综合超市、小型超市、专业专门店、农贸市场等。乡镇的商品流通体系要包括大型综合超市、小超市、专门店、门面店、农贸市场等。

第三，改善消费环境。加大消费环境建设投入，改善购物场所及周边设施，使消费者有一个满意、舒心的购物环境。同时，提高购物场所或网店服务人员素质，加强服务管理，提高服务质量与水平。

第四节　减弱制约机制

减弱居民消费能力的制约机制，包括健全社会保障制度、完善公共资源分配与保障制度等。

一　健全社会保障制度

由于历史、文化、传统、制度、国民性格与消费理念与西方发达国家不同，因而我国居民的消费行为及特点也与发达国家存在较大的差异。我国居民在某个特殊的消费阶段，总会自己设定一个储蓄目标。设定这个储蓄目标是预防一些大的不确定性风险，如生大病就医、失业无收入、意外伤残丧失劳动能力、意外导致大额财产损失等。我国虽然已经建立起了一个社会保障体系，但还很不完善，表现在很多保障没有实现城镇农村一体化、全覆盖、高水平等。如果一个居民有一个较高的储蓄目标，必定会产生减少当期消费的意愿。如果政府能够进一步健全社会保障制度，就能使居民减少为就医、失业、意外伤残、意外财产损失、养老等而进行的储蓄，从而降低储蓄目标，愿意增加当期消费。因此，为了扩大居民消费，我国必须进一步健全社会保障制度。

社会保障体系完善，居民没有后顾之忧，就敢于和愿意消费，而无须进行预防性储蓄，这可以增加当期消费。健全我国社会保障制度的目标是加快推进覆盖城乡居民的社会保障体系建设，最终实现城乡保障全覆盖、一体化、高水平。

第一，逐步实现全社会养老保险。在城镇就业、非就业居民中全面推行养老保险的基础上，不断扩大新农保试点面，逐步实现新型农村社会养老保险制度全覆盖，并逐步提高保障水平。

第二，逐步实现全社会基本医疗保险。在提高城镇企业职工参加基本医疗保险制度比例的前提下，努力解决困难企业职工与民营企业职工参加基本医疗保险的问题。进一步推进新型农村合作医疗，逐步形成完善的城乡医疗保险体系，在城乡居民中全面推行医疗保险制度。逐步增加大病的覆盖范围与报销比例。

第三，逐步实现全社会失业与工伤生育保险。在行政机关事业单位、公有制经济组织全面推行失业与工伤生育保险的基础上，重点提高农民工、非公有制经济组织就业人员、城镇灵活就业人员与失业人员、大学毕业待岗人员的失业与工伤生育保险参保率，最终实现全社会参与失业与工伤生育保险。

第四，对无就业能力者实施救助。包括对残疾人、无人抚养的未成年人、未成年人抚养的孩子等实施救助。

二　完善公共资源分配与保障制度

我国居民由于受"尊师重教""望子成龙、望女成凤""买房置业"等传统思想的影响，导致受教育、买住房仍然是我国居民的两大支出，而且是刚性支出，严重制约着居民的消费。为减弱居民消费能力的制约机制，扩大居民消费，必须健全教育资源均衡分配制度、住房保障制度。要确保教育、住房保障等民生领域的支出增长快于政府总支出增长，把更多的财政资金投向城镇低收入群体、落后地区和农村的住房保障与教育支出等，确保做到住有所居，学有所教。

第一，均衡分配教育资源。我国当前教育资源的分配状况是严重不均衡的，导致了畸高的"择校费""培优费""补课费"以及竞买高价"学区房"等，导致居民减少当期消费。要健全教育资源均衡分配制度，在城乡间、地区间、强校弱校间均衡分配教育资源，为居民提高教育质量与水平大体一致的基础教育。此外，要继续加大教育投入力度。

第二，健全住房保障制度。由于历史和现实的原因，我国部分收入较低的城乡居民、刚入职的毕业生，买不起、租不起住房。要健全住房保障制度，对危房旧房、棚户区进行改造，建设一批廉租房、公租房、经济适用房并给予租房、购房补贴等。

第五节　正向利用调节机制

正向利用居民消费能力的调节机制，包括形成收入增长预期、形成居民消费价格适度增长预期、降低当期居民存款利率、减少融资约束等。

一　形成收入增长预期

收入预期对于我国居民的当期消费能力具有积极或消极的作用。国民经济持续、快速、稳定增长，居民可支配收入也会随之增长，消费者对未来的收入状况有一个好的预期，一般会产生加大当期消费力度的意愿。国民经济低速且增长不稳定，消费者对未来收入的预期就具有不确定性，为防万一，一般会产生降低当期消费的意愿。

影响居民消费能力的因素，不仅有当期收入因素，还有预期收入因素。经济总量增长速度放缓，经济形势不景气，势必影响到消费者收入预期。居民收入预期不乐观，会产生不愿意消费的倾向，导致居民消费需求无法扩大。形成消费者良好的收入预期的主要措施有：

第一，保证国内生产总值以较快的速度增长。2012 年，由于受国际金融危机与经济危机的影响，我国实际国内生产总值同比增长 7.8%，增长速度回落。2013 年、2014 年，我国国内生产总值实际分别增长 7.7%、7.4%。这个增长速度同以前的高速增长相比，下降了 2 个百分点左右，但同世界发达国家相比，同世界平均增速相比，还是相对较快的。2015 年，我国提出国内生产总值增速预期为 7.0% 左右。我国的国内生产总值增速不应低于 6.5%，低于 6.5% 就会带来普遍的悲观情绪，因为人们已经习惯了中国经济的高速增长。

第二，提高居民收入水平。当前一段时间，我国居民可支配收入占 GDP 的比重不高。为提高居民收入水平，我国必须实施"居民收入倍增计划"。这里所说的"居民收入倍增计划"，与日本曾经实施的"国民收入倍增计划"有很大的不同。后者指的是人均国民收入的倍增，不是指居民可支配收入的倍增，我们这里所说的"居民收入倍增"，恰好是指居民可支配收入的倍增。各级政府都应该采取强有力的措施，保证我国居民收入在 2020 年年底之前真正实现倍增。

二 形成居民消费价格适度增长预期

我国居民经过 30 多年市场经济的洗礼，已经逐渐成为较为理性的消费者，因此居民消费价格预期会对居民的消费意愿与行为产生影响。居民消费价格预期对当期居民消费能力的影响，从而对当期居民消费的影响可能是积极的，也可能是消极的。如果居民预期到消费价格升高，会产生增加当期消费的意愿，从而增加当期消费；如果居民预期到消费价格降低，会产生减少当期消费的意愿，从而减少当期消费。为正向利用居民消费能力的调节机制，从而扩大居民消费，政府一要及时发布各种相关信息。将与居民消费价格相关的信息如货币发行量、各种价格指数、投资与生产、供给与需求状况通过大众媒体传递给居民，让他们有一个较为准确的、温和上涨的消费价格预期。二要采取调节措施，及时控制将要发生的恶性或严重的通货膨胀。恶性或严重的通货膨胀可能取得迅速的、短期的增加消费的后果，但对国民经济的负面效应太多、太重，应予以坚决禁止。

三　降低当期居民存款利率

经济学理论认为，消费者是将其当期收入储蓄起来，还是当期消费掉，这取决于时间偏好与存款利率的对比。时间偏好越小，表明消费者越不看重当期消费的效用。时间偏好越大，表明消费者越看重当期消费的效用，就越愿意当期消费，不愿意储蓄。但是，如果银行提供的存款利率大于时间偏好，消费者又变得愿意储蓄了。总之，居民储蓄存款利率越低，消费者越愿意消费，而越不愿意储蓄。因此，为正向利用居民消费能力的调节机制，从而扩大居民消费，必须建立降低当期存款利率的存款利率调节制度。

由于我国的信贷市场总的改革取向是市场化改革，如果我国的信贷市场完全市场化了，居民存款利率会完全由市场机制决定。但是，目前我国的信贷市场还没有完全市场化，我国的居民存款利率还是政府指导价，降低居民存款利率还得依靠政府制定的基准存款利率调低，上浮下调幅度收窄等。

四　减少融资约束

当前，我国居民消费靠从金融机构或从亲朋好友处借贷，不仅数额有限并且难度极大，成本较高。在这种信用条件下，如果说我国居民在某个特殊阶段大额刚性消费在所难免，可能发生的大额支出必须及时预防的话，那么提高当期居民消费就有相当大的难度。这时如果依靠建立某种经济制度改变居民消费的约束条件，如降低融资约束（也称为流动性约束），也就是说，居民如有某种大额消费，可以较容易地从金融机构等处获得信贷资金，那么居民就愿意减少当期储蓄，增加当期消费。所以说，为正向利用居民消费能力的调节机制，扩大居民消费，建立健全降低融资约束的经济制度乃是历史之必然。

目前，我国的个人消费信贷已经有了很大的发展，如买住房、装修、买小汽车、国家助学贷款、旅游、信用卡消费的贷款余额已经达到相当大的规模。我国当前降低融资约束应采取的政策措施主要有：第一，降低已有个人消费信贷项目的"门槛"，审慎地降低贷款条件，扩大贷款对象，做到基本覆盖、无差别，取消不合理、"霸王条款"等。第二，培育新的个人信贷业务，如购买耐用消费品、出国留学贷款等业务。第三，放宽小额信贷市场准入，允许民间资金、外资进入这个市场，大力发展小额贷款有限公司，以市场机制运作，但要加强管理，规范运营。

在居民消费低迷时，通过经济体内信息传递与接收，上述居民消费能力的推动、拉动、制约、调节四种机制通过增强、加强、减弱、正向利用对居民消费能力产生促进作用，从而使居民消费提高。但当居民消费在促进作用下超过一定的限度后，通过信息反馈，这四种机制通过减弱、减轻、增强、反向利用对居民消费能力产生抑制作用，从而使居民消费降低。总之，居民消费能力的推动、拉动、制约和调节四种机制通过人为的、制度性的正反操作，始终使居民消费能力，从而使居民消费维持在优化水平。

第六节　强化制度保障与监督

以上提高我国居民消费能力的增强推动机制、加强拉动机制、减弱制约机制、正向利用调节机制构建后，要保证增强推动机制、加强拉动机制、减弱制约机制、正向利用调节机制的长效性，离不开两个基本条件：一是与机制配套的规范、稳定的制度体系；二是要有推动制度运行的动力源。

第一，要有与机制配套的规范、稳定的制度体系。如果措施只是临时性的，没有形成规范的、稳定的制度，就不可能长久地发挥作用。所以，机制如果要长效，就需要将与增强推动机制、加强拉动机制、减弱制约机制、正向利用调节机制相关的措施固化，形成并不断完善制度。如要素收入分配制度、个人收入分配制度、最低工资保障制度、劳资工资谈判制度、国家科学技术管理制度、企业研发制度、科技成果知识产权保护制度、市场营销制度、社会保障制度、公共资源分配与保障制度、居民收入增长制度、居民消费价格信息发布制度、居民消费价格调节制度、居民存款利率调节制度、消费信贷制度等。

第二，要有推动制度运行的动力源。需要培育积极推动和监督上述有关经济制度运行的组织和个体。否则，这些经济制度在几个相关利益主体的博弈下，要么停止执行，要么被变相执行。如有些省份某些单位在执行最低工资制度时，每个月付给工人该省规定的最低工资，却将原来替工人缴交的"五险一金"停缴了，这实际上是变相不执行最低工资制度。

在我国最有可能扮演积极推动和监督上述经济制度执行的组织和个人是居民组织（如工会、居委会等）和居民。居民组织和居民虽天然有推动和监督这些经济制度执行的积极性，但必须制定相关法律如《居民组织和居民监督经济制度执行法》来保障居民组织和居民有条件、有权利、有规则来监督这些经济制度的执行。特别要重视投诉机制、投诉处理机制和权利救济制度的建立与完善，否则，这些提高我国居民消费能力的经济制度最终会成为一纸空文，流于形式，成效不大。

参考文献

[1] 白重恩、钱震杰：《国民收入的要素分配：统计数据背后的故事》，《经济研究》2009 年第 3 期。

[2] 白重恩、钱震杰、武康平：《中国工业部门要素分配份额决定因素研究》，《经济研究》2008 年第 8 期。

[3] 百度文库：《国民收入倍增计划》，http://wenku.baidu.com/view.

[4] 白玉珍：《美国债务的现状、历史演变及对全球经济的影响》，《重庆科技学院学报》（社会科学版）2012 年第 4 期。

[5] 鲍泽宣：《日本昔日辉煌的启示》，《中国信息报》2009 年 3 月 4 日。

[6] 卞清：《加快我国需求结构转型的总体思路和政策选择》，《中国经贸导刊》2012 年第 5 期。

[7] 蔡跃洲、王玉霞：《投资消费结构影响因素及合意投资消费区间》，《经济理论与经济管理》2010 年第 1 期。

[8] 晁钢令、王丽娟：《我国消费率合理性的评判标准——钱纳里模型能解释吗?》，《财贸经济》2009 年第 4 期。

[9] 陈露：《2012 消费信贷行业现状分析与预期》，《时代金融》2012 年第 29 期。

[10] 陈晓玲、连玉君：《资本－劳动替代弹性与地区经济增长——德拉格兰德维尔假说的检验》，《经济学》（季刊）2012 年第 1 期。

[11] 陈学彬：《对我国经济运行中的菲利普斯曲线关系和通货膨胀预期的实证分析》，《财经研究》1996 年第 8 期。

[12] 陈彦斌：《中国新凯恩斯菲利普斯曲线研究》，《经济研究》2008 年第 12 期。

[13] 陈宇峰、贵斌威、陈启清：《技术偏向与中国劳动收入份额的再考察》，《经济研究》2013 年第 6 期。

[14] 陈宇峰、吴振球、郭妍芳：《中国产出缺口价格效应的部门差异性

研究》，《世界经济》2015 年第 3 期。

[15] 陈玉宇、谭松涛：《稳态通货膨胀下经济增长率的估计》，《经济研究》2005 年第 4 期。

[16] 程恩富：《中国模式的经济体制特征和内涵》，《经济学动态》2009 年第 12 期。

[17] 程永宏：《改革以来全国总体基尼系数的演变及其城乡分解》，《中国社会科学》2007 年第 4 期。

[18] 程臻宇：《中国同级地方政府间的政绩性竞争》，《上海经济研究》2003 年第 12 期。

[19] 戴杰：《我国的技术进步偏向性及其影响因素分析》，硕士学位论文，吉林大学，2012 年。

[20] 刁永作：《构建扩大消费的长效机制》，《福建论坛》（人文社会科学版）2012 年第 5 期。

[21] 丁国华：《在经济转型中建立扩大消费需求长效机制》，《上海商业》2011 年第 6 期。

[22] 丁青：《提倡合理消费》，《光明日报》2006 年 2 月 12 日。

[23] 丁守海：《中国产出缺口价格效应的转变趋势——基于劳动力条件变化的视角》，《经济研究》2012 年第 11 期。

[24] 丁梓楠、吴振华：《经济全球化对中国劳动收入份额的影响——基于省级面板数据的实证分析》，《云南社会科学》2012 年第 3 期。

[25] 段先盛：《收入分配对总消费影响的结构分析——兼对中国城镇家庭的实证检验》，《数量经济技术经济研究》2009 年第 2 期。

[26] 方福前：《中国居民消费需求不足原因研究——基于中国城乡分省数据》，《中国社会科学》2009 年第 2 期。

[27] 方臻旻、徐冰清：《我国居民收入分配差距对居民消费倾向影响的研究》，《江西财经大学学报》2014 年第 4 期。

[28] 封思贤、李政军、谢静远：《经济增长方式转变中的金融支持——来自长三角的实证分析》，《中国软科学》2011 年第 5 期。

[29] ［日］沟口敏行：《日本收入分配的长期变动》，《经济研究》1986 年第 3 期。

[30] 郭红兵、陈平：《基于 SVAR 模型的中国产出缺口估计及评价》，《数量经济技术经济研究》2010 年第 5 期。

[31] 郭金龙、张许颖：《结构变动对经济增长方式转变的作用分析》，《数量经济技术经济研究》1998 年第 9 期。

[32] 郭庆旺：《消费函数的收入阶层假说》，《经济理论与经济管理》2013 年第 1 期。

[33] 郭兴方：《我国消费率高低的判定——基于宏、微观层面的数据分析》，《上海经济研究》2007 年第 2 期。

[34] 郭秀荣：《基尼系数的一种新的经验测算公式与实证》，《统计与决策》2012 年第 16 期。

[35] 韩丽娜：《经济转轨期中国农村居民消费行为分析》，博士学位论文，吉林大学，2008 年。

[36] 何新华：《准确理解 CPI 之争中的几个关键概念》，《宏观经济研究》2011 年第 3 期。

[37] 贺铿：《中国投资、消费比例与经济发展政策》，《数量经济技术经济研究》2006 年第 5 期。

[38] 桁林：《关于投资率和消费率高低之争——改革开放 30 年理论回顾与展望》，《社会科学研究》2008 年第 4 期。

[39] 黄丹、席酉民：《边际消费倾向递减论》，《数量经济技术经济研究》1999 年第 5 期。

[40] 黄小军：《美国消费信贷的发展历史和现状》，《国际金融研究》1999 年第 5 期。

[41] ［日］户川猪佐武：《战后日本纪实》，刘春兰译，天津人民出版社 1984 年版。

[42] 胡健：《2014 年 CPI 调控目标难降　货币政策调控面临两难》，《每日经济新闻》2013 年 12 月 30 日。

[43] 贾渠平：《日本经济高速增长时期的反通货膨胀政策》，《世界经济与政治》1989 年第 9 期。

[44] 荆林波、王雪峰：《消费率决定理论模型及应用研究》，《经济学动态》2011 年第 11 期。

[45] ［英］凯恩斯：《就业、利息和货币通论》，商务印书馆 1999 年版。

[46] 雷辉：《改革以来我国投资率、消费率的国际比较及趋势分析》，《开发研究》2009 年第 4 期。

[47] 雷钦礼：《技术进步偏向、资本效率与劳动收入份额变化》，《经济

与管理研究》2012 年第 12 期。

[48] 雷潇雨、龚六堂：《城镇化对于居民消费率的影响：理论模型与实证分析》，《经济研究》2014 年第 6 期。

[49] 李宾、曾志雄：《中国全要素生产率变动的再测算：1978—2007 年》，《数量经济技术经济研究》2009 年第 3 期。

[50] 李斌：《从流动性过剩（不足）到结构性通胀（通缩）》，《金融研究》2010 年第 4 期。

[51] 李稻葵、刘霖林、王红领：《GDP 中劳动份额演变的 U 型规律》，《经济研究》2009 年第 1 期。

[52] 李京文：《经济增长方式转变的国际经验（一）》，《数量经济技术经济研究》1996 年第 9 期。

[53] 李清华：《中国功能性分配格局的国际比较研究》，《统计研究》2013 年第 4 期。

[54] 李扬、殷剑峰：《中国高储蓄率问题探究——1992—2003 年中国资金流量表的分析》，《经济研究》2007 年第 6 期。

[55] 李扬：《收入功能分配的调整：对国民收入分配向个人倾斜现象的思考》，《经济研究》1992 年第 7 期。

[56] ［日］铃木淑夫：《日本银行的货币政策及其调节机能》，中国金融出版社 1986 年版。

[57] 林毅夫：《转型国家需要有效市场和有为政府》，凤凰网，2013 年 11 月 25 日。

[58] 刘斌、张怀清：《我国产出缺口的估计》，《金融研究》2001 年第 10 期。

[59] 刘凤良、张海阳：《菲利普斯曲线研究新进展》，《经济理论与经济管理》2004 年第 7 期。

[60] 刘伟、张辉：《中国经济增长中的产业结构变迁和技术进步》，《经济研究》2008 年第 11 期。

[61] 刘伟：《经济发展和改革的历史性变化与增长方式的根本性转变》，《经济研究》2006 年第 1 期。

[62] 卢艳、刘治国、刘培林：《中国区域经济增长方式比较研究：1978—2005》，《数量经济技术经济研究》2008 年第 7 期。

[63] 罗云毅：《我国当前消费率水平是否"偏低"》，《宏观经济研究》

2000 年第 5 期。

[64] 罗长远、张军:《经济发展中的劳动收入占比:基于中国产业数据的实证研究》,《中国社会科学》2009 年第 4 期。

[65] 吕光明:《中国劳动收入份额的测算研究》,《统计研究》2011 年第 12 期。

[66] 吕冰洋、郭庆旺,《中国要素收入分配的测算》,《经济研究》2012 年第 10 期。

[67] 马文涛、魏福成:《基于新凯恩斯动态随机一般均衡模型的季度产出缺口测度》,《管理世界》2011 年第 5 期。

[68] [日] 牧志厚:《日本人的消费行动》,筑磨书房 1998 年版。

[69] [日] 南亮进、小野旭:《战前日本的收入分配》,《经济研究》1987 年第 38 卷。

[70] 宁军明、涂大坤:《投资率与消费率的国际比较及启示——基于钱纳里一般工业化模型》,《河南商业高等专科学校学报》2010 年第 4 期。

[71] 潘小璐:《公平视角下美国个人所得税制度的借鉴》,《金融与经济》2010 年第 3 期。

[72] 潘小璐:《公平视角下的美国个人所得税制》,《中国财政》2009 年第 12 期。

[73] 钱龙、周绍东、胡成恩:《我国投资率与消费率之间变动规律分析》,《西安财经学院学报》2008 年第 1 期。

[74] 钱晓烨、迟巍:《国民收入初次分配中劳动收入份额的地区差异》,《经济学动态》2011 年第 5 期。

[75] 钱宥妮:《菲利普斯曲线在中国经济中的实证研究——基于产出缺口的分析》,《财经研究》2005 年第 6 期。

[76] 乔为国、潘必胜:《我国经济增长中合理投资率的确定》,《中国软科学》2005 年第 7 期。

[77] [日] 桥本寿朗:《现代日本经济》,上海财经大学出版社 2001 年版。

[78] 渠慎宁、吴利学、夏杰长:《中国居民消费价格波动——价格粘性、定价模式及其政策含义》,《经济研究》2012 年第 11 期。

[79] 日本经济企划厅编:《国民经济统计》,1980 年。

［80］日本经济企划厅编：《经济白皮书》，1982年。

［81］日本经济企划厅编：《消费与储蓄的动向》，1988年。

［82］申建文、王立平：《结构性通货膨胀、流动性过剩及政策应对》，《华东经济管理》2011年第1期。

［83］沈健：《中国要素替代弹性与有偏技术进步——基于标准化供给面系统估计方法》，硕士学位论文，南京大学，2013年。

［84］沈美华：《战后日本社会保障制度的建立及其特点》，《杭州师范学院学报》（医学版）2005年第3期。

［85］石柱鲜、黄红梅、石庆华：《关于中国潜在GDP与景气波动、通货膨胀率的经验研究》，《世界经济》2004年第8期。

［86］史宇鹏、周黎安：《地区放权与经济效率：以计划单列市为例》，《经济研究》2007年第1期。

［87］是冬冬：《美债降级惊扰金融市场，美国银行业担忧再起》，http：//bank. hexun. com/2011－08－10/132281011. html，2011年8月10日。

［88］苏坚、苏志：《美国的最低工资制度及其借鉴》，《云南财贸学院学报》（社会科学版）2005年第3期。

［89］孙章伟：《日本扩大内需消费的制度安排研究》，《日本学刊》2012年第8期。

［90］谭小芳、王迪明、邹存慧：《我国投资和消费结构合理区间的实证研究》，《财经问题研究》2006年第4期。

［91］谭永生：《建立扩大消费需求长效机制的对策探讨》，《消费经济》2011年第12期。

［92］王德文、蔡昉、张学辉：《人口转变的储蓄效益和增长效应——论中国增长可持续性的人口因素》，《人口研究》2004年第5期。

［93］汪海波：《"十五"期间投资率与消费率的运行趋势分析》，《中国社会科学院研究生院学报》2006年第1期。

［94］王建军、李加奎、吴振球：《美国高消费率的经验》，《宏观经济管理》2013年第9期。

［95］王军：《中国消费函数的实证分析及其思考》，《财经研究》2001年第7期。

［96］王明舰：《中国通货膨胀问题分析》，北京大学出版社2001年版。

［97］王舒鸿：《FDI、劳动异质性与我国劳动收入份额》，《财经研究》

2012 年第 4 期。

[98] 王贤彬、徐现祥：《地方官员来源、去向、任期与经济增长——来自中国省长省委书记的证据》，《管理世界》2008 年第 3 期。

[99] 王小鲁、樊刚、刘鹏：《中国经济增长方式转换和增长可持续性》，《经济研究》2009 年第 1 期。

[100] 卫兴华、侯为民：《中国经济增长方式的选择与转换途径》，《经济研究》2007 年第 7 期。

[101] 尉高师、雷明国：《求解中国消费之谜——熊彼特可能是对的》，《管理世界》2003 年第 3 期。

[102] 吴军、田娟：《结构性通货膨胀解析——基于当前中国通货膨胀问题的思考》，《金融研究》2008 年第 9 期。

[103] 吴振球、程婷、王振：《产业结构优化升级、经济发展方式转变与扩大就业——基于我国 1995—2011 年省级面板数据的经验研究》，《中央财经大学学报》2013 年第 12 期。

[104] 吴振球、王芳、周昱：《我国经济发展中合意消费率与合意居民消费率确定与预测研究》，《中央财经大学学报》2014 年第 11 期。

[105] 肖文、周明海：《劳动收入份额变动的结构因素——收入法 GDP 和资金流量表的比较分析》，《当代经济科学》2010 年第 3 期。

[106] ［日］小泉、筱原：《日本的劳动》，青林书院新社 1964 年版。

[107] 徐现祥、王贤彬：《任命制下的官员经济增长行为》，《经济学》（季刊）2010 年第 4 期。

[108] 徐现祥：《地方官员与经济增长——来自中国省长、省委书记交流的证据》，《经济研究》2007 年第 9 期。

[109] 徐现祥：《渐进经济改革中的最优增长》，《数量经济技术经济研究》2005 年第 8 期。

[110] 许宪春：《如何全面准确理解和客观评价 GDP》，《国家行政学院学报》2011 年第 3 期。

[111] 薛俊波：《中国 17 部门资本存量的核算研究》，《统计研究》2007 年第 7 期。

[112] 杨其静、聂辉华：《保护市场的联邦主义及其批判》，《经济研究》2008 年第 3 期。

[113] 叶德珠、连玉君、黄有光、李东辉：《消费文化、认知偏差与消费

行为偏差》，《经济研究》2012 年第 2 期。

[114] 于津平：《中日经济关系对日本经济的影响》，《国际经济评论》2003 年第 12 期。

[115] 余黎霞：《河南省高等医学院校学生健康消费的调查与研究》，《河南教育学院学报》（自然科学版）2009 年第 9 期。

[116] 于永达、吕冰洋：《中国生产率争论：方法的局限性和结论的不确定性》，《清华大学学报》（哲学社会科学版）2010 年第 3 期。

[117] 余永定、李军：《中国居民消费函数的理论与验证》，《中国社会科学》2000 年第 1 期。

[118] 袁仕正、杜涛：《日本经济高速增长时期的消费革命》，《学术研究》2010 年第 8 期。

[119] 袁志刚：《中国居民消费前沿问题研究》，复旦大学出版社 2011 年版。

[120] 臧旭恒、贺洋：《初次分配格局调整与消费潜力释放》，《经济学动态》2015 年第 1 期。

[121] 张超：《美国社会保障制度的历史演变及其带给我国的启示》，《商业文化》2010 年第 11 期。

[122] 张璟、沈坤荣：《地方政府竞争、区域金融发展与中国经济增长方式转型——基于财政分权背景的实证研究》，《南开经济研究》2008 年第 6 期。

[123] 张军、高远：《官员任期、异地交流与经济增长——来自省级经验的证据》，《经济研究》2007 年第 11 期。

[124] 张季凤：《日本国土综合开发论》，世界知识出版社 2004 年版。

[125] 张军、吴桂英、张吉鹏：《中国省际物质资本存量估算：1952—2000》，《经济研究》2004 年第 10 期。

[126] 张军：《为增长而竞争：中国之谜的一个解读》，《东岳论丛》2005 年第 4 期。

[127] 张杰、陈志远、周晓艳：《出口对劳动收入份额抑制效应研究》，《数量经济技术经济研究》2012 年第 7 期。

[128] 张莉、李捷瑜、徐现祥：《国际贸易、偏向型技术进步与要素收入分配》，《经济学》（季刊）2012 年第 2 期。

[129] 张美君：《国内消费主义研究综述》，《理论与现代化》2005 年第

9 期。

[130] 张五常：《中国的经济制度》，中信出版社 2009 年版。

[131] 张宇、张晨、蔡万焕：《中国经济模式的政治经济学分析》，《中国社会科学》2011 年第 3 期。

[132] 赵留彦：《中国核心通胀率与产出缺口经验分析》，《经济学》（季刊）2006 年第 4 期。

[133] 赵彦云、刘思明：《中国专利对经济增长方式影响的实证研究：1988—2008 年》，《数量经济技术经济研究》2011 年第 4 期。

[134] 赵永刚：《中国居民适度消费率研究》，硕士学位论文，黑龙江大学，2002 年。

[135] 郑京海、胡鞍钢、A. Bigeton：《中国的经济增长能否持续：一个生产率的分析视角》，《经济学》（季刊）2008 年第 3 期。

[136] 郑玉歆：《全要素生产率的测度及经济增长方式的"阶段性"规律》，《经济研究》1999 年第 5 期。

[137] 中国经济增长和宏观稳定课题组：《干中学、低成本竞争和增长路径转变》，《经济研究》2006 年第 4 期。

[138] 周波：《金融发展和经济增长：来自中国的实证检验》，《财经问题研究》2007 年第 2 期。

[139] 周黎安、罗凯：《企业规模与创新：来自中国省级水平的经验证据》，《经济学》（季刊）2005 年第 2 期。

[140] 周黎安：《晋升博弈中政府官员的激励与合作——兼论我国地方保护主义和重复建设长期存在的原因》，《经济研究》2004 年第 6 期。

[141] 周业安：《地方政府竞争与经济增长》，《中国人民大学学报》2003 年第 1 期。

[142] 朱信凯：《中国农户消费问题研究方法论分析》，《统计与决策》2005 年第 3 期。

[143] 邹红、喻开志：《劳动收入份额、城乡收入差距与中国居民消费》，《经济理论与经济管理》2011 年第 3 期。

[144] ［日］佐和隆光：《高速增长——理念与政策的同时代史》，日本放送出版会 1984 年版。

[145] Acemoglu, D., 2002, "Directed Technical Change", *Review of Eco-*

nomic Studies, 69, pp. 781 – 809.

[146] Arrow, K. J. , Chenery, H. B. , Minhas, B. S. and Solow, R. M. , 1961, "Capital – Labor Substitution and Economic Efficiency", *Review of Economics and Statistics*, 43 (3), pp. 225 – 250.

[147] Caballero, R. J. , 1990, "Consumption Puzzles and Precautionary Saving", *Journal of Monetary Economics*, 25, pp. 113 – 136.

[148] Calvo, G. A. , 1983, "Staggered Prices in a Utility – Maximizing Framework", *Journal of Monetary Economics*, 12, pp. 383 – 398.

[149] Cambell, J. Y. and Mankiw, N. G. , 1991, "Permanent Income, Current Income and Consumption", *Journal of Business and Economic Statistics*, 8 (3), pp. 269 – 279.

[150] Carroll, C. D. and Kimball, M. S. , 2001, "Liquidity Constraints and Precautionary Saving", NBER Working Paper.

[151] Chow, G. , 2008, "Another Look at the Rate of Increase in TFP in China", *Journal of Chinese Economic and Business Studies*, 6, pp. 219 – 224.

[152] Claus, I. , 2000, "Is the Output Gap a Useful Indicator of Inflation", Reserve Bank of New Zealand Discussion Paper, DP2000/05.

[153] Coase, R. H. , 1960, "The Problem of Social Cost", *Journal of Law and Economics*, 3, pp. 1 – 44.

[154] Cowling, K. and Muller, D. C. , 1978, "The Social Costs of Monopoly Power", *Economic Jpurnal*, 88 (352), pp. 727 – 748.

[155] Deaton, A. , 1991, "Saving and Liquid Conatraints", *Econometria*, 59 (5), pp. 1221 – 1248.

[156] Duesenberg, J. S. , 1949, *Income, Saving, and the Theory of Consumer Behavior*, Cambridge (Mass), Harvard University Press.

[157] Friedman, M. A. , 1957, "A Theory of the Consumption Function", Princeton, NJ: Princeton University Press.

[158] Friedman, M. , 1968, "The Role of Monetary Policy", *American Economic Review*, 58, pp. 1 – 17.

[159] Fuhrer, J. and G. Moore, 1995, "Inflation Persistence", *Quarterly Journal of Economics*, 110 (1), pp. 195 – 222.

[160] Fuhrer, J. , 1997, "The (Un) Importance of Forward – Looking Be-

havior in Price Specifications", *Journal of Money*, *Credit and Banking*, 29 (3), pp. 338 – 350.

[161] Gali, J. and M. Gertler, 1999, "Inflation Dynamics: A Structural Econometric Analysis", *Journal of Monetary Economics*, 44, pp. 195 – 222.

[162] Gollin, D. , 2002, "Getting Income Shares Right", *Journal of Political Economy*, 110 (2), pp. 458 – 474.

[163] Gomme, P. and Rupert, P. , 2007, "Theory Measurement and Calibration of Macroeconomic Models", *Journal of Monetary Economics*, 54 (2), pp. 460 – 497.

[164] Gordon, R. J. , 1996, "The Time Varying NAIRU and Its Implications for Economic Policy", NBER Working Paper, 5735.

[165] Guariglia, A. and Poncet, S. , 2008, "Could Financial Distortions Be No impediment to Economic Growth After All? Evidence from China", *Journal of Comparative Economics*, 36, pp. 633 – 657.

[166] Hall, R. E. , 1978, "Stochastic Implication of the Life Cycle Permanent Income Hypothesis: Theory and Evidence", *Journal of Political Economics*, 86 (6), pp. 971 – 987.

[167] Hicks, John R. , 1963, *The Theory of Wages* (1932), 2d ed. , New York: St. Martins.

[168] Hsueh, Tien – tung and Qiang Li, 1999, *China's National Income: 1952 – 1995*, Westview Press.

[169] Hirose, Y. and S. Naganuma, 2007, "Structural Estimation of the Output Gap: A Bayesian DSGE Approach for the U. S. Economy", Bank of Japan Working Paper , 07 – E – 24.

[170] Inklaar, R. and Timmer, M. P. , 2013, "Captial, Labor and TFP in PWT8. 0", http: //www. rug. nl/research/ggdc/data/pwt/v80/capital_labor_and_tfp_in_pwt8. 0_pdf.

[171] Johnson, D. G. , 1954, "The Functional Distribution of Income in the United States, 1850 – 1952", *Review of Economics and Statistics*, 35 (2), pp. 175 – 182.

[172] Keynes, John Maynard, 2008, *The General Theory of Employment, Interest and Money* (1936), New Delhi, Atlantic Publishers & Dis-

tributors (P) LTD.

[173] Klump, R., McAdam, P. and Willman, A., 2007, "Factor Substi-
tution and Factor – Augumenting Technical Progress in the United
States: A Normalized Supply – Side System Approach", *Review of Eco-
nomics and Statistics*, 89 (1), 183 – 192.

[174] Klump, R., McAdam, P. and Willman, A., 2011, "The Normalized
CES Production Functions Theory and Empirics", ECB Working Paper.

[175] Laibson, D., 1996, "Hyperbolic Discount Functions, Undersaving,
and Saving Policy", NBER Working Paper, 5635.

[176] Laibson, D., 1997, "Golden Eggs and Hyperbolic Discounting",
Quarterly Journal of Economics, 112 (2), pp. 443 – 477.

[177] Lee, J., 1999, "The Inflation and Output Variability Tradeoff: Evi-
dence from a Garch Mode", *Economic Letters*, 62, pp. 63 – 67.

[178] Leland, H. E., 1968, "Saving and Uncertainty: The Precautionary De-
mand for Saving", *Quarterly Journal of Economics*, 82 (3), pp. 465 –
473.

[179] Li, H. and L. Zhou, 2005, "Political Turnover and Economic Perform-
ance: The Incentive Role of Personnel Control in China", *Journal of
Public Economics*, 89 (9 – 10), pp. 1743 – 1762.

[180] Levy, M. E., 1963, "Fiscal Policy, Cycles and Growth", National In-
dustrial Conference Board.

[181] Mankiw, N. G. and Reis, R., 2002, "Sticky Information versus
Sticky Prices: A Proposal to Replace the New Keynesian Phillips
Curve", *Quarterly Journal of Economics*, 117, pp. 1295 – 1328.

[182] Maskin, E., Y. Qian and C. Xu, 2000, "Incentives, Information, and
Organization Forms", *Review of Economic Studies*, 67 (2), pp. 359 –
378.

[183] Mishkin, F., 2007, "Estimating Potential Output", Speech at the
Conference on Price Measurement for Monetary Policy.

[184] Modigliani, F. and Brumberg, R., 1954, "Unility Analysis and the
Consumption Function: An Interpretation of Cross – Section Data", in:
Kurihara, K. ed., *Post Keynesian Economics*, New Bruswick NJ: Rut-

gers University Press.

[185] Mohammad, A. and M. Khan, 2006, "The Inflation and Output – Gap Tradeoff Debate Revisited", *Journal of Economics*, 32, pp. 71 – 90.

[186] O' Donoghue, T. and Rabin, M. , 1999, "Doing it Now or Later", *American Economic Review*, 89 (1), pp. 103 – 124.

[187] OECD, 2005, *OECD Economic Surveys of China*, OECD Publishing, Paris.

[188] Orphanides, A. and S. Norden, 2005, "The Reliability of Inflation Forecasts Based on Output Gap Estimates in Real Time", *Journal of Money, Credit and Banking*, 37, pp. 583 – 601.

[189] Phelps, E. S. , 1967, "Money Wage Dynamics and Labor Market Equilibrium" , *Journal of Political Economy*, 76, pp. 678 – 711.

[190] Phelps, E. S. , 1969, "The New Microeconomics in Inflation and Employment Theory", *American Economic Review*, 59, pp. 147 – 160.

[191] Phillips, A. W. , 1958, "The Relation between Unemployment and the Rate of Change of Money Wage Rates in The United Kingdom, 1861 – 1957", *Economica*, 25 (100), pp. 283 – 299.

[192] Sato, P. , 1970, "The Estimation of Biased Technical Progress and the Production Function" , *International Economic Review*, 11, pp. 179 – 208.

[193] Sato, P. and Morita, T. , 2009, "Quantity or Quality：The Impact of Labor Saving Innovation on US and Japanese Growth Rates, 1960 – 2004", *The Japanese Economic Review*, 60, pp. 407 – 434.

[194] Samuelson, P. A. and Solow, R. , 1960, "Analytical Aspects of Anti – Inflation Policy", *American Economic Review*, 50, pp. 177 – 194.

[195] Scheibe, J. and Vines, D. , 2005, "A Phillips Curve for China", CAMA Working Paper, 4957.

[196] Solow, Robert M. , 1957, "Technical Change and the Aggregate Production Function" , *Journal of Economic Literature*, 2, pp. 752 – 782.

[197] Shlomo Benartzi and Richard Thaler, 2007, "Heuristics and Biases in Retirement Savings Behavior", *Journal of Economic Perspectives*, 21 (3), pp. 81 – 104.

[198] Taylor, J. B. , 1980, "Aggregate Dynamics and Staggered Contracts",

Journal of Political Economy, 88, pp. 1 – 22.

[199] Thaler, Richard H. and Benartzi, S. , 2004, "Save More Tomorrow (TM): Using Behavioral Economics to Increase Employee Saving", *Journal of Polical Economy*, 112 (S1), pp. 164 – 187.

[200] Thomas Piketty and Emmanuel Saez, 2003, "Income Inequality in the United States, 1913 – 1998", *The Quarterly Journal of Economics*, 118 (1), pp. 1 – 39.

[201] Wang, X. L. and Meng, L. , 2001, "A Reevalvation of China's Economic Growth", *China Economic Review*, 12, pp. 338 – 346.

[202] Zeldes, S. P. , 1989, "Consumption and Liquidity Constraints: An Empirical Investigation", *Jouanal of Political Economy*, 97 (2), pp. 305 – 346.

后 记

2011 年，我申报了国家社会科学基金青年项目"提高我国居民消费能力长效机制研究"，获得立项（批准号：11CJL014），2016 年 1 月经全国哲学社会科学规划办公室审核准予结项。结项后，我根据居民消费领域的最新研究进展和形势政策的变化，对本项目最终研究成果进行了补充、修改和完善，并于 2016 年 7 月底完成。

本书的出版，得到了中国社会科学出版社的大力支持，该社经济与管理出版中心主任卢小生编审专业、出色、高效的编辑，令本书增色不少，在此对他表示衷心的感谢！中国社会科学院城市发展与环境研究所副所长张晓晶研究员，国家行政学院经济学教研部原主任、北京大学、中国人民大学兼职博士生导师王健教授等专家学者对本书提出了许多宝贵意见，在此表示衷心感谢！

本书借鉴、参考和引用了国内外许多专家学者的研究成果，并尽可能在脚注和参考文献中反映出来，但难免挂一漏万，在此对有关专家学者一并表示感谢！书中难免存在错误和不当之处，敬请各位专家学者不吝批评指正。

吴振球

于中南财经政法大学南湖校区

2016 年 7 月